《学科教学方法论丛书》编委会

· 学科教学方法论丛书 ·
丛书主编 胡丹

中学英语

教学方法论

编著 刘丽平 罗明礼 汪慧琴

四川大学出版社
SICHUAN UNIVERSITY PRESS

图书在版编目（CIP）数据

中学英语教学方法论 / 刘丽平，罗明礼，汪慧琴编著. — 成都 : 四川大学出版社，2022.11
（学科教学方法论丛书 / 胡丹主编）
ISBN 978-7-5690-5693-8

Ⅰ. ①中… Ⅱ. ①刘… ②罗… ③汪… Ⅲ. ①英语课—教学法—中学 Ⅳ. ①G633.412

中国版本图书馆 CIP 数据核字（2022）第 181898 号

书　　名：中学英语教学方法论
　　　　　Zhongxue Yingyu Jiaoxue Fangfalun
编　　著：刘丽平　罗明礼　汪慧琴
丛 书 名：学科教学方法论丛书
丛书主编：胡　丹

选题策划：梁　平
责任编辑：孙明丽
责任校对：王　锋
装帧设计：璞信文化
责任印制：王　炜

出版发行：四川大学出版社有限责任公司
　　　　　地址：成都市一环路南一段 24 号（610065）
　　　　　电话：（028）85408311（发行部）、85400276（总编室）
　　　　　电子邮箱：scupress@vip.163.com
　　　　　网址：https://press.scu.edu.cn
印前制作：四川胜翔数码印务设计有限公司
印刷装订：四川五洲彩印有限责任公司

成品尺寸：185mm×260mm
印　　张：14.75
字　　数：338 千字

版　　次：2022 年 12 月 第 1 版
印　　次：2022 年 12 月 第 1 次印刷
定　　价：49.00 元

扫码查看数字版

四川大学出版社
微信公众号

丛书序

教育大计，教师为本。党和政府把教育摆在优先发展的战略位置，而教师队伍建设是教育现代化的关键所在。2012 年 2 月，教育部印发幼儿园、小学和中学教师专业标准，对教师的培养、准入、培训和考核进行了规定。2015 年，教育部公布了《中小学教师资格考试暂行办法》，教师资格考试实行全国统考，此举极大地提高了教师职业入职门槛。2018 年 2 月，中共中央、国务院颁布的《关于全面深化新时代教师队伍建设改革的意见》明确了教师队伍建设的优先地位和建设具有中国特色师范教育体系的战略任务，特别强调要加强乡村教师、幼儿教师、特殊教育教师等师资队伍建设。2021 年 5 月，教育部研制了学前教育、小学教育、中学教育、特殊教育等专业师范生教师职业能力标准，旨在进一步加强师范类专业建设，建立师范生教育教学能力考核制度，推动教师教育院校将国家中小学教师资格考试标准和大纲融入日常教学、学业考试和相关培训中，提高师范类专业人才培养质量，从源头上提升教师队伍教书育人的能力和水平。这些国家层面文件、制度明确了教师教育人才培养质量的路向和标准，对高师院校办学来说既是契机又是挑战。

教师教育兼具“师范性”“示范性”“学术性”的特征，师范教育向教师教育转型已经成为世界各国的历史必然。基础教育课程改革不断推进，新课程标准深入实施，核心素养理念深度推行，“新高考”改革逐步推广，这对高师院校师范生培养质量提出了更高的要求。教师教育开放化、一体化、大学化以及教师职业专业化，要求高师院校提升教师教育内涵、拓展教师教育外延。作为未来从师任教的师范生，不仅要具备广博的文化知识、扎实的专业知识，还要具备很强的学科教学能力和崇高的教师职业道德。

教师教育学作为一门学科被提出之后，其方法论的研究与应用在教育学界引起了高度的重视。高师院校肩负着为基础教育培养合格师资和未来卓越教师的重任，唯有加强方法论与教学方法的研究，才能更好地促进师范生的成长与发展，提高其理论素养，增强其实践能力。学界对“方法论”“教学方法”有着不同的定义和诠释，但是概而言之，方法论是关于“是什么”“怎么办”的原则性指导，而教学方法与教师、学生、手段三者密切相关，是师生为了完成教学任务所采用的教学方式与学习方式。教学方法涉及诸多相关因素，如教学目的、教学目标、教学内容、教学任务、教学设计、教学手段、教学媒体以及课堂教学中师生活动的方式、程序、步骤等。教学方法并不是教师程式化的教学套路和教学定式，它蕴含着丰富的哲学、心理学、教育学、学科教学的思想，在很大程度上折射出教师的教育理念、教学策略、教学主张等。现代教学理论倡导教师主

导、学生主体、产出导向，其实质是激发学生的内在潜能、学习主动性与创造性，提高学生的学习效率。可见，教学方法已经上升到教学方法论的层面，教师包括师范生需要遵循教学方法论的思维方式和基本原则。

作为师范生或即将踏上教育岗位的“准教师”，应当深刻地认识到教学方法的重要性。在教师的职业素养中，学科教学知识被美国著名教育家舒尔曼列为教师七大教学知识基础之一，具有专业性、个体性、生成性、整合性和缄默性等特征。教师唯有不断地进行教育教学实践，并持续将学科知识与专业知识运用于教学活动之中，学科知识、专业知识、教学知识才能有效融合，形成学科教学知识。师范生的教师专业发展与成长是一个“理论—实践—理论—实践”螺旋式上升过程，是教育理论知识、教学实践方法和教学反思多维度、多层次叠加的结果。从这个意义上讲，师范生需要在教育实习中反思教学行为、总结教学经验、提升教学理念，形成自己特有的教学方法与个性化的教学风格。要将师范生的学科、专业、教学知识转化为教师的职业素养，就离不开教育教学方法论的指导，这便是我们编纂此丛书的缘由。

本套丛书突出理论引领、实践指导。作者基于国内外核心素养理念，依据国家课程方案与课程标准，紧跟基础教育教学改革前沿，博采诸多专家学者的观点，编写了体系完整、具有指导性的学科教学方法论教材。本套丛书力求理实融合、学以致用。作者将教育学、心理学、学科教学的理论知识融会贯通，形成了富有实操性的教育教学方法。同时，本书也收录了乐山师范学院师范生优秀的课程作业和竞赛作品，展现出我校学科教学论教师指导学生的成效，可为读者提供参考和借鉴。

本套丛书是我校学科教学论教师与基础教育优秀教师的研究成果，可供广大在校师范生和在职教师参阅。由于编者水平有限，书中难免存在疏漏甚至错谬之处，恳请读者提出宝贵意见，以便修正完善。

《学科教学方法论丛书》编委会

2022 年 11 月

前　言

教育大计，教师为先。国家始终把教育摆在优先发展的战略位置，而教师队伍建设是教育发展的关键环节。只有教师足够优秀，才能教育和培养出优秀的学生。我国高等教育已经实现从精英化到大众化并迈进普及化阶段。现代教育的迅猛发展、“新高考”的推进、“新课改”的深化以及未来教育的特征，这些对教师的教学方法提出了越来越高的要求。

学界对“方法”的诠释有两种，其中一种源自希腊语，具有“沿着”“道路”之意，表示人们活动所选择的正确途径或道路。事实上，“方法”在我国不仅使用早，而且与希腊语“方法”含义较为一致。《中文大辞典》将“方法”定义为“行事之条理也”“法者，妙事之迹也”。因而，“方法”通常被誉为人们巧妙、有效办事应遵循的条理或轨迹、途径或路向。

不同学者对“教学方法”也有不同的定义。“教学方法”是教师为完成教学任务所采用的手段，或者教师为了把知识传授给学生而使用的“某种技巧和步骤”。这两种都是基于教师的“教”来定义的。顾名思义，教学方法兼具教师的“教法”和学生的“学法”，是教师与学生为实现教学目的、完成教学任务所采用的途径和程序，或者教师在教学过程中为了完成教学任务所采用的工作方式和在教师指导下学生的学习方式，等等。由此，我们可以得出三个关键词，即“教师”“学生”“手段”或“方式”。

除教法、学法、手段这三个核心概念之外，教学方法还涉及诸多相关因素，如教学目的、教学目标、教学内容、教学任务、教学设计、教学效果，以及课堂教学中师生活动的方式、程序、步骤、手段和技术等。其中，教学效果与师生关系是否融洽、与课堂氛围是否活跃、与课堂活动是否有效等密切相关。因此，教学方法不能孤立地指向教学过程之中，而应该体现教师的教育思想、教育观念、教学策略、教学主张等。现代教学理论反对教师课堂灌输式、注入式教学，倡导以“教师为主导”“学生为主体”的教学模式，充分发挥学生学习的主动性和创造性。

作为师范生或即将踏上教育实习岗位的“准教师”，应当深刻地认识到教学方法的重要性。在教师的知识素养中，作为本体性知识的学科专业知识固然重要，但是学科教学知识（PCK）被美国著名教育家舒尔曼列为教师七大教学知识基础之一，具有专业性、个体性、生成性、整合性和缄默性等特征。教师唯有不断地教学并持续运用个人的学科与专业知识于教学活动之中，学科与专业知识、教学知识才能融合形成学科教学知识。如果教师在教学中不讲究教学方法，其教学不但不能提高应有的质量，反而会加重

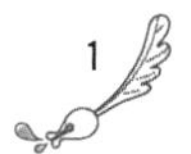

学生的学业负担，使学生产生厌学情绪，其结果注定事倍功半，教学效果自然差强人意。可见，一名优秀教师既要具备良好的职业道德、行为规范，更要具有恰当的、独特的教学方法。

教学方法是教师为了实现教学目标、完成教学任务而采用的手段或方式，其目的是激发学生的内在潜能，提高学生的学习效率，促进学生的全面发展。教学方法并不只是教师教学过程中所采用的简单意义上的教学方式、教学模式，还蕴含着丰富的心理学、教育学、学科教学以及教育哲学思想，已经从教学方法上升到“教学方法论”层面，是教师需要遵循的最根本的思维方式和教学理念。因此，教学方法论是教师的教学思路和教学范式，而不是程式化的教学套路和教学定势。

教学是教师专业发展与学生自我成长共生共长的过程。教师专业发展是一个“经验—实践—理论—再实践”螺旋式上升、波浪式前进、持续不断的自我涵养过程，是教师教育理论知识、教学实践方法和教学反思内化三个维度的叠加，以及教学行为、教学经验、教学改进的内化提升过程。这需要教师从自为转向自觉、从自信走向自省，更需要科学的方法论进行指导和引导，从而在教学实践过程中不断聚合、整合、融合，形成独特的、个性化的且受到学生接受、赞誉的“方法”。

《中学英语教学方法论》基于国内外核心素养理念、外语教育发展历程，解析了国外外语教学方法及国内英语教学方法主要流派的建构模式，基本上概览了英语知识教学、英语思维塑造、英语能力培养、英语素养培育等宏观教育理论和教学方法，从方法论的角度微观讨论了语音、词汇、语法、语篇知识教学和听说读写语言技能的教学方法，立足《英语学科教学论》校本化教学实践的成果和学生学科教学竞赛的成绩，为英语师范生、英语学科教学论研究生、英语在职教师提供了有关英语教学方法的丰富资源和教学案例。

本书以“理论为引领，实践为指导”，结合英语课程标准、各版本英语教科书及专家学者的观点等相关材料，兼收并蓄国外先进的外语教育理念和方法，广泛吸纳国内本土英语教学研究成果，收录了学生的课程作业和竞赛作品，既有深厚的理论引领，又注重实践操作指导。

本书力求“理实融合，教学相长”，根据教学学术、思维型课堂、未来教育等要求，从教学、教研、教改等角度出发，较多地增添了概念图、流程图等思维导图可视化的呈现内容和呈现方式，以满足广大英语师范生和在职教师的教育、教学、教研之需，提升教育理论素养。

由于时间和编者水平有限，本书可能存在一些问题，我们恳请广大读者提出宝贵意见，以便于今后进一步修正、丰富和完善。

编著者
2022 年 6 月 17 日

目　录

第一章　概论

第一节　本书的写作缘由

一、写作目的

（一）明确学科教学论教师的特质

学科教学论教师是专业的教师教育者。学科教学论教师以培养未来中小幼教师为旨趣，首要责任是通过自己的教学使师范生“学会教学”。换言之，学科教学论教师不仅要知道“教什么”（What to teach）、“如何教”（How to teach），还应知晓“如何教好”（How to teach well）。无论从教师的社会角色，还是从学科专业特点来看，学科教学论教师的专业本位既以教学实践为导向，又肩负着发展教师教育知识的学术责任，即他们兼具教学设计者和教学研究者的双重身份。因此，学科教学论教师的文化使命涵盖教学责任、学术责任和社会责任。其中，教学是文化使命之本。学科教学论教师不仅要承担起学术创新和学科建设、学科整合、学科本土化、学术共同体、实践改革以及学风建设的责任（陈何芳，2009），而且要运用自己的学术知识进行课程引领、文化塑造与参与决策（张恩德，2015）。因此，学科教学论教师应是教学的“强手”、科研的“能手”、服务的“推手”，应聚焦教学、学术开展教学学术研究，尤其要不断提高自己的学术创新能力。

学科教学论教师应有明确的身份认同。重视身份的认同本身是一个主动发展、不断更新的自我追求、螺旋上升的动态过程。有学者从“‘我’是谁？——身份认同问题；‘我’的队伍在哪儿？——学术归属问题；‘我’该干什么？——研究方向问题；‘我’的路在何方？——出路问题”对学科教学论教师的“生存困境”进行了深入的考查（史晖，2009）。就学科属性和专业身份来看，学科教学论教师应定位在“教育”“专业”交叉的坐标点上。“学科教学”的上位概念是“教学”，所以学科教学论具有“学科”与“教学”的交叉性。侯小兵和谭军（2014）认为，“学科教学是建立在真正的人与人之间的交往的基础之上的，其学术发展遵循实践的逻辑……学科教学应该拥有自身独立的学术领域，即教师教育”。由此，学科教学论教师的教学与研究宗旨是传承和创新教师教育知识，目的是提高教师培养质量。正如雅斯贝尔斯（1991）所言：“最好的研究者才是最优良的教师……只有自己从事研究的人才有东西教别人，而一般教书匠只能传授僵硬的东西。”

（二）满足师范生作为“准教师”的需要

师范教育阶段作为教师教育的“源头”，对教学经验缺失的师范生成长作用巨大。教师教育因其专业化、一体化、开放性等显著特征有别于传统师范教育，它并不只是概念的转变，而是观念的更新和制度的变革。有学者认为教师教育具有“学术取向、实践取向（最低标准取向、选择性路径取向）、批判或社会取向、综合取向”（徐来群，2011）。有学者将教师教育的价值取向归纳为知识本位取向、能力本位取向、批判或社会取向、人本取向（刘旭，2017）。还有学者从教师专业成长看，教师教育最重要的是实践取向（施红星，邓小华，2016），因为“实践是教师专业成长的根本途径，加强教育实践能力的培养是教师专业化发展的要求”（叶澜，2015）。也有学者从生态学视角认为，教师专业发展呈现出由理智取向、实践—反思取向向生态取向的转换（刘莹，罗生全，2012）。马永全（2015）将当代西方教师教育概括为知识取向、实践取向和社会重建取向三种价值取向。概括起来，教师教育至少具有三种共同的价值取向：学术取向、实践取向和生态取向。与此相对应的教师培养模式为：以大学为主导、以“中小学为基地”、高师院校与基础教育合作（黄海根，2008）。在师范生培养方面，长期以来高师院校与基础教育的脱离、教育理论知识与实践教学的割裂已成不争的事实。相当多的师范生对教学设计的认识仅限于撰写教案的水平，缺乏从因材施教、以人为本的角度全面、系统地优化教学的意识和观念。笔者通过试讲试教、教育实习等观察发现，师范生更多采用的仍是传统讲授法，教学方法单一、教学手段落后。究其原因，师范生普遍存在重视专业课程，轻视教师教育课程的问题，自以为“学高”就能“为师”，从而缺乏对教育理论知识学习、教学实践操练的主观能动性。只有当师范生踏上讲台，成为教育实习“准教师”时，他们才感到对教材的把握和处理、课堂教学的驾驭、教学方法的运用和班级组织管理等力不从心。

学科教育理论乃师范生立学达人之基。高等师范院校由于“去师范化”、走综合化发展道路、普及化背景下的大量扩招，师范生人才培养质量引起了学界和基础教育的关注和关切。师范生在教学实践中表现出不熟悉新课标、新教材，教学方式不够灵活、教育机智缺失等。不可否认的是，师范生的实践教学只有与相关的理论课程学习有机结合，才能丰富他们的实践教学经验，提升他们的教学实践智慧。就学科教育而言，在师范生培养模式方面应坚持“理论—实践”的学科专业“双向性”，坚持师范生学科知识的“基础性”，坚持实践导向的“师范性”，才能使师范生培养的目标与内容形成统一体。可见，师范生要成为未来卓越教师，应当深刻领会教师的职业与工作特点，从思想上做好立德树人的心理准备，注重教育教学素养的培养，不仅要知道“教什么”，还要知晓“如何教”，更要践行“如何教好”。师范生不仅要增强教师职业认知与情感，而且应走进基础教育学校聆听一线优秀教师的公开课、示范课，观察其教学行为，习得其教育机智，借鉴其教学方法。

（三）推动教学方法上升到教学方法论

不同的学者对教学方法（Teaching Methods）有着不同的定义。从传统意义上讲，教学方法是教师为了把知识传授给学生而使用的“某种技巧和步骤”。从现代教学论讲，教学方法是教师和学生为了实现教学目标、完成教学任务而采用的途径和程序，或者教师在教学过程中所采用的教学方式和学生的学习方法。因此，教学方法既包括教师的“教法”，也包括学生的“学法”，包含了“教师”“学生”“手段或方式”三个关键性词语。教师的教法只有依据学生的学法，才能达到预期的教学目的。事实上，相较学法来讲，教法在教学过程中处于主导地位。严格来讲，教学方法有别于教学方式（Teaching Ways）、教学模式（Teaching Modes），却与这两者紧密相关。教学方式是构成教学方法的细节，是运用各种教学方法的技术。需要注意的是，教学方法为实现教学目标、完成教学任务服务，教学方法包括教师的“教”和学生的“学”，与教学内容有着必然的联系。

涵盖心理学、教育学以及哲学思想的现代教学方法论得到了极大的发展。布鲁纳的“学科结构论”明确了学科结构的作用。巴班斯基的“最优化教学理论”提出了教学过程的最优化原则。教师专业发展是一个“经验—实践—理论—再实践”螺旋式上升的过程，这与教师“经验＋反思＝成长”（Schön，1983；Posner，1989）和林崇德教授（2014）的“优秀教师＝教学过程＋反思”具有一致性。教师需要养成从方法到方法论的自觉意识，达到教学方法论的自觉状态（刘徐湘，2019）。当教师的教学方法通过熟练地操作达到自动化，上升到艺术化水平，这是教师教学方法的实践维度。当教师将自我作为反思对象，反省自身与教学目标、手段是否相融，自身与教学氛围是否一致，这是教师教学方法的理论维度。教学是一个不断建构的实践过程，教师在教学过程中会根据学生的实际情况，运用不同的教学方法。因此，我们不能试图以唯一的方法论去涵盖和固化所有的教学方法。对于超越教师课堂预设而出现的生成性教学，不能仅仅被定位在教学方法或教学方法论上，而应该是一种教学范式或者教学哲学（罗祖兵，2018：135）。

二、写作背景

（一）“新高考”的变化

“新高考”改革促使考生和基础教育关注高校的办学质量和办学特色。高校可以

根据办学定位、办学特色和自身优势，按专业对考生提出不同的选考科目要求，突出综合素质评价导向，聚焦学生德智体美劳全面发展的同时，考查学科专业及创新发展能力。“新高考”在考核选拔方面更加注重思维品质，引导减少“机械刷题”。英语科目通过增加情境型问题、增强试题的开放程度，促使学生在学习过程中积极思考，实现从“解题”转向“解决问题”，从而引导学生注重作业题、练习题的减量提质，强化学生内在思维过程的外显考查。2022年高考英语全国乙卷以校英文报开展主题讨论为写作情景，要求学生阅读图表，并使用其中的调查结果撰写短文投稿，贴近学生生活实际。这种“读图表写短文”的创新考查形式，有利于强化思维能力和品质的考查。

（二）核心素养的推进

《义务教育英语课程标准（2022年版）》（以下简称“英语课程标准（2022年版）”）重新定位了教学目标。素养本位时代要求基础教育一线教师找准教学的“方向标”，从过去的“三维目标”转向“学科核心素养”，强化学生的语言能力，培养学生的文化品格，关注学生的思维品质，引导学生“学会学习”。英语课程标准（2022年版）在课程目标、课程内容、教学实施、评价方式等方面凸显了新时代的新理念，体现了课程的育人价值、功能和方法。一是从综合语言运用能力的学科本位目标转向培养学生核心素养的课程目标；二是从以词汇、语法知识为主要课程内容的教学转向整体设计教学单元任务；三是从脱离语境的碎片化教学方式转向践行英语学习活动观的创新教学方式；四是从以考试为主的单一评价方式转向构建素养导向、主体多元、方式多样的“教—学—评”一体化评价，以评促学，以评促教。

（三）未来教育的趋势

教育是面向未来的事业。第四次产业革命促使教育智能化、自动化和数字化。面对未来职业的前瞻性，教育培养目标应转向以能力培养为主，应更加注重培养人的批判性思维、创造能力、创新精神。未来教育的重要形态和发展趋势将超越面对面和在线“混合式”教学，转向多种教学设备、教学方法、学习策略、评价方法、学习资源等。高等教育普及化背景下，学校人才培养将从统一化、标准化和规模化转向通过大数据分析学生的学习倾向、学习动机、学习风格和学习爱好等，实现个性化推送学习资源、精准化辅助学生、自助化完成学习目标等。因此，以教师为中心的传统课堂教学模式必将转向以学生为中心的混合式学习范式，教师也不再是知识的权威和知识的传授者，而是学生学习的规划者和引导者，要为学生的终身学习进行方法论的指导。

三、本书价值

（一）利于解决如何“教”与如何“学”的问题

课堂效率源于教师的“教”与学生的“学”，是主导与主体的关系。提高师范生的课堂教学能力既是高师院校的重要责任，也是增强他们职业认同感和就业竞争力的关键所在。本书从语言学（教什么）、教育学（怎样教）和心理学（怎么学）的维度进行编写，聚焦历史与现实、语言与思维、习得与学习、方法与后方法等视角，落点到“教”与“学”，较好地解决了谁教（Who will teach）与教谁（Who will be taught）、教什么（What to teach）、如何教（How to teach）、如何教好（How to teach well）等问题。作者采用了多种教学理论并存、多种教学模式共现、多种教学方法共享的方式。

（二）利于改进外语教学与外语教育

我国外语教育界存在“外语教学”与“外语教育”两个指称的混用现象。虽然只有一字之差，但两者有着较大的区别。“外语教学”指教学方法，而“外语教育”指教学效果，后者与社会文化、历史传统等因素密切相关。外语教学着眼于“提高教学质量”和“探索教学方法”，并非外语教学活动的全部，而只是其中的一个部分。外语教学活动的过程是一个教育过程，涉及教学质量和教学方法之外的诸多因素，如外语与母语、外语与国家利益、外语与社会文化等，也包括历史传统和民族认同等关系。简言之，外语教学是在教学原则指导下解决问题的职业活动，学生使用语言并不是为了语言本身，而是利用语言达到独立的交际目的（Widowson，1990）。它包括两个过程、一个目标：提高外语教学效率的教学活动过程，提高外语教学效果的方法探索过程，指向“以提高教学质量为目标”的外语教学活动本身。

第二节 本书的主要内容

本书聚焦“核心素养”简述国外核心素养的发展历程与中国核心素养的研制，解析“英语核心素养”的内涵，尤其对英语课程标准的历史变迁进行了较为深入的分析；从教育心理学、语言学理论、教学方法论等维度对国内外外语教学方法进行分析与研讨，尤其是从“后现代”视角对国内外的外语教学方法进行了研习，旨在为师范生学懂、弄通英语教学方法，能够在未来的教育教学中借鉴和运用方法论。英语教学离不开语音教学、词汇教学、语法教学、语篇教学，这是师范生和在职教师都必须掌握的教学原理和教学方法，对于提高自身的教学水平十分重要，也事关中小学生的英语学习能力与方法。培养学生的英语核心素养与英语语言能力，即听力、口语、阅读、写作教学密切相关，掌握了英语学习的“方法论”技巧，才能为学生提供了解决英语学习问题的“钥匙”。

作为一名英语师范生或英语教师，应具备英语学科知识、教学能力、教研能力以及课堂教育智慧等，这样才能够在课堂教学中起到“四两拨千斤，千斤力在后”的作用。因此，本书注重对英语师范生英语思维的塑造，遵循《义务教育课程方案和课程标准（2022年版）》理念，强化了跨文化意识、跨学科意识、可视化思维和批判性思维，目的是让英语“准教师”能够超越“外语教学”的思维，突出人本理念视域的“外语教育”，转变传统“以教师为中心”的课堂，倡导“以教师为主导、学生为主体”的英语课堂教育观。

同伴互助能够快速促进师范生的教师专业化成长。本书还选取了近年来英语专业参加省级、国家级教学能力竞赛取得优异成绩学生的教学设计、教学案例，并从课型、课例等角度进行研究和评析，目的是为英语师范生今后在试讲试教、教育实习中能够“驾轻就熟”“得心应手”，为师范生参加教师资格面试“现场抽题、限时备课”提前打“腹稿”，为今后的就业应聘和升学深造预备可移动、可复制的“教学流程图”，为成为未来的教学名师、专家型教师奠定坚实的基础。

第三节　本书的特色

本书从“方法论”及“后方法”角度，按照新课改、新课标的要求，概览了世界范围内主要外语教学方法的宏观发展历程，分析了外语教学方法体系的建构框架，指出了英语教学方法评价体系的优劣。本书立足“核心素养”、关键能力、国际视野，从方法论的角度微观讨论了语音、词汇、语法、语篇四大语言要素和听、说、读、写四项语言技能。本书编著者在提出自己观点的同时，大量介绍和评述了国内外英语教学理论界的相关研究成果，为读者提供了有关英语教学方法的信息资源。

本书突出全面性、系统性，包括八章，从心理学、教育学、语言学和学科教学论等视角出发，全面系统地探究了外语教学方法的背景知识、理论基础、教学目标、主要特征、教学流程等，为学生的教师专业发展提供有效的帮助。

本书凸显实践性、实用性，尤其注重理实融合。针对师范生在试讲试教、教育实习、教师资格考试中存在和可能存在的问题，本书运用了大量的课例、案例，并对此进行解析，为学生提供了可理解性的帮助，让他们在成长和发展的道路上少走弯路。

第二章　英语学科素养相关研究

第一节　国外核心素养概览

一、教科文组织核心素养

素质教育的根本在于培养学生的核心素养，其核心是培养学生的创新意识和创新精神。核心素养作为宏观教育理念、培养目标与具体教育教学实践的“链条”，是落实立德树人根本任务的重要举措，是适应世界教育改革发展趋势、提升国际竞争力的重要要素。核心素养是学生在各个学段的教育中，逐步获得适应个人终身发展和社会发展需要的必备品格与关键能力。核心素养的研究最早可以追溯到 1972 年联合国教科文组织（UNESCO）《学会生存——教育世界的今天和明天》（*Learning To Be*：*The World of Education Today and Tomorrow*）一书。该书提出，“发展的目标是人的完整实现”（The complete fulfillment of men），是人具有丰富内涵的个性的“全面实现”（Faure，1972）。

1996 年，联合国 21 世纪教育委员会报告《教育——财富蕴藏其中》提出终身学习的“四大支柱”或“四大目标”，要求学会求知（Learning to know）、学会做事（Learning to do）、学会共处（Learning to live together）、学会做人（Learning to be）。有的学者把“四个学会”表述为学会学习（Learn to learn/Learn to how to learn）、学会做事（Learn to do）、学会共同生活（Learn to be with others）、学会生存与发展（Learn to be）。2003 年，联合国教科文组织又提出了未来教育的第五大支柱，即学会改变（Learning to change），并将其作为终身学习的第五支柱（表 2-1）。改变即创新，创新又引领改变，改变与创新是时代发展永恒的主题。学生唯有改变自己，才能适应社会进步与发展。因为学会求知是终身学习的基础，其强调学习过程与工作经验的结合。教科文组织的核心素养由 5 个一级指标和 20 个二级指标构成。

表 2-1 UNESCO 终身学习五大支柱指标

五大支柱（一级指标）	具体指标（二级指标）
学会求知（Learning to know）	学会学习、注意力、记忆力、思维品质
学会做事（Learning to do）	职业技能、社会行为、团队合作、创新进取、冒险精神
学会共处（Learning to live together）	认知自身和他人的能力、有同理心、实现共同目标的能力
学会生存（Learning to be）	促进自我、丰富人格、多样表达、责任承诺
学会改变（Learning to change）	接受改变、适应改变、主动改变、引领改变

这是联合国教科文组织对教育目标认识的重大转变，从“工具性目标”（Instrumental Aim）转向“人本性目标”（Humanist Aim），意在把提高教育质量的出发点和着眼点从“教”转向“学”，强调教育的使命就是使人学会学习，使学习成为每个学生的课题和全体社会成员借以发展的“内在财富”（张娜，2015）。这表明教育的目标更加关注“人”终身的全面发展，为以人为本的教育理念奠定了思想基础。

2004 年，联合国教科文组织提出教育质量框架和支持有质量教育的 10 个关键方面的标准。其中，将学习结果作为其中的一个重要方面（Pigozzi，2004），包括：知识、价值、技能与能力和行为。为此，联合国教科文组织出版了《发展教育的核心素养：来自一些国际和国家的经验和教训》。该书指出，核心素养是使个人过上他想要的生活和确保社会良好运行所需要的素养（Rychen，Tiana，2004）。换言之，核心素养是覆盖多个生活领域、促进成功的生活和健全的社会的重要素养。这是联合国教科文组织基于人本主义思想首次在终身学习视域下使用“核心素养”的观念。

2010 年，联合国教科文组织启动了基础教育质量分析框架项目。该框架将素养作为其中的重要组成部分，并将核心素养的要素作为教育质量分析、监测和诊断的依据（张娜，2015）。2012 年，联合国教科文组织的《全民教育全球监测报告（2012）》的主题是“青年，能力与工作”（Youth，Skills & Work）。该报告探讨了如何建立能力发展改进计划，增加年轻人获得体面的工作和更好的生活的机会（UNESCO，2012）。2013 年 2 月，联合国教科文组织发布报告《走向终身学习——每位儿童应该学什么》，提出在基础教育阶段尤其要重视身体健康、社会情绪、文化艺术、文字沟通、学习方法与认知、数字与数学、科学与技术等七个维度的核心素养。

联合国教科文组织的核心素养是基于人本主义思想，聚焦“人”的全面发展，强调人与工具、人与人的互动；将自主和认同作为素养的“核心”构成，将民主价值观和可持续发展作为遴选核心素养的首要原则，将个人的成功和社会的良性发展界定为核心素养。可见，核心素养的“核心”是人的主动反思，从知识灌输转向技能与能力培养再到解决实际问题，培养目标应从“工具性”上升到“人本性”，教育质量的着眼点也从教师的“教”转向学生的“学”。

二、欧盟组织核心素养

欧盟核心素养历经了从产生到逐渐发展和完善的过程。2000 年 3 月，欧盟 15 国领导人在葡萄牙首都里斯本举行特别首脑会议，就欧盟未来 10 年的经济发展规划达成共识，即“里斯本战略”（Lisbon Strategy），旨在把终身学习作为提高欧盟竞争力的策略之一。针对传统“读、写、算”基本能力已无法适应知识经济社会需求，欧盟提出了“新基本能力”，即在“读、写、算”基础上增加了技术文化、信息技术、外语、创业精神及社会技能 5 项基本技能（European Council，2000），这就构成了欧盟核心素养的雏形。

自 2001 年起，为落实“里斯本战略”，欧盟在教育与培训领域启动了“教育培养 2010 计划”（ET2010）。2002 年，欧盟工作报告首次提出“核心能力”（Key Competence）的概念，又将人际关系与公民素养、学会学习和文化常识 3 项内容纳入（裴新宁，刘新阳，2013），形成了 8 项核心素养教育主张。2003 年，欧盟又对 8 项核心素养进行了文字表述修饰。2005 年，欧盟委员会向欧洲会议和欧盟理事会提交《以核心素养来促进终身学习》的议案。2006 年，欧洲议会和欧盟理事会将核心素养定义为“在知识社会中每个人发展自我、融入社会及胜任工作所必需的一系列知识、技能和态度的集合”（李艺，钟柏昌，2015），正式确定了 8 项核心素养的议案，确立了欧盟核心素养结构模型（褚宏启，2016）（表 2—2）。其也被称为“终身学习核心素养”。每项素养蕴含知识、技能和态度三个维度。值得注意的是，该结构中各素养之间属于平级分类（李新，2016），各素养之间界限模糊，如数学素养与科学技术基本素养同信息素养，母语交流能力、外语交流能力同文化意识与表达存在交叉重叠之处，强调跨学科综合性能力的培养，注重素养之间的整体互动，但是没有对具体学科制定细化的核心素养实施方案。

表 2—2　欧盟核心素养结构模型

母语交流能力 (Communication in the mother tongue)	学会学习 (Learning to learn)
外语交流能力 (Communication in foreign languages)	社会与公民素养 (Social and civic competences)
数学素养与科学技术基本素养 (Mathematical competence and basic competences in science and technology)	主动意识与创业精神 (Sense of initiative and entrepreneurship)
信息素养 (Digital competence)	文化意识与表达 (Cultural awareness and expression)

欧盟核心素养是在制定了“教育培养 2010 计划”（ET2010）与“终身学习计划”的时代背景下逐步发展、演化形成的。“终身学习核心素养”方案成为欧盟成员国引领本国终身学习和教育与培训改革的参照体系，即欧洲的每一位公民为应对日益复杂的环境和挑战所必须拥有的关键技能。

2010 年，欧盟在《面向变化中的世界的核心素养》报告中，“核心素养”一词出现了 381 次。欧盟将核心素养界定为：一系列可移植的、具有多种功能的知识、技能和态度，是个体获得个人成就和自我发展、融入社会、胜任工作的必备素养（常珊珊，李家清，2015）。这些素养的培育应该在义务教育阶段完成，并且成为欧盟公民终身教育的基础，以期具备终身学习的能力，这就确立了个人、社会和经济三个方面的目标与追求。核心素养必须为个体追求个人生活目标提供支持，为个人兴趣、梦想及终身学习的愿望提供动力；应该帮助个人建立公民身份、行使公民权利、积极融入社会；应该让每个人都具备工作的能力，在劳动市场中找到合适的工作，为欧盟的全球竞争力提供保障。核心素养在国际上获得了越来越多的关注（刘新阳，裴新宁，2014）。

欧盟“终身学习核心素养”被认为是实现“里斯本战略”目标体系的关键性工具，目的是使欧盟在相对较短时间内变得具有竞争力，实现经济和社会的共同发展。面对人口老龄化和全球挑战，为实现欧盟的这一目标，欧洲需要实行终身学习并充分发挥人的潜能，才能缩小发展的差距。因此，欧盟各成员国构建了以知识、技能和态度三个维度为参考的能力框架，突出“跨文化能力、全球素养”，强化“批判性思维、问题解决与创业能力”，成为在工作中成功的、有创造力的角色，发挥竞争作用的人所具备的核心素养。

三、经合组织核心素养

“核心素养”最早出现在经济合作与发展组织（简称“经合组织”，OECD）的研究报告之中。1997 年 12 月，经济合作组织启动了“素养的界定与遴选：理论和概念基础”研究项目。该项目聚焦于个体的成功生活与社会的和谐发展，培养 21 世纪学生应该具备哪些最核心的知识、能力与情感态度，满足个人自我实现需要的同时推动社会发展。

2003 年，经合组织 DeSeCo 项目通过前期定量和定性研究，在出版最终研究报告《核心素养促进成功的生活和健全的社会》（*Key Competencies for a Successful Life and a Well-Functioning Society*）时使用了“核心素养”一词，从“人与工具、人与自己、人与社会”三个角度，将核心素养的构成概括为“使用工具互动、自主行动、在异质群体中互动”三个方面。这三个方面作为一级指标，每个指标包含 3 个二级指标，形成了三维度 9 项目“层级并列型”核心素养结构（表 2—3），强调个人在社会中与他人的互动关系。

DeSeCo 项目认为，核心素养是指“覆盖多个生活领域的，促进成功的生活和健全的社会的重要素养”（张娜，2013）。经合组织核心素养突出以“人的发展”为中心，构建了“社会愿景、个人生活需求、成功的生活、健全的社会”结构模型（图 2—1），后来成为多个国家和地区的核心素养本土化建构的参照（李新，2016）。

表 2—3　“层级并列型”核心素养结构

一级指标（维度）	二级指标（项目）
使用工具互动（人与工具）	1. 互动使用语言、符号和文本
	2. 互动使用知识和信息
	3. 互动使用技术
自主行动（人与自己）	1. 在复杂的大环境中行动
	2. 形成并执行个人计划或生活规划
	3. 保护和维护权利、利益、限制与需求
在异质群体中互动（人与社会）	1. 与他人建立良好关系
	2. 团队协作
	3. 管理与解决冲突

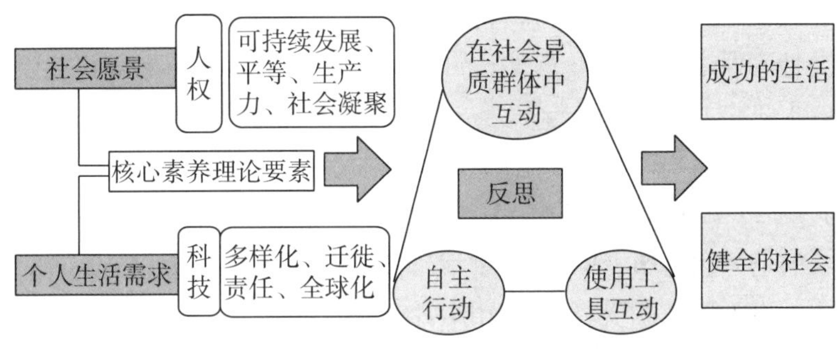

图 2—1　DeSeCo 核心素养的概念参照框架图

2005 年，经合组织又发布了《核心素养的界定与遴选：行动纲要》（*The Definition and Selection of Key Competencies：Executive Summary*），以增强核心素养应用于教育实践的可操作性。之后，经合组织分别于 2009 年、2013 年和 2015 年开展了针对核心素养发展状况的后续研究。尽管这些研究的侧重点各有不同，但是它们都关注社会的热点问题，强调 21 世纪的教育系统应帮助学生发展与社会进步相适应的技能和素养。2009 年和 2013 年的经合组织年度报告，强调信息技术的发展对社会与个人的影响，提出个人应具备与之相适应的新素养。2013 年和 2015 年的经合组织报告，基于新劳动力市场对于技能和素养的需求，提醒各成员国帮助年轻人发展适应劳动力市场需求的各项素养。

经合组织认为，核心素养的获得是后天的、可教可学的，具有发展连续性，也存在发展阶段的敏感性；强调人与社会的互动与反思、信息技术与素养的重要性，要求从“教书”转向“育人”、从“学业发展”转向“全面发展”、从“教师中心”转向“学生中心”。

四、PISA 核心素养

经合组织推出 PISA 核心素养评价项目。PISA 吸收了欧盟的跨课程能力项目（Cross-Curricular Competencies，CCC），以及 DeSeCo 能力和关键能力的研究成果。因此，跨课程能力成为 PISA 核心素养评价的一大特点。值得一提的是，PISA 并不排斥“基于课程的知识”，而是更倾向于在应用的领域考查这些知识和技能（贺阳，2019）。PISA 核心素养自推广以来便具有工具性功能，即以推动经济和社会发展为宗旨。

PISA 作为一个国际大规模教育评价手段具有一定的教育导向作用。它将素养视为个体工作、学习和生活中必不可少的能力，将更好的生活和终身学习作为基本价值取向。尽管有专家学者认为，建立在人力资本理论上的 PISA 核心素养模型是一种狭隘的知识观，忽视了教育对个体在身体、情感、艺术和精神多方面发展中的作用。由于经合组织内部教育政策“经济化”和经济政策“教育化”趋势的形成，技术和人力资本在组织内部的重要性不断增加（Ellar & Lingard，2013）。PISA 核心素养评价以推动世界共同体的发展，促进全社会的公平与正义，提高人类福祉为价值取向，如全球胜任力（也称“全球素养”）。

PISA 首次正式测评开展于 2000 年（也称 PISA2000），在世界教育研究以及教育改革中发挥着重要的导向作用。PISA 以全球教育发展的站位，关注的是学生在社会生活中各方面素养的发展状况。PISA 测试用来评估学生的素养，每三年进行一次，每次都有不同的测试主题。2000 年、2003 年和 2006 年分别以阅读素养、数学素养和科学素养为主题，2009 年又重新以阅读素养为主题。虽然 PISA2015 侧重于科学素养，加入合作问题解决，其评价维度有共同之处，尤其突出情境（表 2－4）。PISA 强调的情境源于生活，与个人、公共社区、未来职业密切相关，强调个体对能力的要求。因为“能力”是评价的核心，现实生活“情境”引起个体对能力的要求，“知识”和“态度”则影响能力的形成。PISA2018 再次将阅读素养作为主要评估领域，更加凸显目标导向的阅读观与基于情境的评估，强化多重文本阅读与导航能力，重视读者的评价及批判性阅读能力三个方面的特征（王晓诚，2019）。PISA2021 进行了一次尝试，增加了“创造性思维”测试，有选择题、建构题和交互式仿真任务。

表 2－4　PISA 不同测评领域评价维度

测评领域	评价维度
阅读素养	文本、认知、情境
数学素养	内容、过程、情境
科学素养	情境、知识、能力、态度

2017 年 12 月 12 日，经合组织教育与技能司和哈佛大学教育研究生院零点项目

(Project Zero) 共同主持了《PISA 全球素养框架》的研究（图 2—2)。该框架旨在为有意培养青少年全球素养的决策者、领导者和教师提供一个工具，用以解释、发展和评估青少年的全球素养。全球素养是指青少年能够分析当地、全球和跨文化的问题，理解和欣赏他人的观点和世界观，与不同文化背景的人进行开放、得体和有效的互动，以及为集体福祉和可持续发展采取行动的能力。PISA 核心素养聚焦“政治—经济—文化”三位一体终身学习的价值取向。

图 2—2　PISA 全球素养框架

PISA 核心素养理论基础可以追溯至心理学、伦理学、经济学、社会学等领域，涉及阅读、数学、科学等多个学科领域。虽然 PISA 核心素养以学科知识和技能为基础，但是阅读素养可以促进学生科学素养的发展，而且应当将阅读素养的重要性置于科学素养之前（Cromley，2009)。PISA 自 2000 年第一次开始测试，阅读素养是每轮测试必备的项目，足以可见其重要性。换言之，在阅读、科学和数学三大素养之中，阅读素养因其基础地位具有一定的价值优先性。斯泰西和特纳认为，将建立数学模型和进行内部数学思维的能力视为在解决生活问题时最需要的能力，即数学核心素养（Stacey & Turner，2015)。

PISA 核心素养依据情境、知识和能力的功能与特征，将问题解决能力和思维能力作为素养的核心，突出素养的“反思性”和“应用性”，有助于应对现实生活的复杂性，充分考虑社会的需要、学生的认知和兴趣特点、学科知识的特殊性和反思能力的重要性。

第二节　中国核心素养简述

一、核心素养的时代风向标

（一）中国学生发展核心素养

核心素养开启了我国素质教育的新征程。2013 年 5 月，北京师范大学林崇德教授承担了教育部哲学社会科学研究重大委托项目，领衔 5 所高校 90 余名研究人员，开展“我国基础教育和高等教育阶段学生核心素养总体框架研究”，标志着我国核心素养的研究正式揭开了帷幕。2014 年 3 月，教育部印发《关于全面深化课程改革落实立德树人根本任务的意见》，明确提出将“立德树人”作为人才培养的根本任务，研究制定学生发展核心素养体系，旨在以“核心素养”为突破口推动基础教育新一轮课程改革，从“完整的人”“全人教育”视域进一步深化素质教育。

核心素养的研制是深化课程教学改革和落实立德树人的关键因素。2016 年 2 月，教育部公布的《中国学生发展核心素养（征求意见稿）》指出，学生发展核心素养，是指学生应具备的、能够适应终身发展和社会发展需要的必备品格和关键能力，体现为“社会责任、国家认同、国际理解、人文底蕴、科学精神、审美情趣、学会学习、身心健康、实践创新”9 大综合素养，细化出 25 项素养。该征求意见稿为我国“要培养什么样的人”做出了具体的回应（孙思雨，2016）。中国教育学会就该征求意见稿面向各省市学会等机构广泛征求意见。

经过三年的集中攻关，课题组于 2016 年 9 月 13 日在北京师范大学正式发布《中国学生发展核心素养》总体框架。中国学生发展核心素养，以科学性、时代性和民族性为基本原则，以培养“全面发展的人”为核心，分为“文化基础、自主发展、社会参与”3 个方面，综合表现为“人文底蕴、科学精神、学会学习、健康生活、责任担当、实践创新”6 大素养，具体细化为国家认同等 18 个基本要点，每个基本要点涵盖若干评测点。因此，“总体框架”被概括为“一个核心、三个方面、六大素养、十八个基本要点”（表 2—5、图 2—3），在此基础上设置 N 个评测点，构成四级框架（图 2—4），既是中国教育改革的“关键”、新课标的“源头”，也是中高考评价的“风向标”，标志着中国基础教育改革进入“核心素养时代”。

表 2-5　《中国学生发展核心素养》

一个核心	三个方面	六大素养	十八个基本要点
全面发展的人	文化基础	人文底蕴	人文积淀、人文情怀、审美情趣
		科学精神	理性思维、批判质疑、勇于探究
	自主发展	学会学习	乐学善学、勤于反思、信息意识
		健康生活	珍爱生命、健全人格、自我管理
	社会参与	责任担当	社会责任、国家认同、国际理解
		实践创新	劳动意识、问题解决、技术运用

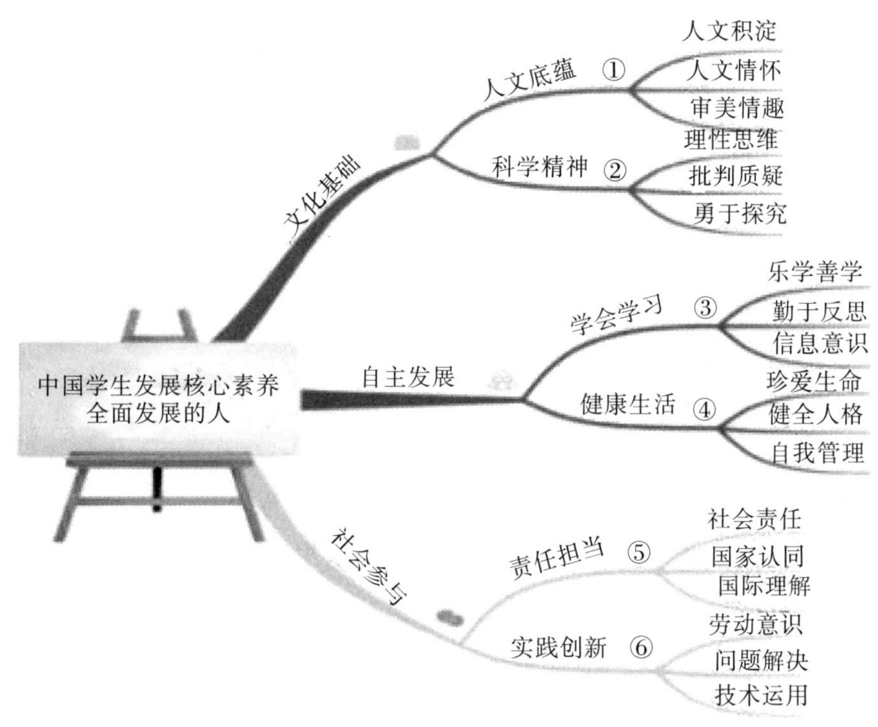

图 2-3　《中国学生发展核心素养》树形图

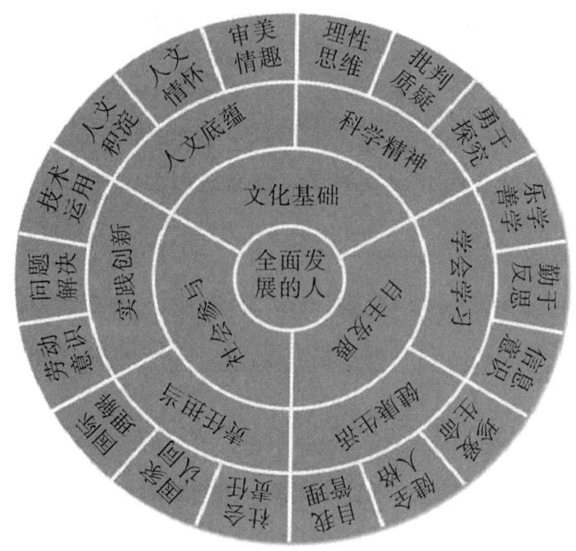

图 2-4 《中国学生发展核心素养》总体框架

（二）核心素养内容

虽然两个文稿均有 18 项子素养，但是存在一些差异。征求意见稿为三层架构、九大综合素养，而“总体框架”为四级框架、六大素养。“总体框架”中核心素养的“核心”是“全面发展的人”。增加了一级目标“文化基础、自主发展、社会参与”。将“征求意见稿”中的“身心健康”修正为“健康生活”，“社会责任”修正为“责任担当”，并作为二级目标；将“人文底蕴、科学精神、学会学习、实践创新”纳入二级目标。将“审美情趣”和“国家认同、国际理解”移至三级目标范畴，分别隶属“人文底蕴”和“责任担当”。“总体框架”在征求意见稿的基础上对各基本要点在内涵上进行了丰富和完善。

“总体框架”有助于高中育人方式的改革。2017 年，教育部提出普通高中课程标准“学科核心素养”，明确了具体的育人目标和任务。2019 年 6 月 19 日，国务院办公厅印发《关于新时代推进普通高中育人方式改革的指导意见》，到 2022 年，德智体美劳全面培养体系进一步完善，全面落实立德树人根本任务，大力培养创新人才。因为“不创新不行，创新慢了也不行。如果我们不识变、不应变、不求变，就可能陷入战略被动，错失发展机遇，甚至错过整整一个时代”（习近平，2016）。“我们必须把创新作为引领发展的第一动力，把人才作为支撑发展的第一资源，把创新摆在国家发展全局的核心位置。”（常雪梅，程宏毅，2016）

研究学生核心素养不仅是落实立德树人根本任务的重要举措，也是适应世界教育改革发展趋势、提升我国教育国际竞争力的迫切需要。“核心素养”作为重要的国家战略，肩负着在相当长的时期引导基础教育变革的使命与责任。由此而来，“原动力”“风向标”“关键词”等词汇成为基础教育新一轮课改的代名词，与之相应的课标修订、课程建设、教材变革、考核评价等一系列课改关键环节也随之落地。

二、义务教育课程新方案

（一）教学理念的提升

2022年4月，教育部发布《义务教育课程方案和课程标准（2022年版）》。英语课程标准（2022年版）更加强调素养导向，注重培育学生的核心素养。核心素养导向即课标研制工作的主线，也是课标文本的主旋律。此次课标的修订将习近平总书记关于培养“有理想、有本领、有担当”的时代新人的要求，作为构建义务教育课程体系的逻辑起点和落脚点，阐述培养目标，反映人才培养规格和要求。因此，英语课程标准（2022年版）从国家层面厘清了育人目标，校准了改革方向，优化了课程内容及其组织呈现形式，细化了评价与考试命题建议，突破了教师开展跨学科的教研边界，增加了“主题鲜明、问题真实”的跨学科学生学习活动，建立了学科交叉、学段衔接课程研发及“共同备课、协商上课”的机制，创建了“教、学、评”一致性的学业质量标准，明确了以深化教学改革为突破，强化学科实践、综合学习、评价改革，落实立德树人根本任务，推进学科育人、实践育人、全面育人方式变革。概括起来，英语课程标准（2022年版）以核心素养诠释课程目标，让课程“目中有人”；以课程内容结构化引领教学改革，让学生在活动中生成素养；基于素养发展水平确定学业质量，让学生素养具体化、鲜明化。

（二）教学模式的变革

减轻义务教育阶段学生过重作业负担和校外培训负担（“双减”）的治本之策，在于改进教学内容、教学方法，增加学生的学习内驱力。英语课程标准（2022年版）确立了大观念、大任务、真实性、实践性“四个核心概念”（张卓玉，2021）。

1. 大观念

大观念要求教师具有整体教学的理念。这就要求教师关注碎片、零散知识背后的结构、联系、规律，即通过零散的知识反观其背后的结构、联系和规律；扭转过去只聚焦碎片化的知识点教学，转向追求知识能力的应用和迁移；扭转学生只局限于知识逻辑本身，转向追求知识能力、道德价值和情感升华。

2. 大任务

大单元是大观念、大任务的教学路向。教师在备课环节采用大单元教学设计模式，用大任务囊括学生应掌握的知识与技能，将学生应掌握的知识点统整到一个单元、一个环节、一件事情、一个问题或一个任务之中，以利于学生根据教师锁定的大任务通过可理解性的“做中学”“学中用”，能够可视化地展示学业作品、共享化地交流学习结果。

3. 真实性

真实性是未来教学改革的基本要求。教师要打破传统教育教材、课堂、教师“三个中心”，转变为“学生中心”的课堂；要增加学习内容与学习过程的情境性，增强学生基于解决现实问题的情境化学习；要找到知识的逻辑体系与学生的现实生活的连接点，以连接点作为学习点；要立足真实性的问题、任务，让学生真实地去思考、设计，解决真实的问题。

4. 实践性

结构化是课标修订的一项重要变革。以主题、项目、任务等结构化方式组织课程内容，提示着教学实践以整体有序、多样综合的方式来挖掘知识的育人价值。教师应根据任务需要来确定学生的学习方式，把实践性活动真正落实到教学过程中，指导学生更多地学会观察、制作、实验、调研，把平时的实践活动转化为“教、学、评”一体化。

（三）学习方法的改进

1. 突出育人导向

课标修订强调立德树人根本任务。此次课标修订，力求使课程目标自觉体现本课程在培育学生核心素养方面的基本贡献，结合本课程的性质、理念及课程的基本内容，从核心素养视角对课程总目标及学段目标进行表述。课程目标的素养导向，有利于转变将知识、技能的获得等同于学生发展的目标取向，有助于引领教学实践及教学评价基于核心素养视角促进学生的全面发展（李玉兰，2022）。

2. 引导学生学习

课标修订凸显课程内容的结构化。教师应从关注知识技能的“点状传输”转向关注学生对知识技能的主动学习和思考，关注教学的关联性、整体性，关注学生在主动活动中所形成的知识、技能、过程、方法、态度、品格、境界的综合效应，关注学生核心素养的养成；要求教师重新认识和定位知识点的意义与价值，在学生的学习活动中实现知识点的教育价值；要求教师关注和引导学生“学什么”“学得怎样”和“怎么学”。教师应基于内容要求，强调在结构中的、扎实的基础知识学习的重要性，防止知识虚化；基于学业要求，结合教学内容要求，提出素养发展目标；基于教学提示，让课程内容变为学生主动学习的活动（郭华，2022）。

3. 促进学生发展

英语课程标准（2022 年版）突出学生素养发展。学生核心素养贯穿于课标文本，隐含在课程内容及教学实践中，体现在课程学习结果要求之中。教师应依据具体化、鲜明化的学生素养发展水平，明确学生的学业质量。这既需要有课程目标的总体指向，需要内容的选择、组织，也需要在“内容要求”“学业要求”“学业质量”中，做具体的描述，使核心素养变成学生真实的能力、品格和价值观（郭华，2022）。

《国家基础教育课程改革纲要（试行）》强调“过程与方法”目标，倡导“自主、合作、探究”的学习方式（钟启泉，崔允漷，张华，2002）。英语课程标准（2022年版）着眼于学生的全面发展，加强学段衔接，强调素养导向，强化学科实践，注重实现“教、学、评”一致性，突出创新精神、创新意识，旨在驱动教学内容与教学方式的深层变革。

第三节　中国学生核心素养

一、核心素养的“核心”

（一）突出立德树人

研制中国学生发展核心素养体系，提升核心素养和学业质量是我国基础教育新一轮课改要求。“培养什么人”是教育的目标问题和根本任务。杜威认为，教育的目的就是生长。从“人”的个体来讲，教育作为一种生命传递，是在与环境的互动中自我更新的过程。有学者认为，教育首先应培养具有健全人格的人。蔡元培先生在《中国人的修养》中谈道：决定孩子一生的不是学习成绩，而是健全的人格修养！健全人格即是人格的正常和谐的发展，涵盖人的性格、品质、责任感、情绪、思维五个维度。这就与学生的素养密切相关，健全人格的要素就是核心素养之一。可见，“培养什么人、怎样培养人”的出发点和落脚点是“人”，“以人为本”才能回归教育本真。

（二）突出公民责任

学者从不同的角度诠释“核心素养”。中山大学现代教育技术研究所的王立山指出，核心素养是指“那些关键的、不可或缺的品质、能力、才干及精神面貌”，包括信息素养、思维素养、人文素养、专业素养、身心素养等几大方面，而且不同学段学生的核心素养应有其侧重点。上海市教科院普教所原所长傅禄建主张，教育首先应奠定每一个学生终身健康和良好公民的基础，提升阅读素养、数学素养和科学素养三项核心素养。《人民教育》刊发的《核心素养：重构未来教育图景》一文提出，核心素养从价值取向上“反映了学生终身学习所必需的素养与国家、社会公认的价值观”。这与我国社会主义核心价值观国家、社会、公民三个层面的价值准则具有一致性。

（三）关注健康成长

人的一生要历经成长、成人、成才过程。从成长的视角看，教育首先应为学生的生存奠基或者说提供生存的条件。一个人要生存，就要面对各种未知与挑战，自然就需要诸多素养。从成人的角度看，教育是为学生未来生活储备关键能力或基本潜能。从成才的角度看，一个人只有融入社会，才能将过去所学转变为社会所用，在实现自身价值的同时服务和奉献社会。陶行知主张，“教育即生活”，生活和教育的关系是教育决定生活。20 世纪 60 年代罗马俱乐部就提出从“维持性学习”转变为“创新性学习”。爱因斯坦认为“想象力比知识更重要”。教育的价值就是使人成为人——一个美好的人、幸福的人、一个具有创造力的人，当然一定是具备社会主义核心价值观的人。

（四）关注学习状态

学生的情绪直接影响着他们的学习效果。教师应关注学生学习主动参与的程度、参与的深度、参与的广度，创设情境促进学生的课堂参与。教师尤其要向学生提出具有挑战性、独创性的问题，以引导学生积极思考，敢于质疑发问，善于运用自己的语言阐释自己的观点。正如肖川教授所言，从学科角度讲，教师要为素养而教，学科及其教学是为学生素养服务的，而不是为学科而教。核心素养教学理念提倡师生、生生合作探究、交流互助，达成“教学相长”。教师有教学预设的意识，学生在学习过程中不断自主生成非预设内容，获得意外的生成性知识，凸显自身的思维品质。在教学过程中，教师还应营造民主、宽松、和谐的课堂氛围，有利于保持学生的好奇心和自信心。

综上可见，学生核心素养的形成既是基于学科的，又是超越学科的，应当用学生核心素养来统领各学科教学。学科教师既要研究本学科的教学，又要关注、研究、把握和落实学生核心素养的发展。核心素养是学科壁垒的“溶化剂”。教师应确立“通过知识获得教育”而不是“为了知识的教育”的教育思想。

二、课堂教学范式的转变

（一）重构教学关系

构建“以学为主”的新型课堂。当代教学范式是以“教”为主，转向以“学”为主。教师应把学习的权利和责任还给学生，激发学生的学习兴趣，培养学生的学习能力，引导学生学会自主学习和自我教育。教师要致力于激发学生的潜能，打造新型课堂教学文化和教学方式，尊重学生的人格，让学生有安全感，促进学生的认知，发展学生的思维，培养学生的自信。教师的教学设计和教学活动应以学生的学习为主线，教学过程应体现“教师导—学生思—同伴评”，共享教学目标，实施有效教学，鼓励学生提出创造性、生成性、非标化答案。教师应倡导学生“做中学”的原则，采用“授人以渔”的方法，凸显学生由浅入深、由表及里、由低到高的思维认知发展过程。

（二）强化教学设计

教学的目的是培养学生具有“能够适应终身发展和社会发展需要的必备品格和关键能力”，这是核心素养导向下教学设计的指导思想。教师应从宏观上提升教学设计站位，立足单元，上接学科核心素养，下连知识点的目标或要求。从知识点到单元，意味着教师具有较高的教学设计站位。以单元为出发点，教师看到的目标是学科育人的关键能力、必备品格与价值观念，体现在素养教育层面。而以知识点为核心，教师看到的目标只是了解、理解、记忆知识，停留在应试教育范畴。英语教学以单元设计凸显整体教学观，聚焦英语学科核心素养（课标）、教材、课时、学情与资源等，细化单元、学时“导—学—评”教学方案，采用真实或模拟情境进行教学，开展反思性教学活动。

（三）转向深度学习

学科核心素养需体现在对学生思维品质的培养。学科目标的第一层是教育目的，第二层是学科课程标准，第三层是学期、单元、课时教学目标。教育目的指教师应“想得到”，课程标准是师生应“看得到”，教学目标则是学生“做得到”，这就需要教师实施深度教学。教学目标必须依据课程标准，结合教学内容，将核心素养具体化。教师应抓住学生深度学习的四个关键点：一是高认知（充分理解），二是高投入（全神贯注），三是真实情境（问题解决），四是反思（“悟”中学）。深度学习的前提应突出问题导向，学习的内容是蕴含意义的任务，学习的目标是学以致用。教师的作用是引起、维持、促进学生学习，学生是积极主动的学习者、思考者。

（四）进行教材加工

教师应具备二次加工教材的能力。教师应区别“教教材”与“用教材教”和“教材内容”与“教学内容”的不同。“用教材教”是把“教材内容”转化为“教学内容”，即对教材进行教学化处理。教材内容是教科书上的内容，而教学内容则是在课堂上呈现与具体目标相匹配的内容。课堂教学质量不高、教学效能低下、教学气氛沉闷等，都与教师“照本宣科”地“教教材”不无关系。教师在对教材进行开发时应做到“三化”（把所要学的知识条件化、情境化、结构化），才能达成教学目标的“三有”：有趣、有用、有意义。这就需要教师采用新增、删除、更换、整合、重组等方法，将教材内容进行教学化处理，需要化信息为知识、化知识为智慧、化智慧为德性。

概括而言，核心素养下的课堂教学应由“抽象知识”转向“具体情境”，注重学习情境的真实性；由“知识中心”转向“能力中心”，培养学生高于学科知识的学科素养；由“教师中心”转向“学生中心”，促进学生主动学习和合作学习的意识与能力；由“狭义教学”走向“广义教学”，促进学生融会贯通，综合运用。

第四节　英语学科核心素养

一、英语核心素养

（一）基本内容

2018年1月，教育部颁布《普通高中英语课程标准（2017年版）》（以下简称“英语课标准（2017年版）”）。王蔷（2018）从课程宗旨、课程目标、课程结构、课程内容、教学途径和课程评价六个要素入手，探讨并解读了英语课程标准（2017年版）的六大变化。英语课标（2017年版）把立德树人放在学科教育的首位，确保学科育人计划有效落地，与著名教育家叶澜教授（2016）基础教育使命的底线（Base Line）、底色（Background）、底蕴（Inner Qualities）“三底”教育具有一致性，也将习近平总书记“培养什么人”的根本任务落实到英语教育中。

英语课程标准（2017年版）修订组组长梅德明教授（2017）给出的“核心素养内涵指标图”（图2—5），引领英语教师进一步把握核心素养内涵及其实现途径。以语言能力的发展为例，在感知与领悟、内化与整合、解释与赏析、交流与创建中促进学生语言能力的提升。文化意识、思维品质、学习能力，这些核心素养的发展，它们的内涵指标各不相同，实现的途径各异（罗敏江，2020）。

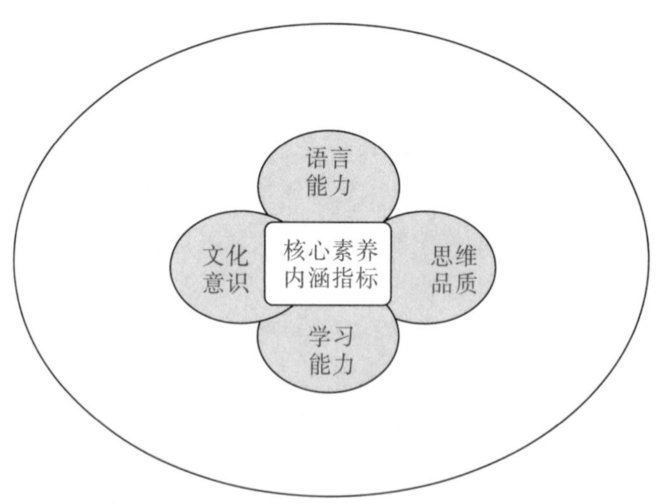

图2—5　核心素养内涵指标图（2017年版）

除课程宗旨的变化外，王蔷（2018）认为，英语课程标准（2017年版）在课程目标方面从综合语言运用能力转向了英语学科核心素养（图 2－6）。英语学科核心素养主要由两部分组成：一是必备品格，包括文化品格和思维品质；二是关键能力，包括语言能力和学习能力，即语言能力、思维品质、文化意识和学习能力四个维度。

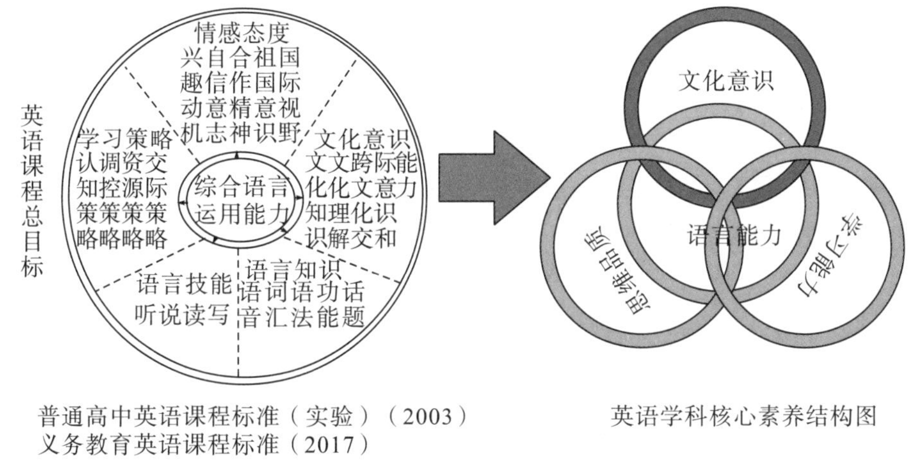

普通高中英语课程标准（实验）（2003）
义务教育英语课程标准（2017）

英语学科核心素养结构图

图 2－6　从综合语言运用能力到英语学科核心素养

英语课程标准（2022 年版）将主题和语篇作为一个动态，进入语言学习范畴，把语言知识与语言技能融为一体，增强学生对语篇的认知和理解（图 2－7）。语言是中介符号、外在表征，而文化是语言的内核，文化知识学习需要与学生的经验相联系，才能形成自己的认知。这就从根本上改变了有语言知识，没有突出文化的现象，通过挖掘知识，形成解决问题的思路，体现了“大观念、大单元、大任务”的教育理念。

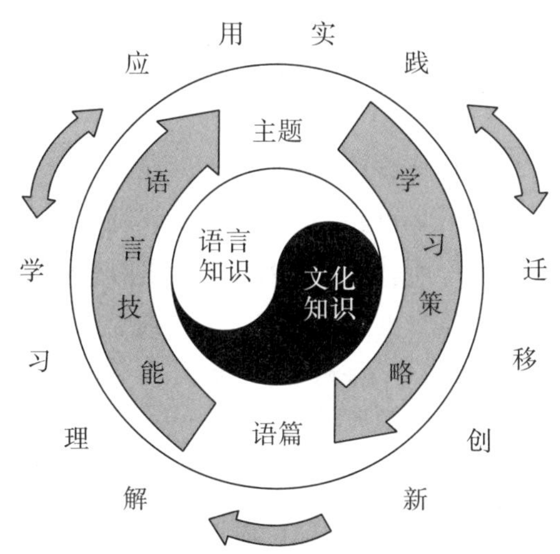

图 2－7　义务教育英语课程内容结构图（2022 年版）

在课程结构方面，优化了课程结构与学分要求，减少必修学分，合理控制必修课程学习难度，适当增加选择性必修学分，以满足高中生多元发展的需求，实现减负增效。在课程内容方面，提出了“主题语境、语篇类型、语言知识、文化知识、语言技能、学习策略”等六要素整合的英语课程内容（图 2—8）。核心素养视域下的英语课程改革动向体现在学科育人价值、学生思维发展、学科核心素养三个方面，满足了学生个性发展需求。

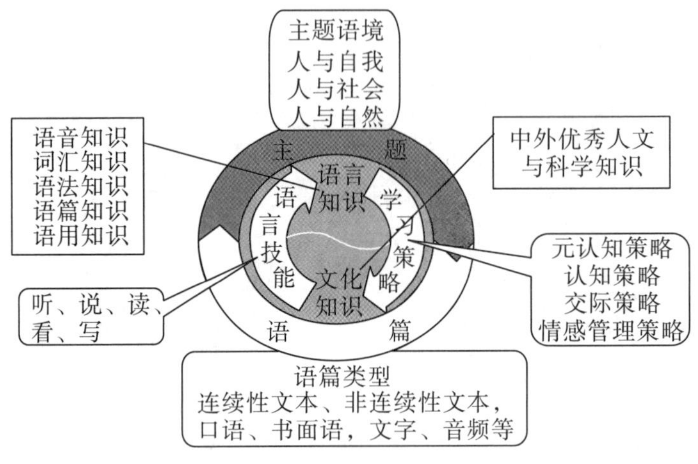

图 2—8　六要素整合英语课程内容

在教学途径方面，英语课程标准（2017 年版）明确提出了英语学习活动观，指出“活动是英语学习的基本形式，是学习者学习和尝试运用语言理解与表达意义，培养文化意识，发展多元思维，形成学习能力的主要途径”。

在评价方式方面，一是要以形成性评价为主，辅以终结性评价；注重评价主体的多元化，突出评价的激励和促学作用，要形成“教、学、评”一体化的有机评价机制。二是构建评价指标，聚焦学业质量水平，即学生在完成某类课程后的学业成就表现。三是对学业水平考试和高考从命题导向、考查内容和考查形式三个方面提出了六项原则。英语课程标准（2017 年版）特别提出高中学业水平考试和高考应重点考查学生的英语理解和表达能力。

由此可见，“培养能力”“培养素养”将取代“传授知识”成为教师新的追求，对学生的评价将从“重知识”转向“重素养”。无论是在职教师还是职前师范生需要对核心素养进行多维视角的深入反思，找到核心素养发展的中国之路和本土表达，并实现基础教育阶段的国家培养要求与学生自身成长需求的有效统整（张晓东，2016）。可见，从“双基”到素质教育，从“三维目标”到“四项素养”，不仅仅只是名词概念的变化，而是教育的理想愿景，是理想教育的新飞跃。

二、英语课程标准的演进

（一）英语课程改革回溯

我国英语教学大纲、课程标准的发展历经四个阶段。

第一阶段为1951—1967年。在《普通中学英语课程标准》（1951年）中，教学目的除知识外，还包括“养成阅读和练习英语的兴趣”。《高级中学英语教学大纲》（1956年）和《初级中学英语教学大纲（草案）》（1957年）的教学目的仅包括知识和简单技能。《全日制中学英语教学大纲（草案）》（1963年）的教学目的包括知识和简单技能，含翻译能力。《中小学英语教学大纲（征求意见稿）》规定，英语课从小学三年级开始开设，有的学校也可以从初中一年级开设。

第二阶段为1977—1990年，主要文件有《全日制十年制中小学英语教学大纲（试行草案）》（1978年）、《全日制中学英语教学大纲》（1986年）、《全日制中学英语教学大纲（修订版）》（1990年）。这个时期，外语成为我国中学的一门基础学科，受到了社会的普遍重视；已经注意到外语教育的差异性，强调外语教学的实践性；注意培养学生的兴趣，发挥他们的特长，使他们能生动、活泼、主动地学习；建议“根据中学不同的需要，编写出几套符合外语教学规律，受师生欢迎的好教材”。

第三阶段是1988—2000年，主要有《九年制义务教育全日制初级中学英语教学大纲（初审稿）》（1988年）、《九年制义务教育全日制初级中学英语教学大纲（试行）》（1992年）、《全日制高级中学英语教学大纲（初审稿）》（1993年）、《全日制普通高级中学英语教学大纲（供实验用）》（1996年）、《九年义务教育全日制初级中学英语教学大纲（试用修订版）》（2000年）。这一系列“教学大纲”对中小学英语教学目标、教学要求、教学方法、教学实施等进行了规范和指导，使得教学大纲更加科学、开放和完整。

第四阶段是1999年至今，其显著标志是《全日制义务教育英语课程标准》（2011年）的发布。该英语课程标准具有突出素质教育思想，体现课程的整体性、灵活性，强调语言的实践性，通过评价促进英语教学的发展等特点。

从整体上看，我国英语课程改革跨越了“双基目标”“三维目标”“核心素养”三个时代。双基目标时代的英语教学重点聚焦基础知识（语音、词汇、语法知识）与基本技能（听、说、读、写等语言技能），具有工具性特征。三维目标时代突出知识与技能、过程与方法、情感态度与价值观，涵盖语言技能、语言知识、情感态度、学习策略、文化意识五个方面。核心素养时代着力正确的价值观、必备品格、关键能力、语言能力、文化意识、思维品质、学习能力。可以看出，三维目标和核心素养时代的英语教学具有工具性与人文性相结合的特点。

（二）英语课程改革的进步

1. 教学目标

语言课程教育目标由单纯地传授知识转向提高学生的全面素质。1988年的《九年义务教育全日制初级中学英语教学大纲（初审稿）》明确提出“提高整个中华民族的思想道德素质和科学文化素质”。1992年的《九年制义务教育全日制初级中学英语教学大纲（试行）》增加了“激发学生的学习兴趣，养成良好的学习习惯”“使学生受到思想品德、爱国主义和社会主义等方面的教育，发展学生的思维能力和自学能力”。1996年的

《全日制普通高级中学英语教学大纲（供实验用）》明确提出“提高中华民族的思想道德素质、文化科学素质和身体心理素质”的要求。2000 年的《九年义务教育全日制初级中学英语教学大纲（试用修订版）》提出要“以培养学生创新精神和实践能力为重点，全面推进素质教育”，而且在教学目的部分，不仅提出知识、技能、能力的要求，还提出了思想情感、道德品格、跨文化交际意识、智力和非智力因素开发等方面的要求，甚至将非智力因素（兴趣、信心、学习习惯、自主学习能力等）放在首位。

2. 教学要求

1986—1993 年的五个英语教学大纲都提出了培养“在不同程度上通晓一些外国语的各方面的人才”，并反复批判片面追求升学率的倾向，强调中学开设英语课的双重目的是升学与就业。1992 年的《九年制义务教育全日制初级中学英语教学大纲（试行）》开始规定分级要求，即初中分为一级和二级要求，初一、初二年级为必修课，初三为选修课。1996 年以后，普通高中英语教学大纲规定了一级和二级教学目标要求，高中一、二年级英语为必修课，高三英语为选修课。一级或二级要求为基本要求，凡有条件的学校可以超过大纲规定的要求。

3. 教学观念

中小学英语教学大纲明确英语教学的目的是培养学生运用语言进行交际的能力；提出了听、说、读、写四项技能综合训练，不同阶段各有侧重；强调处理好语言教学与文化的关系；注意发挥教师的指导作用，充分调动学生的学习主动性和积极性；重视利用直观教具和现代化教学手段，努力创设英语教学氛围和环境。

4. 教材变化

中小学英语教材的变化之一是现代化。英语教材的内容逐渐贴近学生的生活和现代社会生活，渗透思想情感的教育，即教学大纲提到的“寓思想教育于语言教学之中”或“梳理符合素质教育精神的英语教育观”，渗透大量自然和社会科学知识。教材采用结构、功能、话题相结合的方法。教材的编写注意学生生理和心理发展的特征，特别是年龄特征，重视从教材内容、编排体系到呈现形式等方面提高趣味性，以激发学生的学习兴趣。教材力求符合学生学习英语的认知规律，注意调节教材的难易程度和分量。

教材变化的另一特点是多样化。一是国家鼓励“一纲多本”；二是引进多种外国教材，补充发达地区和外国语学校等不同类型学校的需求；三是编写不同起点的教材，特别是小学起点的英语教材。

三、英语课程改革的新任务

（一）学科核心素养的培养

学界对学科育人价值已经取得共识。一是每门课都对培养学生的价值观、必备品格和关键能力具有独特的价值和意义。二是课堂是学校教育的中心场域，是细化、具体化立德树人根本任务的主渠道，是促进学生全面而有个性地发展的核心环节。三是对学生进行有意义、有价值、有温度、有深度的教育，仅靠中介符号是难以实现的，而必须依托语言所承载的优秀人文和科学知识。四是学科育人目标要以学科核心内容（知识）为载体，以学科核心活动为途径，通过精心设计的教学活动来实现。

英语课程标准（2022 年版）将义务教育英语课程的目标从“综合语言运用能力”全面转向“核心素养导向”。这一转向既是英语教育理念和教学目标的变化，也是课程内容、教学方式、教学评价和教学资源等全方位的系统性改革。英语课程标准（2022 年版）的特点体现在：具有鲜明的育人导向，构建了全景育人蓝图；全方位的系统改革，课标各部分之间紧密关联；课程内容的结构化与情境化；主题为引领，凸显文化的育人价值；重视质量把关和目标落地；强调课程实施的重要性。

英语课程标准（2022 年版）的学生发展核心素养包括课程性质（课程基本定位）、课程理念（课程指导思想）、课程目标（课程培养目标）、课程内容（内容构成与要求）、学业质量（学业质量标准）、课程实施（教学建议、评价建议、教材编写建议等）。其中，课程基本定位是工具性和人文性的融合统一，具有基础性、实践性和综合性特征；课程培养目标为语言能力、文化意识、思维品质、学习能力；教学参考主要是核心素养学段特征、语音项目表、词汇表、语法项目表、教学案例等。

教师在英语课程教学中，应充分发挥教学提示的作用，挖掘单元育人价值，通过语言学习活动，帮助学生在体验中学习、在实践中运用、在迁移中创新。

（二）2011 年版与 2022 年版的差异

1. 课程标准对比

与英语课程标准（2011 年版）相比，英语课程标准（2022 年版）在“课程目标”中新增了“核心素养内涵”，将“分级目标”改为“学段目标”；删除了 2011 年版的“分级标准”部分，新增为“课程内容”和“学业质量”两个部分；将 2011 年版的“实施建议”改为“课程实施”，并且增加了“教学研究与教师培训”。英语课程标准（2022 年版）目录的显著变化是去掉了“分级标准”的语言技能、语言知识、情感态度、学习策略、文化意识，在附录中新增了“核心素养学段特征”。英语课程标准 2011 年版与 2022 年版的整体对比见表 2—6。

表 2—6　2011 年版与 2022 年版课标整体对比

英语课程标准（2011 年版）	英语课程标准（2022 年版）
第一部分　前言	一、课程性质
一、课程性质	二、课程理念

续表

英语课程标准（2011 年版）	英语课程标准（2022 年版）
二、课程基本理念	三、课程目标
三、课程设计思路	（一）核心素养内涵（新增）
第二部分　课程目标	（二）总目标
一、总目标	（三）学段目标（新增）
二、分级目标	四、课程内容（新增）
第三部分 分级标准	（一）内容要求（新增）
一、语言技能	（二）教学提示（新增）
二、语言知识	五、学业质量（新增）
三、情感态度	（一）学业质量内涵（新增）
四、学习策略	（二）学业质量描述（新增）
五、文化意识	六、课程实施
第四部分　实施建议	（一）教学建议
一、教学建议	（二）评价建议
二、评价建议	（三）教材编写建议
三、教材编写建议	（四）课程资源开发与利用
四、课程资源开发与利用建议	（五）教学研究与教师培训（新增）
附录：1. 语音项目表；2. 语法项目表；3. 词汇表；4. 功能意念项目表；5. 话题项目表；6. 课堂教学实例；7. 评价方法与案例；8. 技能教学参考建议	附录：1. 核心素养学段特征（新增）；2. 语音项目表；3. 词汇表；4. 语法项目表；5. 教学案例

2. 五个版本的课程总目标对比

（1）全日制义务教育普通高级中学英语课程标准（实验稿）（2001 年版）。

培养学生的综合语言运用能力。综合语言运用能力的形成建立在学生语言技能、语言知识、情感态度、学习策略和文化意识等素养整体发展的基础上。语言知识和语言技能是综合语言运用能力的基础，文化意识是得体运用语言的保证。情感态度是影响学生学习和发展的重要因素，学习策略是提高学习效率、发展自主学习能力的保证。

（2）普通高中英语课程标准（实验）（2003 年版）。

使学生在义务教育阶段英语学习的基础上，进一步明确英语学习的目标，发展自主学习和合作学习的能力；形成有效的英语学习策略；培养学生的综合语言运用能力。综合语言运用能力的形成建立在语言技能、语言知识、情感态度、学习策略和文化意识等素养整合发展的基础上。语言技能和语言知识是综合语言运用能力的基础。情感态度是影响学生学习和发展的重要因素。学习策略是提高学习效率、发展自主学习能力的先决条件。文化意识则是得体运用语言的保障。

（3）义务教育英语课程标准（2011 年版）。

通过英语学习使学生形成初步的综合语言运用能力，促进心智发展，提高综合人文素养。综合语言运用能力的形成建立在语言技能、语言知识、情感态度、学习策略和文化意识等方面整体发展的基础之上。

（4）普通高中英语课程标准（2017 年版）。

全面贯彻党的教育方针，培育和践行社会主义核心价值观，落实立德树人根本任务，在义务教育的基础上，进一步促进学生英语学科核心素养的发展，培养具有中国情怀、国际视野和跨文化沟通能力的社会主义建设者和接班人。英语学科核心素养主要包括语言能力、文化意识、思维品质和学习能力。

（5）义务教育英语课程标准（2022 年版）。

发展语言能力。能够在感知、体验、积累和运用等语言实践活动中，认识英语与汉语的异同，逐步形成语言意识，积累语言经验，进行有意义的沟通与交流。

培育文化意识。能够了解不同国家的优秀文明成果，比较中外文化的异同，发展跨文化沟通与交流的能力，形成健康向上的审美情趣和正确的价值观；加深对中华文化的理解和认同，树立国际视野，坚定文化自信。

提升思维品质。能够在语言学习中发展思维，在思维发展中推进语言学习；初步从多角度观察和认识世界、看待事物，有理有据、有条理地表达观点；逐步发展逻辑思维、辩证思维和创新思维，使思维体现一定的敏捷性、灵活性、创造性、批判性和深刻性。

提高学习能力。能够树立正确的英语学习目标，保持学习兴趣，主动参与实践活动；在学习中注意倾听、乐于交流、大胆尝试；学会自主探索，合作互助；学会反思和评价学习进展，调整学习方式；学会自我管理，提高学习效率，做到乐学善学。

英语课程目标从简单加法走向关联联合。《全日制义务教育普通高级中学英语课程标准（实验稿）（2001 年版）》将“义务教育”和“普通高级中学”纳入统筹考虑，将小学至高中进行贯通，构建九个级别的课程目标。《普通高中英语课程标准（实验）（2003 年版）》重点聚焦高级中学。英语课程标准（2011 年版）在 2001 年版的基础上进行修订。总体来讲，三个版本的课程总目标仍然聚焦语言技能、语言知识、情感态度、学习策略和文化意识五个方面的综合表现行为，进行描述，凸显五个方面的关系、作用与相互的关联性。

英语学科核心素养在课程总目标中更加细化、具化和实化。英语课程标准（2017 年版）明确提出发展核心素养，落实育人任务，指出：“普通高中英语课程具有重要的育人功能，旨在发展学生的语言能力、文化意识、思维品质和学习能力等英语学科核心素养，落实立德树人根本任务。”英语课程标准（2022 年版）细化了落实“立德树人”根本任务，强化了育人导向，倡导学生体验参与、实践交流以及合作学习，突出了创造真实的语境；进一步回归语言本身，着重考查学生理解、运用和使用语言解决问题的能力。

3. 2022 年版课标核心素养内涵

（1）语言能力。

运用语言和非语言知识以及各种策略，参与特定情景下相关主题的语言活动时表现出来的语言理解和表达能力。英语语言能力的提高有助于学生提升文化意识、思维品质和学习能力，发展跨文化沟通与交流的能力。

（2）文化意识。

对中外文化的理解和对优秀文化的鉴赏，是学生在新时代表现出来的跨文化认知、态度和行为选择。文化意识的培育有助于学生增强家国情怀和人类命运共同体意识，涵养品格，提升文明素养和社会责任感。

（3）思维品质。

人的思维个性特征，反映学生在理解、分析、比较、推断、批判、评价、创造等方面的层次和水平。思维品质的提升有助于学生学会发现问题、分析问题和解决问题，对事物作出正确的价值判断。

（4）学习能力。

积极运用和主动调适英语学习策略、拓展英语学习渠道、努力提升英语学习效率的意识和能力。学习能力的发展有助于学生掌握科学的学习方法，养成良好的终身学习习惯。

为培养学生的英语学科核心素养，建议教师在教学中：创设真实性情境，培养语言能力；巧设问题和问题链，引领思维品质；增强交流交际能力，树立跨文化意识；突出知、情、意融合，提升人文素质。

4. 2022 年版课标教学建议

英语课程标准（2022 年版）体现了“大观念、大单元、大任务”的教学理念。其细化了评价与考试命题建议，注重实现教、学、评的一致性，增加了教学、评价案例，明确了“为什么教”“教什么”“怎么教”“教到什么程度”。教师应充分发挥教学提示的作用，挖掘单元育人价值，通过语言学习活动，帮助学生在体验中学习、在实践中运用、在迁移中创新。就语言知识而言，英语课程标准（2022 年版）将英语课程标准（2011 年版）的“功能”变为“语篇知识”，将“话题”变为“语用知识”。以下以语篇教学为例：

树立“教—学—评”一体化的整体育人观。教、学、评三者相互依存、相互影响、相互促进，三者须一致才能发挥协同育人功能。教师首先应知晓“教什么、为什么教、如何教”，以及“如何评”等问题，才能建立相互之间的关联。教师还应采用多种方式，收集学生学习过程中的状况，如“理解了什么”“能表达什么”“还有哪些不会的”“是否体现了正确的价值观”等，依据这些普遍性问题和个性化需要，提供必要的支架和及时反馈，帮助学生达成预设的教学目标。因此，教师的“教”影响着育人的效果，学生的“学”决定着育人的效果，教师的“评”决定着育人的质量。

实施单元整体教学，提高教学整体效益。教师应坚持素养立意，围绕单元主题，充分挖掘育人价值，确立单元育人目标和教学主线。教师要以单元目标为统领，组织各语篇教学内容，统筹规划系列教学活动，引导学生在学习中逐步建构对单元主题的认知，发展能力，形成素养。教师不仅要构建“单元教学目标—语篇教学目标—课时教学目标”的三维目标体系，而且还应将各级目标预设的核心素养综合表现融入其中，体现层级之间的逻辑关系，做到可操作、可观测、可评价。因此，实现语篇教学目标和课时教学目标是达成单元教学目标的前提。

促进学生的语篇整体思维和语用能力。教师运用语篇整体教学模式，有助于学生厘清文本思路，抓住文章的细节，提升语篇思维能力，完整地进行语篇阅读和全面理解。英语课程标准（2022 年版）将语篇知识分为三个级别。学生应知道语篇有不同类型，如对话、配图故事（一级）；判断故事类语篇的开头、中间和结尾，发现语篇中段落主题句与段落内容之间的关系，利用语篇的标题、图片等信息辅助语篇理解（二级）；理解记叙文语篇、说明文语篇、常见应用文语篇和其他常见语篇的主要写作目的，以及辨识并尝试运用衔接和连贯手段（三级）；理解说理类语篇的主要写作目的、结构特征、论证方法、基本语言特点和信息组织方式。

简而言之，教师的作用在于帮助学生具备整体语篇研读的能力。教师应围绕英语语篇“主题意义—主要内容—文本结构—语言修辞—作者意图”要素，引领学生聚焦文本，知晓 What（写了什么、说了什么）、How（是怎样写的、如何组织的、文体特征及结构和语言特点）、Why（语篇传递了什么意义、态度，价值观是什么）。

四、英语四项核心素养的运用

（一）语言能力

语言能力指用语言做事的能力，涉及语言知识、语言意识和语感、语言技能、交际策略等，尤指在社会情境中，以听、说、读、看、写等方式理解和表达意义、意图及情感态度的能力。语言的使用要在社会情境中发生，并与社会情境有着密切关系。在社会情境中，语言的使用途径主要通过听、说、读、写四种方式进行。英语课程标准（2022 年版）提出了听、说、读、看、写这五种技能，这里的“看”在英文中译为 viewing。这是因为当今社会，意义与信息的传递已呈现出多模态趋势，很多信息来源于“看”，如“看图说话”“看图作文”。因此，“看”已经成为当下人们交流非常重要的技能。语言能力的落脚点是要达到理解和表达意义、意图，传递自己的情感态度和价值观念的目的。因此，学习词汇和语法知识是发展语言能力素养的途径，而不是最终的目的。

语言能力是思维品质、文化品格和学习能力发展的核心。语言能力是英语学科核心素养基础、首要维度和重要内容，它既包括听、说、读、写等语言技能，也包括理解和运用语言知识的能力（程晓堂，赵思奇，2016）。Stern（1996）认为，语言能力是语言知识、语言技巧和交际任务三者的统一。他把语言能力与语言运用连在一起。赵昕（2020）在讲授外研版高中英语必修四 Module 6 *Unexplained Mysteries of the Natural World* 的 Post-reading 环节时，在学生对 Skimming 和 Detailed reading 两次语篇阅读理解的基础上，引导学生就目击者关于天池 Monster 的讲述进行总结，进一步厘清文章的线索；采用简笔画画图的方式，清晰地进行文本信息要素的整合，然后让学生根据图片（图 2—9）用英语进行再加工，以此检验学生的理解性技能和英语表达能力。

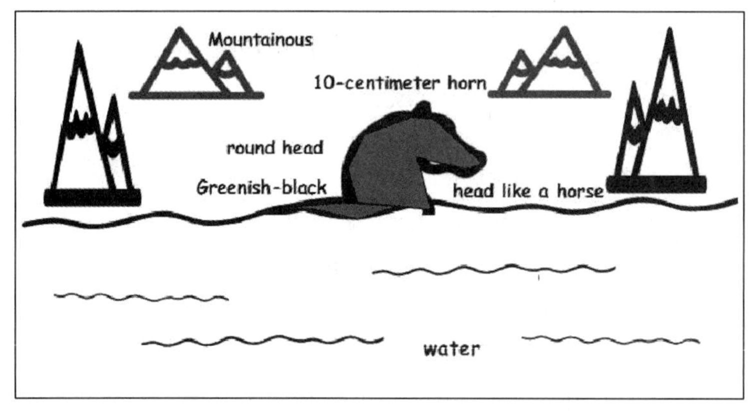

图 2—9　天池水怪文本信息总结图

（二）文化意识

文化意识指对中外文化的理解和对优秀文化的认同，是学生在全球化背景下表现出的跨文化认知、态度和行为选择。长期以来，人们对文化意识的内涵理解有偏误，更多地局限于不同国家的文化、习俗，以及待人接物等方面的差异。多数教师忽略了文化知识内涵中的价值取向，以及如何基于文化知识、文化比较和批判性思维，帮助学生汲取文化精华，涵养内在精神，形成正确的价值观，构建文化意识。换句话说，文化意识应该指向更广泛和更深的层面。文化意识主要指中外优秀文化，既包括人文知识，也包括科学知识。尤为重要的是，培养学生文化意识的切入点应是对中外优秀文化的理解与认同。学生应通过对文化知识的学习、文化知识内涵的理解，加深对文化内涵的挖掘、比较、批判、评价、鉴别，汲取其精华，形成从感知到意识，从意识到修养，从修养到行为的内化、提升和养成的过程。

文化意识的培养已成为核心素养构成的重要部分。英语课程标准（2017 版）对文化意识三个水平级别按照文化获取、文化比较、文化交流、文化理解、文化自信、文化价值观和文化传播等方面作了级别描述。其中，“文化理解”是在跨文化交际过程中应有的文化态度。“文化传播”是从“文化交流”分离出来的，旨在强调本土文化在英语教育中同等重要，纠正了原先的单向学习外来文化的倾向，突出“家国情怀”和“国际视野”。因此，教师应树立文化教育的意识，深度挖掘教材中的文化元素，开展课堂文化探究活动，拓展文化教育资源，增加文化生活体验，从而帮助学生形成文化价值判断，内化成文化品格，形成文化自觉和得体的文化行为取向（章策文，2019）。教师在讲授人教版高中英语必修三 Unit 1 *Festivals around the World* 时，就不只是简单地介绍西方的节日，而应当鼓励学生对中国节日的文化背景进行探究，如春节（The Spring Festival）、元宵节（Lantern Festival）、中国植树节（China Arbor Day）、清明节（Tomb Sweeping Day）、端午节（the Dragon Boat Festival）、中秋节（Mid-Autumn Festival）等。这对于学生学好英语，用英语讲好中国故事，助推中华传统文化“走出去”具有重要的意义。因为节日是世界各国人民为适应生产和生活的需要而创造的一种民俗文化，每一种节日都有其独特的历史背景或传统习俗，即使是类似的节日，不同的民族也有不同的纪念方式，反映不同的价值取向（夏谷鸣，2018）。

（三）思维品质

思维品质指思维在逻辑性、批判性、创新性等方面所表现的能力和水平。从定义看，思维品质具有人的个性特征；从培养路径看，应聚焦思维的逻辑性、批判性和创新性。长期以来，英语教师对学生思维品质的关注不够。学生的口语（含交流、演讲、辩论等）、写作（口头作文、书面表达）等输出性技能，以及听力、阅读理解等输入性技能都离不开逻辑思维，其有助于增强学生有意义、有意图的交际。批判性强调理性思考，其核心是疑问（Reasoning），而不是批判（Criticizing），更不是仅凭自己的主观臆断接受所有信息，应通过搜集证据来证明自己的观点和判断，或评价他人观点是否合理、可信。只有具备了逻辑性和批判性思维能力，学生才能在语言运用和解决问题过程中实现创新。是否具有这三种思维特征反映出一个学生思维品质的高低，使他们从跨文化视角观察和认识世界，对事物作出正确的价值判断。

预测是一种重要的阅读技巧。教师可以引导学生借助插图、标题等信息对文本进行预测。标题是文本的“题眼”，是对文本内容的提炼和浓缩。教师利用标题进行设问，能够使学生带着悬念阅读文本，不断证实或修正自己的预测，梳理文本的内容（林艳，郭强，2019）。如人教版高中英语必修四 Unit 1 *A Student of African Wildlife* 描绘了致力于野生动物保护事业的女科学家简·古道尔的生平。教师在教授阅读前（Pre-reading）环节，引导学生关注标题及文中的图片，设置两个展示型问题：Who is the student and what does she study? Why is she called a student of African wildlife? 学生根据图片和标题，聚焦题眼或信息点，能够捕捉到三个核心词汇 student、African、wildlife。教师利用标题设置有效的问题（链），不仅能够引导学生进行预测，而且能够为后续的阅读理解做好铺垫。

（四）学习能力

学习能力指学生积极运用和主动调适英语学习策略、拓宽英语学习渠道、努力提升英语学习效率的意识和能力。学习能力提升的关键在于积极运用和主动调适，学生应在掌握基础知识之上，努力培养自己的语言综合运用能力。在英语课堂教学中，教师应突出“学生中心”导向，践行语言的实践性、交际性、综合性，寓文化、思想教育于一体。虽然在过去的英语学习中，学生或多或少采用了一些学习策略，但是却不能很好地进行主动调适。一些学生的英语学习仍然停留在“死记硬背”“题海战术”阶段，生成性、交互性语言运用能力缺失。调适指学生根据自身的特点以及学习的需要，调整和安排自己的学习任务、学习目标、学习方法以及学习时间等。运用学习策略，拓宽英语学习的渠道，其目的是提升学习的效率。学生学习能力的培养应渗透在平时的教学之中，教师应着力培养学生的探究、自主、自学能力。

学习能力是英语“核心素养”的关键要素。学生在教师的指导下，将学习内容本身所具有的关联和结构进行个性化地再关联、再建构，从而形成自己的知识建构（刘月霞，郭华，2018）。牛津版高中英语 Book 11 Unit 3 的单元主题是“成功的秘诀”（*The Secret of Success*），主要讲述主人公克里夫·辛克莱尔（Clive Sinclair）肯于钻研、勤于实践的精神，这正是学生提升自身学习能力的榜样。教师可以设计问题（链）：What qualities do the people above have that made them successful? 和 Do you know any successful people? What did they do to succeed? Make a list of examples. 这样既可以帮助学生主动探索与主题相关的背景知识，激活其已有的关于成功秘诀的认知和经验，去探究辛克莱尔是如何走上成功之路的，还可以培养学生非智力因素的学习能力，提升英语学科育人的价值与功能。

五、英语四项核心素养的关联性

英语语言能力的提高伴随着文化意识、思维品质和学习能力的提升，有助于拓展国际视野和思维方式，开展跨文化交流。就英语学科核心素养来讲，语言能力是学科基础，文化品格是价值取向，思维品质是心智特征，学习能力是发展条件。英语学科核心素养应该是可教、可学，而不只是抽象的概念。

首先，英语语言能力是英语学科核心素养的基础，具有独特的价值。语言能力是学生发展文化意识、思维品质和学习能力的前提和依托。语言能力的提高可以反哺学生扩展文化视野，丰富思维方式。学生通过学习英语，可以“模塑”英语思维，去接触、体会和发现不同的思维方式；通过接触更多的文化知识，理解异质文化内涵，以及文化背后的社会概况，可以帮助学生拓宽文化视野，发展跨文化交流的能力。

其次，文化意识的价值体现了英语学科核心素养的价值取向。文化意识的形成有助于学生树立国际视野，增强国家的认同感和家国情怀。教材编著者应增添有关本族文化的内容，学生应弘扬中华传统文化和民族精神，坚定“文化自信”，树立人类命运共同体意识，增强用英语“讲好中国故事”的能力。学生应具有一定的社会担当，作为个人和公民去承担责任，学会做人、做事，成为有文化修养和社会责任感的人。

再次，思维品质有助于提升学生分析问题、解决问题的能力。虽然前两版英语课程标准提出要培养学生分析问题和解决问题的能力，但是缺少落脚点。英语课程标准

（2022 年版）提出思维品质目标。唯有通过语言、思维与文化相结合的语言教学活动，才能促进学生深度学习。没有思维参与的课程、教学，是浅层的学习。英语学科核心素养理念提倡思维型课堂，克服教学上的模式化、形式化以及浅层次学习。

最后，学习能力是英语核心素养的价值所在，是学科核心素养发展的必要条件。学生良好的自我管理能力和学习习惯，是终身发展的重要条件，同时也是学会拓宽学习渠道和提升学习效率的保障。教师应向学生提供丰富的、生活化、情境化的教学资源，融英语知识、文化、思维于课堂教学之中。学生应树立全球化意识和终身发展理念，具有学好外语的远大目标，保持良好的学习兴趣，运用多元化学习策略。

英语对于中国学生而言是一门外语。它不仅是交流的工具，也是思维的工具，与英语国家文化紧密相关。学生学习英语的过程也是接触他国文化、跨文化理解意识与能力的重要途径，有利于我国在经济、文化、科学技术、国家安全等领域开展对外交流与合作，有利于学生在掌握英语知识和发展英语技能的同时，促进他们在心智能力、情感态度、思想品德、社会责任等方面的发展。因此，英语学习具有多重育人价值（程晓堂，赵思奇，2016）。

第三章　语言教学方法论

第一节　语言教学理论

一、传统语言学的发展历程

（一）第一阶段

传统语言学已有两千多年的历史。第一阶段历经“古希腊—古罗马—中世纪—文艺复兴”，涵盖哲学、神学、逻辑学和文学等学科，表现为由古希腊哲学家和语文学家创立的“语言哲学—教学语法—思辨语法—经验语法/唯理语法”体系，体现在词汇、句子、语法层面。但这种“语法”只是停留在基础的语言规则上，并未触及语言结构。

（二）第二阶段

第二阶段是公元前 4 世纪至公元 18 世纪末的“语文学”，以古印度《梵语语法》，古希腊柏拉图、亚里士多德关于词的分类，古罗马瓦罗《拉丁语研究》，多纳图斯《语法术》和中国经学研究“小学”及《说文解字》等为代表。语文学派主要是确定、解读和评注古文献，但却忽视了活的、现时的语言研究。

（三）第三阶段

第三阶段是 19 世纪初的比较语文学或比较语法阶段。西方语言学者、英国东方学家威廉·琼斯在长期的语言实践过程中发现，印度的古语言——梵语有许多语法形式和词根跟欧洲的一些语言有联系，于是产生了历史比较语言学，语言学成为一门独立的科学。西方和苏联学者以 19 世纪前 25 年为分水岭，把语言学划分为“科学前时期”（历史比较语言学）和“科学时期”（普通语言学）（张世禄，19313）。

传统语言学的研究体现在具有实用性。其研究的关注点是书面语，着力于语言规

则，意在为人们正确运用语言制定法则与标准。传统语言学的研究还体现在科学性上。从语文学发展到语言学，研究的重点从古代转向现代、从文字转向语言、从少数语言扩展到多种语言、从知识的零散性语言到系统化、从文学哲学历史研究中摆脱出来，逐步走向科学研究之路（刘丽平，罗明礼，2020）。

二、结构主义语言学的历史贡献

（一）索绪尔结构主义语言学

结构主义语言学也称为现代语言学。费尔迪南·德·索绪尔（Ferdinand de Saussure）（1857—1913）被誉为结构主义语言学创始人。《普通语言学教程》是他的代表作，是20世纪现代语言学及结构主义语言学的开山之作，标志着现代语言学理论上的成熟。

索绪尔早期站在新语法学派的立场上。20世纪初，欧洲各国受“格式塔心理学”（Gestalt Psychology）的影响，掀起了一种“格式塔思想”（Gestalt Thoughts），后来扩展到包括语言学在内的各个领域，语言学界特别注重对语言、结构、系统和功能的研究。索绪尔也深受影响，他对语言的观点逐渐与新语法学派发生了脱离，渐渐创立了一个新的学派，即心理社会学学派。

索绪尔的结构主义语言观体现在“语言学的唯一对象是就语言和为语言而研究的语言”（高名凯，1980），具体反映为“同质语言观”（言语、语言、言语活动，即“三个术语”）和三个层次［“符号系统观”（符号性、系统性）、“形式价值观”（共时语言学、历时语言学，即“两种语言学”）、“双重系统”（句段、联想，即组合与聚合关系）］。

（二）三大流派结构主义语言学

1. 布拉格学派

布拉格学派又称功能语言学派，创立于1926年10月，以布拉格语言学会成立为标志。该学派早期创始人为捷克斯洛伐克语言学家马泰休斯，他分析了新语法学派的缺陷，强调以共时观指导语言研究。该学派杰出代表是俄国语言学家特鲁别茨柯依，其《音位学原理》被誉为现代音位学的经典著作。另一位代表人物是美国语言学家雅柯布逊，他的“区别性特征”学说对现代语言学具有重大意义。

布拉格学派自称结构-功能学派，是结构主义和功能主义的结合。该学派重视语言的社会功能，体现为音位学研究，提出了“语言联盟”理论和“句子的实际切分”学说。该学派认为，语言是多功能的结构体系，语言结构在很大程度上取决于语言功能。该学派以音位研究著称，首次系统地阐明了音位学的任务、原理和研究方法，使它在结构主义语言学诸领域中居于领先地位。

2. 哥本哈根学派

哥本哈根学派，也称丹麦学派，又称语符学派，创立于1931年，以哥本哈根语言学会成立为标志。其代表人物和代表作为布龙达尔的《结构语言学》(1939)、叶尔姆斯列夫的《语言理论纲要》(1943)、乌尔达尔的《语符学纲要》(1957)。

该学派核心人物为叶尔姆斯列夫，他的理论称作语符学。他认为，语言具有遗传性、社会性、符号性特征；语言与思维、文化关系密切，但与言语有所不同；语言符号是由表达形式和内容形式所构成的单位，语言学的任务是研究表达平面和内容平面的关系。

该学派以语言结构关系的研究及这种研究的数学性质而著称，认为语言只是一种语音和语义构成的符号。这种理论代表着人文科学和精密科学相结合的趋势。

3. 美国结构主义学派

美国结构主义学派又称美国描写语言学派，始于20世纪初，流行于20世纪30年代至50年代，具有很大影响。该学派先驱是博厄斯和萨丕尔，主要代表有布龙菲尔德、海里斯、霍凯特。博厄斯研究发现，美国印第安语言的结构无法用传统的语法模式来分析，只得按其使用的情形对其进行描述。萨丕尔指出，印第安语言虽然没有书面语形式，但是它们有着完整的系统，能够在同一群体内部进行有效的交际。

语言相对论是描写语言学派最重要的观点。博厄斯在《美洲印第安语手册》中强调对语言事实作客观的描写。萨丕尔和沃尔夫提出了著名的萨丕尔-沃尔夫假说。博厄斯和萨丕尔曾指出，语言的差异不在于声音和符号，而在于人们对世界的看法。萨丕尔主张把语言现象同人类心理、社会、文化联系起来。该学派认为，如果不能把文化与语言紧密地联系起来，人们就不可能真正地掌握某种语言。

布龙菲尔德被誉为“美国语言学家之首”。他在《语言论》(1933)中制定了语言结构的基本原则和方法，成为这个学派的理论指南。美国描写语言学派的成熟时期以海里斯的《结构语言学的方法》(1951)的出版为标志，其规定了语言结构分析的任务及基本程序。霍凯特的《现代语言学教程》(1958)对传播结构主义语言学起到了积极作用。

美国结构主义学派重视描写实际语言，强调断代描写，而不用语言的历史知识来影响共时描写；注重语言形式分析，回避语义问题；在语言结构分析中主要运用分布和替代的方法；创造了语言结构分析的直接成分分析法。美国在第二次世界大战期间产生的语言教学法——听说法（Audio-lingualism）源于训练的重点聚焦在口语上，因为语言的主要媒介是口语。值得一提的是，该学派在语法研究中完全排斥意义。

综上所述，布拉格学派注重语言结构的功能，哥本哈根学派注重语言结构之间的关系，而美国结构主义学派注重语言结构形式的描写和分析。

三、转换生成语言学

（一）代表人物

转换生成语言学的创始人是美国语言学家诺姆·乔姆斯基（Noam Chomsky）。乔姆斯基的《句法结构》（1957）标志着转换生成语言学的诞生。1959年，乔姆斯基对斯金纳《言语行为》中“强化生成说”的深刻批判，被称为“语言学的革命”或“乔姆斯基革命”。乔姆斯基反对结构主义语言学家把语言学分类和对语言行为的描述视为语言学的目标，批判了结构派在研究中使用归纳法。

乔姆斯基在对斯金纳的行为主义分析与批判基础上指出，语言是创造的；儿童与生俱来就有一种普遍语法，而婴儿言语获得过程即由普遍语法向个别语法转化的过程，其转化是靠先天“语言获得机制”（Language Acquisition Device，LAD）实现的；他把语言分为表层结构（用于交际的句子形式，决定句子的语音等）与深层结构（显示基本的句法关系，决定句子的意义）。语法是语言的深层结构，而语法所形成的话语则是语言的表层结构。

乔姆斯基还指向索绪尔的结构语言学，否定行为主义的主张。他观察到，孩子在学习语言时根本不需要太多的语言和知识输入，就能学会说话，说出完全没有听到过的句子。语言绝不是一种被动的产品，而是一种创造性活动，即儿童的大脑里生来就有一个语言“习得”机制。这与克拉申Krashen“习得”假说有所不同。

转换生成语言学的研究对象是语言能力而不是语言行为。其基本观点是：①转换生成语言学采用演绎的方法，目标是解释、研究造成语言事实的原因；②转换生成语言学区分了语言能力和语言行为，强调研究人类的语言能力：③提出了“深层结构”的概念，认为表层结构说明语音，深层结构说明语义；④反对结构主义一味排斥语义，主张在语法分析中引进语义。

（二）五个发展阶段

第一阶段：古典理论时期（1957—1965）。乔姆斯基的《句法结构》（1957）标志着转换生成语法（TG）的诞生，第一次提出了转换生成语法的理论观点。该理论强调语言的生成能力，引入了转换规则，语法描写中不考虑语义。

第二阶段：标准理论时期（1965—1972）。乔姆斯基的《句法理论概要》（1965）标志着标准理论时期的到来。乔姆斯基把语义纳入了语法体系。他认为，生成语法应包含句法、音系、语义三个组成部分。

第三阶段：扩展的标准理论时期（1972—1979）。乔姆斯基对标准理论进行了两次修正：第一次修正以《深层结构、表层结构和语义解释》为转折；第二次修正以《关于形式和解释的论文集》为代表，把语义解释放到表层结构。它们被统称为“扩展的标准理论”。乔姆斯基第一次提出了X－理论（X-bar theory）和语迹（Trace）的概念。

第四阶段：管辖和约束理论时期（1979—1993）。“管辖和约束时期”（GB）以《管辖与约束讲演集》为代表，将先前的规则提升为原则，并提出了“原则与参数”的理论。

第五阶段：最简方案时期（1995年至今）。乔姆斯基《语法理论的一个最简方案》（1995）的发表使他开创的生成语法进入了一个崭新的阶段。他提出了一些新的理论，如轻动词理论、中心词理论、特征核查理论等，其代表作为《语言学最简方案》（1995）。

乔姆斯基对语言学研究的主要贡献有四点：一是语言使用的“创造性”；二是“语言习得机制”及语言习得的“遗传”因素；三是“语言模块”论，区别了语言系统的规则和表征与认知系统的规则和表征的不同；四是语言的“表层结构”和“深层结构”。

四、功能语言学

（一）功能语言学的创建

功能语言学由伦敦语言学派发展而来，重视语言的社会功能，主张把语言放到社会环境中去研究。其先驱者是社会人类学家马利诺夫斯基。20世纪初期，他在新几内亚东部美拉尼西亚部落进行人种史研究时发现，很难将当地的词语译成英语。他认为，要正确理解岛上土著人的话语意义，必须结合当时当地的情景语境，一旦脱离语境，话语便无意义。因此，马利诺夫斯基首创了“情景语境”（Context of Situation）。

事实上，被看作是开了意义整体论的弗斯语义观早就蕴含了“语境”的思想。后人将这种思想概括为“语境原则”，语词的意义无法在孤立的语词中确定，而只能在表达命题的语句语境中得到确定。弗斯认为，语言学的各个分支都与意义有关，而语言项目的意义又取决于语境。为此，他建立了能够连结语言项目和语境的范畴。这些范畴同语法范畴一样都是抽象的，但与语法范畴却不在同一层面上。

（二）韩礼德系统功能语言学

韩礼德（Halliday）被誉为系统功能语言学的创始人。他在马利诺夫斯基和弗斯研究的基础上发展和完善系统语言学理论。他接受了马利诺夫斯基语境决定语义的观点，赞同弗斯语境应被解释为环境的抽象化体现的主张。韩礼德（1961）发表了“语法理论范畴”，指出语言现象的解释要在形式（Form，有意义的排列组合体）、实体（Substance，语音或文字的语言表现形式）和语境（Context，语言形式与语言使用场合的关系）三个基本的层面上进行。他认为，语言既有形式意义，也有语境意义。语言项目的形式意义是它在形式关系网络中的表现，而其语境意义是它与语外特征（语境）的关系。

20 世纪 70 年代，韩礼德把语言研究重心移向社会学方向。他认为，只有把语言当作社会体系内在意义的体现，才能得到合理的解释或描写。如果语境要在普通社会语言学理论中占有一席之地，就需用更为抽象的术语来表示情景，并把情景作为情景类型去认识而不把它作为一个具体情景。Halliday 把一种可以用三维结构、三位一体（发生的社会活动、涉及的角色关系、象征性或修辞手法）特定的情景类型视作符号结构，把这三个方面构成一个概念框架（话语范围、大概意思、方式），以此表示为人们交谈的符号环境（1978）。

韩礼德功能语言学是以概念功能、人际功能、语篇功能三个元功能为主体，聚焦三个语境层面（语言逻辑层、交际者心理层、话语背景层）如何与语言形式、语言概念功能、交际功能和语篇功能联系起来，具体体现为三个系统功能语法（范畴语法、系统语法、功能语法），起到三层语境对语词、语句、语篇的综合作用，产生话语终极输出的语义表达。我们通过语境符号特征，就能预测语篇的语义特征，因为语境与语篇之间的关系是有规律的（Halliday，1978）。

五、心理语言学

（一）三个发展时期

心理语言学是 20 世纪五六十年代兴起的一门边缘学科和交叉学科，主要探讨和研究语言产生、理解的心理活动中的有关现象、机制，不仅和语言学、心理学，而且和教育学、人类学、生物学等都有密切关系。自产生以来，心理语言学研究的中心内容几经变化，从 20 世纪五六十年代的句法研究，到 20 世纪七八十年代的语义学和语用学的研究等。

心理语言学的发展有三个时期：一是 20 世纪初的早期心理语言学，主要在欧洲；二是 20 世纪中叶的心理语言学中期发展，主要在美国；三是 20 世纪 70 年代后的心理语言学近期发展。早期心理语言学的发展主要受到三大理论的影响：一是以华生（Watson）和斯金纳（Skinner）为代表的行为主义理论，二是以布龙姆菲尔德（Bloomfield）为代表的结构主义语言学理论；三是以珊南（Shannon）为代表的信息理论。

1. 心理语言学发展初期

早期心理语言学以珊南为代表的“信息论”影响尤为突出。在语言研究方面，信息理论认为语言的输出表现为一系列的信息符号，依次地从一种状态向另一种状态转换。信息论研究成果向语言学家提供了一个重要的参考和仿照的依据，也向心理学家和语言教育工作者提供了一个实用的框架。自 1948 年信息论问世以来，信息理论中很多的研究方法都被心理语言学家采用，研究“语言的感知”“语言的产生”以及“语言信息的统计”和“信息分析”，特别是在语言的“编码”和“解码”方面。

2. 心理语言学中期发展

心理语言学中期发展以奥斯古德（Osgood）和西贝奥克（Sebeok）的论文集《心理语言学：理论和研究问题的概观》（1954）为标志。心理语言学的中期发展大体上延续至1975年。

20世纪六七十年代是心理语言学发展壮大的“酝酿期”，主要以乔姆斯基的“生成语法”和勒考夫（Lakoff）的“生成语义学”为“动力源”。乔姆斯基致力于言语活动的内部心理过程与心理机制的探讨，提出了“LAD”机制、转换生成语法理论、语言的模块论。就语义的“深度”问题，勒考夫认为，深层结构还不够“深”，而乔姆斯基则认为深层结构已经“太深”。乔姆斯基的“转换生成语法”和勒考夫的“生成语义”的理论在很大程度上影响着当时语言学的研究。

以米勒（Miller）为代表的心理学家把生成转换语法运用到心理语言的研究中，认为人们掌握的不是语言的个别成分，而是一套规则系统。因此，言语活动不是对刺激的反应，而是由规则产生和控制的行为，它具有创造性。

3. 心理语言学近期发展

近期心理语言学是20世纪70年代以后的心理语言学。其研究成果大量涌现于20世纪80年代初期，出现了大批专门研究和探索心理语言学有关“言语感知”“语言理解”“语言产生”“语言习得”“言语错误”“语言记忆”“话语分析”“语言本质”“语言的生物和心理基础”和“语言信息”等方面的论著。

心理语言学家认为，言语活动不是一个自然现象，受到社会环境的影响。在言语感知研究方面，大批学者聚焦言语感知的研究方法、言语感知模型、言语感知合成以及语言经历和言语感知的关系等方面，出现了诸如“肌动模型”“合成分析模型”“模糊逻辑模型”“交股模型”“轨迹模型”等。在言语产生研究方面，研究者在“言语计划”“语料库”“语言产生模型”“言语失误”“言语计划”“言语信息生成”“话语生成器模型”等方面具有开创性的探究。

自我监察是在言语计划执行过程中的一种心理行为。讲话的人在进行语言交流时时常按照语言和社会标准对自己的言语进行监控。莱沃尔特（Levelt）（1983）将这种行为称为“自我纠正”（seif-repair），包括三个内容：一是发现言语失误，二是自行打断话题，三是插入新的语言内容。莱沃尔特将描述具体颜色的语言行为作为研究对象，结果证实了“自我监察”过程中的发现错误→中断话题→纠正话语的“自我纠正”模式的必然性。

（二）三大研究主题

1. 言语产生

“言语产生”是心理语言学研究的重要课题之一，主要包括：①言语产生模型的数据来源；②言语产生中的语言单位；③言语产生过程中的言语失误；④言语产生模型。

“言语产生模型的数据来源”通过对“言语失误”“言语停顿”“言语障碍”的数据进行分析，研究言语产生的过程及其影响言语产生的因素。“言语产生中的语言单位”通过人们在“音素段”“语音特征”“单词”“词素”和“短语”的语言行为，以及对言语者所表现出的“言语失误”现象进行分析，研究言语的产生过程。“言语产生过程中的言语失误”包括：言语计划、词汇组织、口误和言语失误的特征和起因。“言语产生模型”主要以弗洛姆金（Fromkin，1971）的“话语生成器模型”（串行模型）、戴尔（Dell，1986）的“扩散激活模型”（并行模型）和莱沃尔特（1989）的“信息构成器”（信息构成模型）的研究为基础，从语音的辨听到单词的提取再到语义的连接和确认，讨论言语产生的过程以及影响言语产生的各种因素。

2. 语言习得

“语言习得”既是心理学和语言学共同关心的话题，也是心理语言学重点研究的课题之一，主要有：①语言发展的研究方法；②言语感知的发展；③儿童语言词汇；④句子的学习及理解；⑤语言的交际用途；⑥儿童语言习得理论。

“语言发展研究方法”起于利奥颇尔德（Leopold，1948）的“日记和家长报告”。他认为，观察和研究儿童日记的语言发展有助于对儿童语言发展的有效研究。

“言语感知发展”研究包括：①家长的语言输出和儿童语言学习的关系；②儿童早期言语感知；③语言特化。

“儿童语言词汇”研究包括：咿呀学语、单词学习、双词学习、语法连接、词语和词义连接。其研究重心集中在“词汇和语法知识的获得”“使用语言能力的获得”和“词语与语义的连接”。

“句子的学习及理解”研究包括：①单词和短语向简单句的过渡过程；②语法在造句方面所起的作用；③句子的形成和理解策略；④简单句向复杂句的过渡，以及对较为复杂语句的理解和使用。

“语言的交际用途”以“语用学功能”（Bates，1976；Halliday，1975）和“指涉和表达功能”（Nelson，1973）作为主要理论基础，特别是韩礼德的儿童语言的 7 种语言功能（工具、控制、交流、个人、启发、想象、告知）成为语言习得理论研究的重要思路。

“儿童语言习得理论”研究，一是以斯金纳和布龙菲尔德“刺激—反应”或“强化”为代表的行为主义理论，二是以乔姆斯基“天生论”为代表的“遗传”或“传递”理论，以上理论构成两大分支。此外，以皮亚杰和布鲁纳为代表的“认知”理论、由贝茨和麦克威尼提出的“竞争模型”和由波特提出的“交互作用模型”代表了儿童语言习得模型研究的主体内容。

3. 语言理解

“语言理解”是心理语言学集中讨论的话题，主要包括：①言语感知；②词汇提取；③句子加工；④语篇理解。

“言语感知”涵盖“言语感知的研究手段、言语感知的条件、言语信号的产生和语音的声学特征、元音和辅音的听辨、连续性的语音听辨、书面语言的感知、言语感知模型”7个方面的研究。“言语感知”研究最为重要的成就是“言语感知模型”。最为突出的是“肌动模型”“合成分析模型”“模糊逻辑模型”“交股模型”和“轨迹模型”。语言感知研究的另一个领域是“书面语言理解”。

“词汇提取”研究主要集中在“词的基本元素”“心理词汇的研究方法”“影响词汇提取和组织的因素”和“词汇提取模型”。词汇提取研究最具有代表性的模型有“串行搜索模型”“并行提取模型”，尤其是“词汇发生模型”在“词汇激活”的研究方面提供了重要的思考线索。基于心理学、哲学和计算机科学的“连接主义模型”认为，一个词的最终理解是从信息的“输入→特征→字母→单词”的递增连接完成的。以上“模型”都强调“激活”理论对解释语言理解的复杂过程。

“句子加工”是语言理解研究中一个重要的内容。其研究分为：①句子结构的性质；②句法加工；③句子分解和句法的模糊性；④句子分解模型；⑤语言加工与记忆；⑥句子理解的加工模型。其中，句法加工的研究涉及“表层结构与深层结构的关系”“语言能力和语用能力的关系”“句子结构的分解”和“从句的加工”，主要探讨人们是如何通过句法加工来理解复合句及其指意的。

“语篇理解”的研究主要包括：①语篇连贯和理解策略；②语篇记忆；③语篇处理。就语篇连贯研究来看，Halliday 和 Hasan（1976）的“上指”（Anaphora）和“下指”（Cataphor）是语篇连贯研究的主题。对于言语感知的研究，Jakimik 和 Glenberg（1990）也将“上指”和“下指”视为语言理解的重要前提。“上指”和“下指”都是语句紧密连结与语篇连贯的关系。在语篇理解策略研究方面，Clark 和 Haviland（1977）提出的语篇信息的“已知/未知策略”“直接匹配策略”“搭桥策略”及“回顾已知信息策略”成为语篇理解的重要论述。心理语言学家认为，话题的辨认和句子的组合与语篇记忆密切相关，而且语篇理解有助于语篇记忆。

可见，心理语言学研究的问题涵盖了言语的知觉和理解、言语的产生、语言的获得、言语的神经生理机制、各种言语缺陷、言语和思维以及言语和情绪，以及与个性的关系等。这些问题的解决对于学习理论、思维理论、儿童心理发展理论的研究都具有很大的作用和启迪。

六、认知语言学

（一）认知语言学的发展

认知语言学是语言学的一门分支学科，涉及人工智能、语言学、心理学、系统论等多种学科。认知语言学认为，语言的创建、学习及运用，是透过人类的认知而加以解释的，因为认知能力是人类知识的根本。因此，认知语言学是在反对主流语言学转换生成语法的基础上诞生的。乔姆斯基认为，自己的语言理论是认知科学的一部分。至此，有关语言形式的理论变成了有关大脑的认知理论。

泰勒（Taylor，2002）认为，乔姆斯基语言学理论利用语言理论为大脑理论提供依据。事实上，认知语言学并不承认语言是大脑中的一个自主的组成部分，而是把语言看作认知的一个不可缺少的组成部分。泰勒提出，认知语言学研究的对象与其他语言学仍然是针对句法、词法、音系学、词义、话语结构等，但认知语言学的目标是，使有关这些理论与已经经过验证的或不证自明的认知特点相吻合。尽管认知语言学最初诞生于乔姆斯基语言理论框架中，但乔姆斯基认为，句法与意义、语境、记忆、背景知识、认知过程、交际目的没有关系。事实上，句法和语义与认知之间存在十分复杂的关系，有些短语和语素的句法呈现就与语义和语境等有关。

认知语言学兴起于20世纪70年代。有4篇论文对认知语言学的研究起到了积极的推动作用。一是有关颜色词的研究（Kay & McDaniel，1978），二是对基本层次范畴的研究（Rosch，1975），三是关于各种语言中空间关系表达方式的讨论（Talmy，1975），四是关于框架语义学的研究（Fillmore，1982）。

20世纪80年代以后，认知语言学迅猛发展。美国形成了两个有影响的学派：一个是伯克利学校（Berkeley School）的“伯克利学派”。其理论主要有Lakoff（1987）的隐喻理论或认知语义学（Cognitive Semantics）、Fillmore的框架语义学（Frame Semantics）、Fillmore等人的构式语法（Construction Grammar）。另一个是圣地亚哥学校（San Diego School）的“圣地亚哥学派”。其理论主要有Langacker的认知语法（Cognitive Grammar）、Fauconnier的心理空间理论（Mental Space Theory）或概念整合理论（Conceptual Blending Theory）等，它们在认知语言学领域产生了较大的影响。认知语言学与语言类型学、功能语言学、语篇分析、语用学、语言习得等学科的研究密切相关。

1989年，由Rene Driven等人组织的第一次认知语言学会议在杜伊斯堡（Duisburg）召开，成立了国际认知语言学学会，议定每两年举行一次会议。1990年起开始出版《认知语言学杂志》（*The Cognitive Linguistics Magazine*），这标志着认知语言学作为一门独立的学科地位正式得以确立。

从20世纪90年代初，我国学者开始关注国外语言学界认知角度研究的发展动态并宣介国外部分学者的研究成果。到了20世纪90年代后期，认知语言学已在国内成为一门有相当影响力的语言学新兴学科。

2001年10月，“首届全国认知语言学研讨会”“认知语言学和汉语研究研讨会”分别在上海外国语大学和北京语言文化大学召开。2002年10月，“第二届全国认知语言学研讨会”在苏州大学召开。2004年4月，“第三届全国认知语言学研讨会”在西南师范大学（现西南大学）召开。2006年5月，“第四届全国认知语言学研讨会”在南京师范大学召开，“中国认知语言学研究会”正式成立。至此，我国的认知语言学研究已经初步形成了一个学科领域。

（二）认知语言学的主要流派

1. Langacker 的“认知语法”

认知语法（Cognitive Grammar）早期被称为“空间语法”（Space Grammar），是认知语言学的一个重要组成部分。代表人物有 Langacker 和 Croft 等。他们主张用语义概念来定义语法概念，原理在于对场景的“组构”（Construal），即说话者在大脑中对某一词语的语义内容的勾勒：成分的相对显著程度，其抽象性和具体性以及说话者所采取的视角。

认知语法与传统语言理论相比，在目标、语言材料、所提出的问题和证据的可靠性方面都不同。Langacker（1987）提出了认知语法的三大原则：语义结构并不具有普遍性，在很大程度上是因语言而异的；语法（或句法）并不形成一个自足的形式表征，相反在本质上是象征性的；语法和词库之间并无本质的区别，词库、词法和语法构成一个象征结构的连续统一体。

认知语法反映了在语言和大脑分析中放弃机械观念而接受一种更符合生理系统特点观念的趋势。认知语法认为，建立在必要和充分条件基础上的分离范畴，从认知角度看是不现实的。认知语法强调，“原型”或“中心趋势”模式反对“字面”（literal）和“修辞性”（figurative）语言的区别。因为意象和隐喻并非人们大脑活动的边缘现象，而是其重要的组成部分之一。

2. Goldberg 的“构式语法”

构式语法（Construction Grammar）是对 20 世纪 60 年代到 80 年代各种语法理论的一种反映。其理论基础是“框架语义学”和经验主义语义观，是有关语义的观点充分考虑以说话者为中心的语境的组构（Langacker，1991）。构式语法特别关注特殊的句式，强调某些特定词、语法语素的语义和分布，这是因为一旦这些句式丰富的语义、语用和复杂的形式限制得到解释，其方法可用于更一般、更简单或规范的句型。

论元结构是认知语法与构式语法关注的焦点。构式语法强调自上而下的思路处理论元结构，促使认知语法更加重视构式的意义表征。根据学者（Croft，Cruse，2004）的研究，构式语法可以分为三大流派：一是 Fillmore 和 Kay（1993）、Lakoff（1987）和 Godlberg（1995）的（狭义）“构式语法”，二是 Langacker（1987a，1991）的“认知语法”，三是 Croft（2001）的“激进构式语法”（Radical Construction Grammar）。其中以 Goldberg 构式语法讨论影响最大。

Goldberg（1995）将构式定义为，凡某一语言形式（Pattern），如果其形式或功能的某些部分不能严格地从其组成成分或已知的结构中得到预测，就可称为是一个“构式”（Construction）。因为每一个基本的句型都可理解为与构式有关，即其主要动词可以理解为与一个论元结构构式结合（如及物、不及物、双及物结构等）。换言之，某一语言中的基本句型取决于主要动词所表达的语义、句法信息。构式语法具有生成性，它试图解释语法允许产出的无数表达式，或者不允许出现的无数其他表达式。Goldberg（2003）还把“构式”的概念扩展到了句子以外的层面。

3. Lamb 的“神经心理语言学”

Sydney Lamb 是 20 世纪 60 年代“层次语法”（Stratificational Grammar）的创始人。“神经心理语言学”（Neurocognitive Linguistics）则是在层次语法基础上发展起来的语言学学说。

Lamb（1999，2004）反对大脑中有一种符号性的表征系统的观点。他认为大脑内部并不存在一种表征词或语素的象征性符号系统（Symbol System），只有表达这些形式的手段（means）。换言之，人们的语言知识是以网络联结的方式储存在大脑中的。这是因为人们普遍认为大脑皮层是一个网络系统，学习就是网络间的联系得到加强的过程。因此，人们的说话和理解过程就直接在网络中进行，它们通过网络中的线路和节点所形成的路径激活网络。

Lamb 认为，连通说（Connectionism）在索绪尔的著作中已经有所体现。Lamb 指出，从说话和理解的角度来看，关系网络学说（Relational Networks）提供了很好的解释。对听话者来讲，网络的激活是从词语到概念（词语→概念）的顺序。对说话者来讲，激活则从概念开始，然后沿着网络的路径到词语表达（概念→词语）的顺序。根据关系网络理论，意义存在于说话者的大脑中，不同说话者大脑中的意义各不相同。因为在每个人的大脑中，都必须有某种东西来表征形式（Form）和意义（Meaning）。

Lamb 的网络关系理论试图对语言使用的心理表征作出解释。如果把语言研究分为理论层次（语言的本质、功能、起源、发展等）、加工层次（语言的实际使用等）和神经心理层次（语言的神经心理基础），那么 Lamb 的理论则是对原有语言理论研究的补充和论证。事实上，任何一种语言理论都需得到神经心理学的支持，因为大脑是人类语言生成、储存和使用的场所。

4. Fauconnier 的心理空间理论

George Fauconnier（1985，1994）的“心理空间理论”是认知语言学的一个重要组成部分。心理空间理论被用来解释传统语法中的时态、状语成分、预设的投射等问题。Fauconnier（1997，2002）提出“概念合成理论”（Conceptual Blending Theory）和“概念整合理论”（Conceptual Integration Theory），进一步发展和完善了心理空间理论。心理空间理论着重关注说话者构建的各种心理模态成分之间的微妙关系。这些关系与范围歧义、否定、反事实句和晦暗效应等有密切关系。

心理空间是由“单元”（Element）构成的局部的、不完整的集合体，按照框架和认知模型构成，在思维和话语过程中不断修正、增生，能够表现经细致分割的话语和知识结构。语言学习者可以用心理空间来模塑思想和语言的动态映射。简言之，心理空间是由某个论证直接、间接所必需的多个概念彼此关联而构成的知识结构。说话就是建构若干有内部结构的“域”（Domain）并用“接词”（Connector）使之彼此连接；或者说，在语境和语法制约下连续产生一系列认知完形，它们使信息与不同的域关联，实现对信息的分割。这样形成的动态域就是空间。

从本质上讲，心理空间是认知“语域”。从功能来看，心理空间是说话和思维时无意识地用来组织后台认知运作过程的手段。在话语过程中，需要运用语言工具如“访问原则”（Access Principle）、“空间建构者”（Space Builder）、“跨空间算子”（Trans-spatial operator）、名词短语（Noun Phrase）、时态和语气（Tense & Mood）、预设性结构（Default Structure）等引导心理空间的建构和连接。事实上，这个思维过程就是说话者和听话者对语言形式的意识（Consciousness）和对语言意义的体验（Experience）。

由上可见，认知语言学的核心观点：语言也是一种认识活动，是对客观世界进行互动体验和认知加工的结果，是“现实→认知→语言”（决定）关系和“现实←认知←语言”（影响）关系。认知语言学着力描写语言事实背后的认知方式，研究语言相似于认知方式的机制。

第二节　语言学习理论

一、行为主义语言观

（一）S-R 理论的来源

S-R 理论可溯源到 20 世纪初期。苏联心理学家和生理学家 Ivan Pavlov 通过重复性地发出声音使狗养成唾液习惯，提出了“条件反射”概念，即“经典性条件反射”（Classical Conditoning）（Brown，2000）。心理学家、语言学家将 Ivan Pavlov 的实验结果与儿童习得语言进行联系，儿童习得语言的过程类似于不断刺激（Stimulus）—反应（Response），在有条件反应（Conditoned Response）的情况下形成说话习惯。

美国心理学家 John B. Watson（1913）在 Pavlov 实验结果的基础上提出“行为主义”的观点，并认为，“经典性条件反射”的理论可以用来描述和解释所有的语言学习（As the explanation for all learning）（Brown，2000）。在 Pavlov 和 Watson 刺激—反应论的基础上，美国行为主义学家、行为学家 Skinner 在《言语行为》（*Verbal Behavior*，1957）中指出，语言是一种行为，是通过习惯的养成而学会的，并基于对鸽子的实验提出“工具型条件反射”（Operant Conditioning）和“强化论”（Reinforcement Theory）。

许多语言学家把“强化论”看作是对“刺激—反应论”的充实和完善。语言学习是一个“习惯形成”（Habit Formation）的过程，是“刺激（Stimulus）—反应（Response）—强化（Reinforcement）”（S-R-R）联结作用的结果。行为主义理论源于苏联科学家巴甫洛夫的“条件反射”，是建立在实验基础上的语言学习和语言习得理论。行为主义理论认为，语言是一种行为，语言习得（Language Acquisition）与人类的其他行为一样，是一个“习惯形成”的过程，是在外界条件下逐步形成的。

语言作为人类的行为同样遵循着行为主义的行为规律，任何一种语言都有其特殊的规律，人们在使用该语言时也遵循着同样的语言规律。这些语言规律经过大量的刺激—反应得以强化，并固化在人的大脑中成为语言习惯。语言习得过程是语言学习者在大脑中建立起本族语的语言习惯体系，它所依靠的有效手段就是反复地“刺激—反应”（S-R）。Ellis（1985）认为，“刺激”和“反应”是语言习得和语言学习的两个因素，因为输入语言材料为学习者提供“刺激”，学习者对此产生“反应”。

（二）语言的学习机理

根据行为主义语言观，语言是一种习惯，是人类所有行为的基本部分，是在外界条件的作用下逐步形成的（Brown，2000）。在语言习得和语言学习过程中，语言行为和语言习惯不受内在行为的影响，外部影响才是内因变化的主要因素。儿童习得和学习语言的过程是按照操作制约的过程进行的，即“发出动作—获得结果—得到强化”，这是儿童语言习得最基本的客观规律。语言行为需要自我学习成就感和他人赞许与鼓励才能形成并得到巩固，这是帮助学习者形成语言习惯重要的外部影响因素之一（张文霞，2005）。

依照行为主义的观点，学习者在语言学习过程中如果能充分利用“刺激—反应—强化”（S-R-R）技巧，就能防止语言错误，从而培养他们的良好外语习惯。英语在我国作为外语教学，尽管缺乏英语语言外部环境刺激，但学习者可以探索英语语言学习规律，有意识地通过“刺激—反应”习得机制不断加以巩固强化，建立起与讲母语者相同的语言习惯体系。教师“用英语教英语”（Harmer，1998）不仅能够增加学生的目标语输入量，而且促进学生“模塑”自己的英语思维习惯。

S-R 理论把语言看作是一种人类行为，获得有效“刺激”就成为语言习得的关键。在语言教学中，语言“刺激”的频率、强度、形式、内容及结果等与语言学习效果密不可分。因此在外语教学和学习中广泛采用“模仿—强化—重复—成形”模式。一些诸如实践性原则、模仿性原则、口语性原则、句型教学原则在外语教学中依然起到积极的作用。因此，教师应向学生提供大量地道的语言练习资源，以增强学生的语言运用能力。

二、认知主义语言观

（一）认知语言学说

认知主义又名认知学派，源于格式塔心理学派，是关于学习的心理现象，与行为主义相对的学派。认知学派认为，人们学习不是简单的“刺激与反应”联结，而是“刺激—中介—反应”，是依靠学习者主观认知“顿悟”，主动地、有选择地获取刺激并进行加工的，即学习者通过认知过程（Cognitive Process），把各种资料加以储存及组织，形成知识结构（Cognitive Structure）。对学习问题的研究，注重内部过程与内部条件，主要研究人的智能活动（包括知觉、学习、记忆、语言、思维）的性质及其活动方式。

认知主义学派的代表人物和理论有柯勒“顿悟说”（完形、中介变量）、皮亚杰“认知结构说”（图式、概念）、布鲁纳“认知—发现说”（获得、转化、评价）、奥苏贝尔“有意义学习”（接受学习、发现学习，表征学习、概念学习、命题学习，同化）、托尔曼“符号学习理论”（中介变量）和加涅“信息加工论”（加工系统、执行系统、预期系统）。这些学说以发现问题、解决问题为前提，学习者在问题解决（Problem-solving）过程中获取刺激并进行加工。因此，认知语言学强调学习的过程，而不是学习的结果。

（二）认知语言机理

布鲁纳认为，人类记忆的首要问题不是贮存，而是提取。认知主义认为，学习是一种信息加工的过程，因为认知主义心理学家研究的重点是人脑内部操作的机制。认知即心理加工过程，其模型分为加工系统、执行系统和预期系统（也称“注意系统、编码系统、记忆系统”），特别关注情感、态度、情绪、动机和自我控制等因素对学习的影响。这是因为认知语言学涉及人工智能、语言学、心理学、系统论等多门学科，其哲学基础是“身心合一”（Monism），其观点是人的大脑（Brian）和思想（Mind）无法分开，人类对世界的认知主要来自体验（Embodiment）（刘志茹，2014）。

在布鲁纳看来，学生的心理发展主要遵循自己特有的认识程序，而教学的目的就是促进学生的认知生长。可见，认知主义重视人脑的认知结构、学习的内部认知加工过程、学习策略和思维策略，学习是面对当前的问题情境，因而提出了过程中心（认知过程中心）、结构中心（认知结构中心）、学生中心（主动生成学习）的教学思想。因此，认知取向的教学观主要表现在“以学生为中心”，在教学中特别强调学生的学习过程、直觉思维、内在动机、信息提取。

认知主义认为，语言习得与人的内在生理机能有关。20 世纪 50 年代，乔姆斯基提出了著名的语言机制假说，认为人之所以在孩童时期就能习得语言并运用自如，关键在于人脑中存在着与生俱有的语言机制。语言学界认为“这是一个伟大的设想”（Bruner，

1975）。因此，学生在语言学习中要不断地思考，而不只是简单地重复，应注重心智的创造性，充分挖掘自己的认知潜能，因为认知能力是人类知识的基础。

三、建构主义语言观

（一）建构主义语言学说

建构主义（Constructivism）是认知心理学派的一个分支，最重要的概念是“图式”（Schema）。图式指个体对世界的知觉理解和思考方式，或者是心理活动的“框架”或“组织结构”。图式是认知结构的起点和核心，是人类认识事物的基础。图式的形成与变化反映了人们的认知发展，而认知发展受同化（Assimilation）、顺应（Adaptation）、平衡（Balance）三个过程的影响。“建构”是基于“认知”基础之上的心理活动，其核心概念是：图式、同化、顺应、平衡。建构主义强调学习者的主动性，认为学习是学习者基于原有的知识“经验”生成意义、建构“理解”的过程，这个过程是在社会文化互动中完成的。

社会建构主义探索语言是因为语言具有多种特性。语言的本质之一是其社会性。“人们借以理解和把握世界的语言，包括科学语言……植根于特定历史情境中的人们之间相互交往，产生并存在于社会关系中。”（费多益，2007）语言为人类认识世界和自己提供了范畴和分类方式。语言不是表达思想，而是规定思维（叶浩生，2004）。因此，社会建构主义关注语言的意义建构特性，认为语言的“意义”建构是在人际互动、协商基础上产生的，是双向、互动的建构。同时，语言也是一种行为，具有行动的特征。

（二）建构主义语言机理

建构主义源自儿童认知发展理论。皮亚杰（Piaget）创立了关于儿童认知发展的学派（也称“日内瓦学派”）。他指出，儿童是在与周围环境相互作用的过程中，逐步建构起关于外部世界的知识，从而使自身认知结构得到发展的，而且儿童与环境的相互作用涉及“同化”与“顺应”两个基本过程。认知个体利用现有“图式”，通过“同化”与“顺应”达到与周围环境的平衡；当现有图式不能同化新信息时，“平衡”即被打破，就需要寻找新的平衡过程，即儿童认知在“平衡—不平衡—新的平衡”循环中得到不断的丰富、提高和发展。因此，建构主义关注的是学习发生、意义建构、概念形成、学习环境等，着重于“学习的含义”（什么是学习）、“学习的方法”（如何进行学习）两个方面。

建构主义认为，知识不是通过教师传授获得的，而是学习者在一定的情境（社会文化背景）下，利用必要的学习资料，借助他人（教师、学习伙伴等）的帮助，通过意义建构的方式而获得的。建构主义学习理论认为“情境”“协作”“会话”“意义建构”是学习环境的四大要素或四大属性。由此可见，学习者获得知识的多少取决于自身根据其经验去建构有关知识的意义的能力，而不取决于学习者记忆和背诵教师讲授内容的能力。简言之，建构主义理论的核心是“以学生为中心”，强调的是学生的“学”。因此，现代教育信息技术作为必要的学习环境就极大地顺应了建构主义教学观，成为学校深化教学改革的指导思想。

建构主义语言观分为认知心理学语言观和社会建构主义语言观。认知心理学语言观是以乔姆斯基为代表的“语言生成说”。乔姆斯基（1957）在《句法结构》中提出“转换生成语法”“语言学习机制”。他认为，人类大脑中的语法知识由“普遍共有的语法原则”（具有生理遗传性）和“特殊的语法规则”（需要经过后天学习和加工）两部分构成。在乔姆斯基看来，语言是创造的，语法是生成的。社会建构主义语言观认为，知识来源于主体的主动参与和建构，知识的活跃方式是互动，知识的表征媒介是语言；语言的意义在于使用者借以语言形式所传达出的意义，社会环境为语言意义的发生提供可能性，而使用语言的过程即是建构语言语义的过程，这种建构过程自始至终发生在与他人互动交往中，是一种社会互动模式（鲍玲，2016）。

四、人本主义语言观

（一）人本主义语言学说

人本主义兴起于20世纪50年代至60年代的美国，70年代至80年代迅速发展，也称“人本学派”，主要起源于欧洲存在主义哲学和美国心理学家罗杰斯、马斯洛的研究。该学派既反对行为主义将人的心理低俗化、动物化的倾向，又批评弗洛伊德只研究神经症和精神病人，不考察正常人心理，因而被称为心理学的第三思潮。

人本学派主张从人的直接经验和内部感受来了解人的心理，强调人的本性、尊严、理想、兴趣、价值、创造力和自我实现，认为人的自我实现和为了实现目标而进行的创造才是人的行为的决定因素。该学派最大的贡献是关心人的价值与尊严，看到了人的心理与人的本质的一致性，主张心理学必须从人的本性出发去研究人的心理。

人本主义理念强调人的价值和人格，目的是培养智、情统一全面发展的人。人本主义教学观强调“以学生为中心”的语言教学模式，突出学生的主动性和积极性。人本主义课程观强调学生同伴之间情感的交互作用，鼓励学生去实验，去表现自己，去发现自己。教师的作用在于提供一种和谐的学习环境，学生在宽松的环境中，既学习语言又发展自己的人格。

（二）人本主义语言机理

马斯洛的“自我实现”和罗杰斯的“自我理论”实质是主张“全人”教育、“意义的自由学习观”“学生中心”教育观。其教育思想：重视“全人”教育，重视建设和谐的师生关系，重视学生的主体作用，重视人文科学教育，相对轻视自然科学教育。著名教育家有夸美纽斯（“泛智教育”“和谐发展”）、罗杰斯（“以学生为中心”）、苏霍姆林斯基（“和谐发展”）。其课程教学坚持从“面向完整的学生”出发，主张情感与认知、感情与理智、情绪与行为的统一，强调开发人的潜能，促进人的自我实现，提倡开放式教育、询问式学习。

就语言学习而言，人本主义将学习分为无意义学习和意义学习。意义学习涉及学习者的情感、观念、价值等方面的改变，与其需要、兴趣、价值等相关联，更容易学习和保持。教师应该创造轻松的学习氛围，减少学生语言焦虑的负面影响，因为自由、和谐、融洽、充满关爱的学习环境有助于促进学生的语言学习效果。人本主义强调“以学生为中心”，强调教学活动中学生的重要性，强调平等和谐的师生关系。因而，教师由原来的权威者和决策者转变为学生的促进者（Promoter）、鼓励者（Encourager）、辅导者（Facilitator）等，学生由被动的接受者转变为教学活动的主动者和创造者。

第三节　国外教学法主要流派

一、语法翻译法

（一）背景知识

外语教学的历史，据有记录可考证的史料，最早可追溯至公元前 3 世纪到公元 2 世纪罗马人学习希腊语时期，迄今已有两千多年的历史。而现代外语教学则是从 17 世纪后，西欧主要国家的民族语言和文字基本定型，成为欧洲的“现代语言”（Modern Languages），如英语、法语、德语等。所以，现代语言教学遵循了具有严谨语法和词汇的古典语言（希腊语、拉丁语）教学。

语法翻译法（Grammar-Translation Method）顾名思义是“用母语翻译教授外语书面语的一种传统外语教学法”，曾经被称为“容易”的外语教学法。一是语法翻译法直接借助于第一语言进行外语教学，不需要具备良好的外语口语技能；二是在教学中，教师只需要按照先讲外语语法规则，然后套用所讲的语法规则进行相应的句型练习。

语法翻译法在 16 世纪运用于外语教学中。18 世纪，欧洲各国的学校开始开设现代语言课程。直到 18 世纪末，依据语法规则对目标语（Target Language）进行翻译，才成为教学实践中最主要的通行方法。该方法的倡导者为德国学者麦丁格（Weidinger）和费克（Fick）。因此，学界普遍认为语法翻译法始于 18 世纪，在 19 世纪 40 年代到 20 世纪 40 年代之间“统治了整个欧洲”（Richards & Rodgers，2001）。语法翻译法创建了在外语教学中利用母语的理论，成为外语教学史上最早的一个教学法体系。

事实上，语法翻译法被简称为翻译法，包括三种具体的方法：语法翻译法、词汇翻译法、翻译比较法。由于语法翻译法具有翻译法强调语法教学的突出特征，且对后来的教学影响特别大，因而，人们就用语法翻译法代替了翻译法的称谓，忽略了词汇翻译法和比较翻译法。

（二）理论基础

Richards 和 Rodgers（2000）认为语法翻译法没有理论基础。但左焕琪（2002）认为，其语言学基础是历史比较语言学。事实上，18 世纪以前，拉丁语是西欧各国的国际语言，其教学以背诵语法和范文为特点。文艺复兴时期，欧洲人文主义者开始针对拉丁语教学弊端进行改革。17 世纪，德国教育家 Ratichius 提出，外语教学应依靠本族语，授课时采用“本族语讲解→词汇和语法分析→母语对比”。捷克教育家 Comenius 提出，要用归纳教语法，要重视系统知识和翻译对比，外语教科书要列出本族语课文。18 世纪后，随着资本主义发展，拉丁语逐渐被一些现代语言取代。19 世纪，外语教学法专家广泛采用“语法＋翻译”的教学方法。德国语言学家奥朗多弗将“语法规则→学习单词→翻译练习”作为语法翻译法课堂教学的标准。有学者将“语法规则→词汇→课文→翻译句子”相结合的模式作为语法翻译法的典型模式。

（三）教学目标

语法翻译法主要以书本为导向，学习语言的语法系统，阅读、写作、翻译能力的培养和语法知识的传授优于口语和听力训练。语言学习的目标是使学习者能够阅读外语资料文献，用书面语表达观点，与真实的交际关联不大。

（四）主要特征

（1）强调词汇和语法教学的重要性，词汇教学采用背诵的方式。

（2）强调语言的准确性，要求学生在翻译方面达到较高的水平。

（3）强调阅读和写作能力，不注重口语和听力能力的培养。

（4）通过阅读文学经典或通过外语学习促进文化知识修养。

（5）采用母语进行教学，翻译是讲解、练习和检查的手段。

（6）以文学作品为基础教材，通过背诵原著培养阅读能力。

（五）教学流程

（1）课前复习：教师开课时利用较短时间要求学生默写单词，背诵课文或段落。

（2）教授新词：教师朗读，学生跟读；教师说出母语意思，学生说出英语单词。

（3）讲授语法：教师讲解语法规则，列出课文相关词汇；学生按语法规则进行翻译。

（4）讲解课文：教师朗诵英语课文，学生分析语法，译成母语；教师及时纠正错误。

（5）巩固新课：学生跟教师朗诵课文；教师根据课文提问，学生依据课文回答。

（6）布置作业：背诵单词；单词造句；语法填空；背诵课文，翻译段落。

（六）教学技巧

（1）短文阅读：材料可选自文学作品，或由教材编写者编写，聚焦教学所需的语法规则和词汇。

（2）翻译：先逐字逐句翻译，然后不拘泥于形式的意译；通常是句子翻译在先，短文翻译在后。

（3）演绎法教学：教师先讲解语法规则，以及不规则的用法，然后通过翻译练习使用这些规则。

（4）分析和比较：教师详细分析难句，并与母语句子进行对比、比较，解释句中各成分的作用。

（5）记忆：教师要求学生记忆两种语言对应的词汇表和语法规则，重点是两种语言之间的差异。

（6）阅读理解：设计不同的问题，问题分为字面理解问题、推理性问题、与个人相关的问题。

（7）书面作业：用所学词汇和语法填空练习，用所学词汇遣词造句，根据所读文章写作文。

（七）简要述评

1. 优点

（1）翻译手段有助于学习者更好地学习、掌握二语或者外语，加快学习进程。

（2）系统地学习语法规则有助于培养学生的阅读理解能力和遣词造句能力。

（3）对教师的外语能力和教具设备没有太高的要求，易行易测易于课堂管理。

（4）通过大量阅读、背诵原著能培养、提高学生的阅读能力和写作能力。

2. 缺点

（1）过度使用母语或聚焦书面语教学，忽视了语音、语调、口语交际教学。

（2）掌握了大量的语法规则，但不能在实际的交际中正确地运用这些规则。

（3）过分强调阅读和写作，语言缺乏真实性，忽略了听说及综合能力的提升。

（4）背诵语法规则和两种语言词汇，但不能推动学生主动地用目标语进行交流。

二、直接法

（一）背景知识

直接法（Direct Method）也称作“改良法”（Reformed Method），是与语法翻译法相对立的、外语或第二语言教学的方法。直接法主张以口语教学为基础，按幼儿习得母语的自然过程，用目标语直接与客观事物联系，要求在课堂教学中只用目标语进行教学，利用动作、实物、表情、手势和情景来“直接”表达语言的意义，简言之，直接学习、直接理解、直接应用。

19世纪后期，工业化造就了一批新型的语言学习者，他们不愿意遵循正规的语法教学，也不愿意依照传统方法学习语言。19世纪末，欧洲出现了外语教学的“改革运动”（The Reform Movement）。以英国语言学家斯威特、德国维埃特和法国帕西为代表的改革派强调口语和语音训练的重要性，推动了外语教学改革。直接法首先由法国人古安（Gouin）提出，后由他的弟子索斯在美国倡导。德国外语教学法专家贝立兹（Berlitz）在“贝立兹教学法”教学中实施和推广。英国语言学家帕默（Palmer）认为语言是一种习惯，学习一种语言就是培养一种新的习惯。国际语音协会（IPA）（1886年）的成立才真正有效地促进了直接法的推进和推广。20世纪初，直接法在欧美地区流传颇广。

（二）理论基础

直接法是第一次有理论的教学法，即联想主义心理学作为支撑。在直接法教学专家看来，外语学习与母语习得是类似的，学习者常常用联想主义心理学来解释所涉及的学习过程。以华生（Watson）为代表的行为主义心理学以及语言心理学认为，起主要作用的是感觉而非思维，这为直接法提供了依据。德国学者弗兰克指出，应当把目标语的语言形式和意思直接联系起来。在课堂教学中，教师不再用演绎法讲授语法，而是鼓励学生通过积极地运用外语来归纳语法规则；教师应当给学生创造二语或外语语言氛围，以便学生有更多听说练习的机会。直接法强调词语与客观事物直接联系而不通过母语的中介，运用联想使新旧语言材料建立联系，以加强学习和记忆。德国语言学家保罗（Paul）的新语法派奠定了直接法的语言学基础，冯特的现代心理学为直接法提供了心理学基础，科梅尼斯的教育理论促成了直接法的语言教学观。

（三）教学目标

教学目标旨在培养学生用外语进行交际的能力。语言课程的主要目的是教授会话技能，口头表达作为初期教学目标。用外语进行教学是为了学生能够用外语思维，直接用外语表达思想。特别注重正确的发音训练，词汇教学先于语法教学，阅读和写作训练基于学生口语实践之上。教师与学生之间通过问答方式逐步训练口头表达技巧。

（四）主要特征

直接法倡导学生用目标语思维，旨在发展学生的交际能力。在课堂教学中，教师应尽可能地用实物、可视化教具或学生熟悉的词汇进行交流和授课，完全避免使用母语和翻译练习。学生通过听说练习，用归纳法习得语法规则。口头交际能力被看作语言的基本能力，尤其强调正确发音，而句子是语言的基本单位。教学大纲根据语境或主题按语义进行分项安排。

（五）教学流程

（1）介绍新的语言材料：教师首先向学生介绍部分课文或全部课文，让学生大声朗读课文，然后用手势、图片、实物、例子等将学生朗读部分的意思表达明白。教师讲解课文内容，仍然是通过展示、动作、例子或其他手段，让学生明白其意思。

（2）口头练习目标语：教师基于课文进行理解性提问，同时给学生练习生词和句型的机会；学生用完整的外语句子回答提问；学生还可以就课文内容进行提问。

（3）以提问促进教学：教师就日常生活的问题向学生提问，然后鼓励学生同伴互相提问；问题应该包括学生之前已经练习过的生词和语法结构。教师要求学生将本课的例句和练习中出现的句子，归纳出语法规则，并用外语进行口头填空练习。

（4）书面作业巩固强化：巩固已学和已训练内容最常用的方式是听写、有针对性的作业和分级作文。

（六）教学技巧

（1）直接联系：讲授新的语言材料时，把表义和外语直接联系起来。教师先让学生朗读短文、短剧或对话，然后通过手势、图片、实物、例子等把意思表达清楚。

（2）问答练习：为了使学生能完全理解新授课的语言材料，教师回答学生的提问，或让学生用完整的句子回答教师的提问。

（3）会话操练：学生通过提问和回答问题理解新的语言材料之后，教师应鼓励他们用已操练过的语法结构互相提问。

（4）纠正错误：教师应及时纠正学生的错误或由学生同伴纠错，也可以用诸如疑问语气、重复学生答案，或者在错误之处停顿等多种方法让学生自己改正错误。

（5）听写：教师首先以正常的语速来朗读短文，学生听；然后一个短语一个短语地读，并在短语间适当停顿，学生做好记录；最后再以正常语速朗读一遍，学生检查听写内容。

（6）归纳法教语法：教师精心准备一些语法例句，引导学生找出新句子与已学句子之间的关系，归纳这些新例句的语法规则，再通过填空练习等加以巩固强化。

(7) 听力理解：学生做听力练习时，通常不需用语言做出反应，听力活动包括画地图、辨认图片、按照指令去做、找出错误等。

(8) 分级作文：写作训练应按照三个顺序分级。第一步，再次熟悉课文；第二步，写出教师口述的概要；第三步，自由作文。

(七) 简要评述

1. 优点

(1) 重视语音、语调和口语教学，有利于培养学生的听说能力。

(2) 创造气氛使学生在会话交流中运用新语言，以增强自信。

(3) 注重模仿、朗读练习，有助于培养学生的语言熟练技巧和语言习惯。

(4) 重视以句子为单位进行外语教学，有利于培养学生运用外语的能力。

(5) 开辟了第二语言教学法的研究，丰富了对第二语言教学规律的认识。

2. 缺点

(1) 课堂绝对排斥母语，只能使用目标语，抽象概念讲解时感到困难。

(2) 过分强调和歪曲了自然的母语学习与课堂外语习得之间的相似性。

(3) 要求教师的母语即为目标语，或具有和外国人一样的外语流利程度。

(4) 过分强调模仿，过分强调口语教学，对读写能力的培养重视不够。

三、听说法

(一) 背景知识

听说法（Audiolingual Method）是英国实用语言学家于 20 世纪二三十年代首次提出，到 60 年代发展起来的语言教学方法；该方法以语法为基础、以句型为纲、以句型操练为中心，语法与词汇按难易程度进行分层教学；强调通过句型结构的反复操练来培养口语听说能力，通过有意义的情景进行目标语基本句型结构操练。

听说法早期被称为“口语法”“句型教学法”“结构法”“耳口法”“军队教学法”“密西根式教学法”，后期被称为“情景教学法”。之所以被称为“军队教学法”“密西根式教学法”，是因为第二次世界大战时期美国军队为了在短期内培养大批掌握外语口语能力的军人，采取了一系列的措施和手段强化训练士兵的听说能力。

听说法起源于特定的时代背景。第二次世界大战前，美国的外语教学十分薄弱，主要以培养学生阅读能力为主，教法以语法翻译法和阅读法较为普遍，口语水平特别低。珍珠港事件后，美国需要对参战军事人员进行最基本的外语（口语）训练，即“军队特别训练计划”。听说法是基于布龙菲尔德、弗里斯、拉多和特瓦德尔等美国结构主义语言学和行为主义心理学，以“句型为纲、句型操练为中心”。因此，真正意义上的听说法则起源于20世纪50年代末，在20世纪60年代发展到高峰，全世界广泛使用外语听说法教学。

（二）理论基础

行为主义心理学“刺激—反应”是心理学基础。行为主义心理学的创始人华生认为，人和动物心理活动的一个共同规律就是“刺激—反应”。斯金纳（Skinner）继承和发展了华生的行为主义心理学。1957年，他出版了《言语行为》（*Verbal Behavior*）一书，提出了行为主义关于言语行为系统的看法。他把语言学习归结为“刺激—反应—强化”的行为主义言语行为学习模式。言语行为是通过刺激与反应的联结并加以强化而形成习惯，强调第二语言教学要通过大量的模仿和反复操练养成新的语言习惯。因此，听说法具有明显的行为主义心理学思想的印迹。

结构主义语言学是语言学理论基础。该理论强调第二语言教学应从口语开始，从说话开始，通过掌握语言结构学会目的语言。代表人物有布龙菲尔德、弗里斯。结构语言学家认为，语言学的任务就是严格地按照科学原则去观察和描写人类的语言，并弄清楚这些语言在结构上的特征。他们认为，语言首先是说的“话”（Speech），所有的人在学会阅读之前都是先学会说话的，文字是话语的表现形式。

英国语言学家对“结构主义”的看法与美国人有不同的侧重点——“情景”概念。英国语言学家认为，语言结构与使用语言的语境及情景之间有着非常密切的关系。弗斯、韩礼德提出了自己的语言观，他们都把意义、语境、情景放在首要地位。美国结构主义者忽略了语境与情景的作用，英国学者则不然，他们把语言看成与现实世界里的交际目的和说话的情景密切相关的有目的的活动。

（三）教学目标

布鲁克斯（Brooks，1964）把教学目标分为近期目标和远期目标。近期目标包括训练学生的听力理解能力、准确的发音、阅读理解能力和在写作中使用正确句子的能力，即发展学生的四种语言能力，从听说开始，然后教读写。远期目标，或称最终目标，是培养学生的语言能力，使他们像本族语者（Native Speaker）一样，能够自如地运用目标语。

（四）主要特征

（1）口语优先：听说法把口语看成儿童掌握外语的主要媒介。儿童先有口语能力，再有写作能力；认为先让学习者发展语言的接受技能（听说），后发展语言的输出技能（读写）。

（2）刺激反应：听说法注重大量的听说读写训练，让学习者建立刺激反应联系，并得到强化；主张从一开始就要求学生确切地理解、准确地模仿、正确地表达，尽量避免错误。

（3）反复训练：语言学习要靠大量的、反复的操练，才能达到自动化掌握语言材料。布鲁克斯认为，语言学习根本就无关乎问题解决（problem-solving），语言学习仅仅是习惯形成的问题。

（4）积累建构：语言教学把语言分成一些大的结构部分，然后分成如句型、词汇等细小部分，逐渐建构起学习者的外语语言能力；把语言分细进行教学是为了避免错误。

（5）比较教学：在语言行为形成过程中，不同的语言行为习惯（母语和外语）会发生“迁移”“干扰”，会对语言学习者带来影响，而通过比较语言教学找出问题所在。

（6）归纳教学：通过语言学习者大量的言语行为和语言练习，特别是通过句型操练发展综合运用语言的能力；语法规则应由学生自己从语言的实例中归纳总结。

（五）教学流程

（1）认知识别：学生首先听一段包含本课重点句型结构的示范对话，在听对话的同时借助教师的手势模拟表演上下文或者预先设置的情景，尽量理解对话的意思。

（2）模仿与复述：学生准确而流畅地重复操练对话中的每一句话，通过模仿和重复，逐步记住对话；教师让学生分组按角色朗读或集体朗读对话，但是学生不看课本。

（3）句型操练：教师把对话中的重点句型结构挑出来，让学生做各种不同句型的操练；可根据学生的兴趣或情景的需要改变对话中的单词或短语，然后让学生表演对话。

（4）补充练习：教师要求学生做一些阅读、写作和词汇方面的补充练习。学生通过遣词造句、抄写对话、模仿写作、短文写作等，逐渐提高目标语运用能力。

（六）教学技巧

（1）对话练习：对话是给主要的句型提供有意义的语言环境，表明这样的句子结构可以用在什么样的语境之中。对话不仅能反映目标语的文化意义，也包含了一定的句型结构和语法要点。这些句型结构和语法要点又在句型构成的对话中得到操练。

（2）模仿复述：在课堂教学中，教师要求学生先听一段对话，然后复述和背诵。学生模仿对话，目的是掌握正确的语音、语调、重音和节奏。学生在操练并记住对话后，教师要向他们指出对话中具体的语法结构，然后再进行各种形式的句型练习。

（3）句型操练：句型操练是听说法教学的一个显著特征。各种不同形式的句型练习运用于不同的教学目的，常用的操练方法有：单个词重复练习、多词替换练习，句型转换练习、问答练习、扩展句子练习、合并句子练习、逆向读句练习、句子链接练习，完成句子练习、微型对话练习、语言辨别练习。

（七）简要评述

1. 优点

（1）创造了一套通过句型操练进行听说读写的基本训练方法。

（2）通过对两种语言的对比分析，能够有针对性地理解和学习。

(3) 加强口语训练，在口语基础上发展读写能力。

(4) 充分运用多媒体现代化视听手段进行听力和口语教学。

2. 缺点

(1) 过分强调机械性的句型操练，脱离语言内容和社会场景。

(2) 句型操练脱离语境，不利于培养学生运用语言交际的能力。

(3) 过分强调听说能力的培养，忽视了读写能力的培养。

四、认知法

(一) 背景知识

认知法(The Cognitive Approach)也称“认知—符号法”(The Cognitive-Code Approach)，是由美国卡鲁尔(Carroll)首先提出的。该方法认为，语言学习是一种积极的心智活动，而不是简单的习惯形成过程；学习者要主动参与学习语言和使用语言，特别是在学习语法规则的过程中，要充分发挥其重要作用；主张全面培养学生的听说读写能力。

认知法是语法翻译法的现代形式，是作为听说法的对立面而提出的。它要求在外语教学中发挥学生的智力，重视语言规则的认知作用。20 世纪 60 年代，听说法的许多缺陷显现出来，人们都在试图探索新的教学法以满足外语教学新的需要。认知法是在听说法受到抨击背景下应运而生的，试图找到语言学习的内容和语言学习的原因。

20 世纪 60 年代，认知心理学和生成语言学都得到极大的发展。认知心理学抛弃了机械性的条件反射理论，而提倡有意义的学习，聚焦研究人的心理思维过程。结构主义学派让位于生成语言学派。乔姆斯基认为，不能简单地按照显性“刺激—反应”或通过搜集到的大量原始资料来考虑语言。转换生成语言理论指出，一种语言在不同发音上，表层形式上明显的相似性可以掩盖意义上的极大差异。

认知法认为，与幼儿学习母语相比，成年人学习外语具有以下特点：缺乏幼儿学习母语的语言环境，是在人为的语言环境(教室)中学习的；学生是在掌握了母语的基础上学习外语的；学习是自觉的、有意识的、有组织的。根据这些特点，认知法把外语教学过程分为三个阶段：语言的理解(Comprehension)、语言能力(Competence)、语言运用(Performance)。

认知法认为，语言是一个意义系统，强调在理解的基础上有意识地学习语言，其依据的理论基础是认知理论和转换生成语法理论。

(二) 理论基础

认知法的心理学理论基础是认知心理学。瑞士著名心理学家皮亚杰的“发生认识论”(Genetic Epistemology)从根本上动摇了行为主义的“刺激—反应”学习理论。美国著名心理学家布鲁纳（Bruner）的“基本结构”理论和“发现法”主张学习应主要掌握基本结构，激发学生的学习兴趣和学习动机，培养学生独立分析和解决问题的能力。认知心理学家奥苏贝尔（Ausubel）的“意义学习理论”强调有意义的学习（Meaningful Learning），重视基本概念和规则的理解。心理学家卡鲁尔（Carroll）认为，外语学习主要通过分析讲解，理解语音、词汇、语法知识的规则和掌握语言的基本结构，即使是句型教学也应在理解的基础上才可进行操练。迪勒（Diller，1978）的认知理论四原则提出，活的语言是受规则支配的创造性活动，语法规则有其心理的现实性，人类有独特的学习语言机制，活的语言是思维工具。

认知法试图把转换生成语法和认知心理学作为第二语言教学的基础。美国语言学家乔姆斯基提出，语言学习不是单纯的模仿，而是掌握规则、记忆的过程，是一种创造性的活动，人们可以利用有限的规则创造出无限的句子。乔姆斯基的“天赋论”认为，每一个正常人生来就具有语言习得机制（Language Acquisition Device，LAD），包括有关人类语言内在的本质及其语言结构的基本知识。他创立了语言能力（Competence）和语言行为（Performance）模式，认为讲本族语的人的头脑里某个地方有一系列的语法规则，可以利用这些规则生成句子，利用这些语法规则为基础，可以选择词汇表达想要表达的意义。因此，乔姆斯基关于“语言能力”的基本观点与认知心理学有关认知过程的理论应成为外语教学的指导原则。

（三）教学目标

认知法教学的总目标与听说法的总目标是一致的，但在近期目标上却有一定差异。认知法不太注重优先发展听说技能，而是把语言看作一个连贯的、有意义的体系，强调的是对语言不同表现形式的控制和掌握。学习者要有意识地习得一种“语言能力”，然后才能在实际语言环境中加以运用。简言之，培养学生能像本族语者一样用有限的语法规则创造出必要的句子来进行交际的能力。

（四）主要特征

（1）重视语法规则：认知法注重学习者的语言理解过程。首先应理解和掌握语法规则，然后在语法规则的指导下进行创造性的听说读写言语交际活动，培养综合运用外语的交际能力。

（2）听读先于说写：认知法对四种语言技能一视同仁。教师按照课程目标和学生需要，可以优先发展任何一种语言技能，通常是接受技能（听、读）应先于输出技能（说、写），相辅相成，互相促进，共同提高。

（3）以学生为中心：学习者在外语学习中起决定性的作用。教师应了解学生的年龄特点和心理认知过程，应帮助他们树立正确的学习态度和信心，教会掌握正确的学习方法，培养他们的自学能力，发展他们的智力。

（4）适当利用母语：充分利用母语学习外语。学生将母语学习中的各种知识、概念和规则迁移到外语学习之中。教师可以适当利用母语对比两种语言，防止两种不同语言造成混乱而产生的干扰作用。

（5）容忍学生犯错：语言学习者发生错误是不可避免的。教师应对学生的错误进行分析，找出原因，有针对性地加以疏导。对影响语言交际的，教师要加以纠正；如果不影响交际，就不必打断学生的话语。

（五）教学流程

（1）语言理解：教师采用演绎法讲解语法功能。学生在语言理解阶段，首先要理解所学语言材料，明白语言规则的概念、结构和用法，然后从学习语言结构到观察在情景中的运用。

（2）语言能力：语言能力必须在理解语法规则的基础上，通过有意识、有组织、有意义的操练获得。操练形式多种多样，如看图说话、描述情景、复述课文、造句和翻译等。

（3）语言运用：运用已学过的语言材料进行多样化的交际性练习，如情景对话、自由交谈、专题讨论、角色扮演、书面作文和翻译等。

（4）四项技能：培养学生实际而全面地运用外语的能力；在学习口语的同时提高书面语表达；听说读写四种语言技能应该从开始学习外语起，就同时进行训练。

（5）错误分析：学习看作是“假设—验证—纠正”的过程；学生出现错误在所难免，教师要对学生的错误进行分析，了解产生错误的原因，有针对性地进行纠正，逐步培养学生正确运用语言的能力。

（六）教学技巧

（1）注重语言能力：注重发展学生的语言能力，把培养语言能力放在教学目标的首位；主张通过有意识、有组织的练习获得正确使用语言的能力，使学生能够运用有限的语言规则创造性地理解和生成无限的句子。

（2）以学生为中心：重视培养学生的学习动机、习惯和毅力，重视开发学生的智力；教师的作用是指导学生从言语实践中发现规则，为学生提供创造性地活用规则的机会和情景，促使学生掌握规则。

（3）提倡演绎教学：提倡演绎法的教学原则，强调学生理解和掌握规则，启发学生发现语言规则；教师讲解约占教学活动的 1/5。反对机械性的死记硬背，要求学生在理解语言知识与规则的基础上进行操练。

（4）主张全面发展：反对听说领先，主张听说读写齐头并进；重视阅读和词汇量的扩大。在教学中，主张一开始就进行听说读写的全面训练，语音与文字结合，口笔语相互促进。

（5）适当使用本族语：必要时可利用母语，允许适当利用母语进行讲解和翻译；教师通过两种语言的对比分析确定难点和重点，用学生本族语解释一些比较抽象的语言现象，以便于理解。

（6）容忍学生的错误：主张对错误进行分析疏导，只改主要错误，反对有错必纠；过多地纠正或指责容易使学生感到无所适从，产生怕出错的心理，甚至失去学习的信心。

（七）简要评述

1. 优点

（1）在语言规则指导下进行有意义的操练和言语交际活动，具有一定的积极意义。

（2）强调培养学生的独立自学能力、坚强的学习毅力，激发学生的学习动机和兴趣。

（3）克服了语法翻译法依靠母语和直接法、听说法排斥和限制母语的片面性和极端性。

2. 缺点

（1）目标定位在有意义的学习上，教师给学生选择和准备有意义的语言材料很困难。

（2）对那些语言理解能力较差的学生而言，用认知法学习显得力不从心，效果不佳。

（3）没有一套完整、系统、可行的课堂教学活动和步骤，需要理论上和实践上的探索。

五、自然法

（一）背景知识

自然法（Natural Approach）是由美国加州大学西班牙语副教授特雷尔（Terrel）和著名应用语言学家克拉申（Krashen）于 1977 年提出的。他们在研究儿童如何产生第一语言的基础上，区分了语言学习中自然“习得”和“学习”两个概念。对于幼儿而言，学习第一语言既是生存的需要，又与他们的现实生活紧密相连。儿童出生以后，生活在一个富有实际意义的环境之中，在日常生活和与父母的交流中，自然“习得”第一语言。“学习”则是学生在学校里有意识地学习第二语言。课堂教学侧重于语音、语法、句型训练和听写、造句等。

自然法原本是为大学和高中程度的学生学习外语使用的，其产生于特雷尔多年教西班牙语的教学经验。特雷尔及同事用自然法在课堂教学中做试验，一是从小学基础水平到大学高级水平，二是从一种外语到另一种外语。同时，特雷尔与南加利福尼亚大学的应用语言学家斯蒂芬·克拉申进行合作研究。基于第二语言习得理论的指导，他们试图为自然法奠定详尽的理论基础。1983 年，他们合著出版了《自然法：课堂中的语言习得》，阐述了自然法的原则和实践，从此受到人们更加广泛的好评。

自然法强调自然的语言交际而不是规范的语法学习，并对学习者的错误持宽容态度，特别重视非正式的语言习得（Acquisition）。所谓“自然”是指成功的第二语言习得自然原则。自然法的核心是语言习得，习得是学习者的潜意识（Subconscious）过程，其影响因素一是学生获得可理解性语言输入量的多少；二是情感障碍（过滤）程度，即学生“允许”吸收语言输入量（Intake）的多少。

自然法强调语言理解的核心作用，并认为语言学习过程中理解能力先于表达技能；只有具备了理解能力才能教授说话的技能；只有通过听力获得的技能才可以转化为其他技能；教学应强调意义并非形式；教学应尽量减少学习者的压力。自然法以语言交际理论和克拉申的“输入”五个假说为理论基础，属于人本主义学派。

（二）理论基础

自然法以语言交际理论和克拉申的“输入”五个假说为理论基础。克拉申和特雷尔认为，交际是语言的首要功能，重点是培养学生的交际能力。语言的基础是词汇，而语法仅具有次要的功能，它只是确定如何用词汇来表达意思。只有当人们理解目标语中的信息时，才能产生语言习得；语言输入论认为在目标语的习得过程中，为了获得下一阶段的进步，习得者需要懂得目标语在下一阶段中新结构的语言输入（Krashen & Terrel，1983）。

克拉申自 20 世纪中期以来，提出第二语言习得“输入假说模式”，这是影响广泛、解释全面又很具有争议性的理论。20 世纪 70 年代初期，克拉申就提出了“监控模式”（The Monitor Model），该模式以“监控假说”（The Monitor Hypothesis）为核心。20 世纪 80 年代中期，克拉申与特雷尔对其进一步扩充修订，转为以“输入假说”（The Input Hypothesis）为中心，形成了“输入假说模式”，由五个互相联系的核心假说构成：

（1）习得/学习假设：克拉申认为，获得外语能力，一是习得，二是学习。

（2）监控假设：习得的知识使学习者能用外语与人交流。

（3）自然顺序假设：语法结构的习得有一种固定的顺序。

（4）输入假设：强调可理解性语言输入在语言习得中的关键作用，学习者通过理解稍微超出他们目前语言水平的输入而习得该语言，即“$i+1$”（“i”指目前水平）。

（5）情感过滤假设：学习者的情感状态或态度，如动机、自信和焦虑可以影响习得所必需的输入。动机和自信心愈强的学习者，在个人和课堂焦虑程度低的情况下容易习得语言（Krashen，1985）。

克拉申“输入假说模式”前四个假设可以概括为：第一，语言输入假设与习得（Acquisition）有关，与学得（Learning）无关；第二，学习者获得语言的最好途径是通过理解性输入（Comprehensive Input）；第三，流利的表达能力不能直接传授，需要习得者通过理解性输入，逐步达到一定的语言能力后，迟早会独立“形成”；第四，如果能有大量有效的理解性输入，$i+1$ 通常将会自动出现。

在第二语言习得中，学习者的态度是很重要的因素。克拉申把学习者的情绪和态度称为可调节的“过滤器”（Filter），它可对语言输入起到顺利通过或拦阻堵塞的作用，且具有正相关性。当学习者呈现出低情感过滤器时，学习者的心理障碍就小，因为它允许更多必要的语言输入并顺利通过。反之亦然，可理解的语言输入就不能被大脑吸收，无法被充分利用。

（三）教学目标

自然法的主要目的是培养学习者基本的口语表达和书面语表达技能。学生能听懂本族语人们讲话的意思，并用目标语表达自己的诉求和想法。教学目标是在分析学生需要的基础上确定的。总体目标：一是学生使用目标语的情境，二是进行必要信息交流的话题。具体可分为两类：一是个人交际技能，二是学生学习技能。其中前者是重点。

（四）主要特征

(1) 培养交际技能：强调自然的语言交际。其目的是培养学习者的口头和书面交际能力，课堂活动最大限度地用来进行交际。

(2) 理解先于表达：强调理解的重要性。语言学习始于理解性的输入，主张推迟口头表达，直到言语“出现”。允许学习者用母语回答问题。

(3) 表达自然形成：强调自然语言习得。语言活动是习得的基础，给学习者提供语言习得的机会。语言形式的讲解和练习放到课外进行，词汇量比结构的准确更重要。

(4) 提出自我纠正：强调自我纠正错误。一般情况下，教师不纠正学习者的错误，以免影响学习者的积极性，导致可理解性的语言输入量不足。

(5) 减少心理障碍：创造轻松愉快的课堂学习气氛。教师应降低学生的情感过滤，根据学习者的需要和兴趣确定教学内容，增强语言交际活动的主动性。

（五）教学流程

(1) 表达前阶段：主要任务是发展听力理解技能，不急于进行口头表达，也称为“沉默阶段”。

(2) 早期表达阶段：学生处于“挣扎”容易出错的状态。教师应把注意力放在意义上，而不是形式上；一般错误可不纠错，完全阻碍意义传递的，应及时纠正。

(3) 最后阶段：这是扩展的表达阶段，表达扩展到较长的话语，使用的方式是较复杂的游戏、角色扮演、开放式的对话、讨论和扩展性的小组活动，力争达到流利的表达。

在课堂教学中，教师应致力于有助于语言习得活动的开展，尽量不要立即纠正学生发言时所犯的错误。在回答问题时，学生可以使用本族语、目标语，或者二者兼用，可以进行两种语言的语码转换。

（六）教学技巧

（1）首先理解语言，再产生语言：在初级阶段，教师始终要坚持使用目标语，提供尽可能多的输入，尽力帮助学生理解输入的语言材料，即先听、读，后说、写。

（2）由简单到复杂，提供视觉辅助：教师应了解学生的学习状况，遵循从简单词汇到短语，再到句子的语言交流策略。提供视觉辅助，接触各种各样的词汇而不是句法结构。

（3）强化听读技能，重视口语表达：课堂的注意力应集中在“听”和“读”技能上，口语表达紧跟听读；课堂教学活动组织以话题（topics）为基础，而不是以语法结构为基础。

（4）降低情感过滤，营造课堂氛围：消除学习者的紧张情绪，创造良好的课堂气氛，因为“可理解的输入只有感情过滤较低时才能有效”（Krashen，1982）。学生应该注意有意义的交际而不是形式。

（七）简要评述

1. 优点

（1）体现以学生为中心，重视情感态度，主张课堂气氛轻松愉快，体现人本派教学法的特色。

（2）突出语言习得活动，重视可理解性和有意义的活动，强调培养交际能力，教学过程交际化。

（3）吸收了其他教学法的方法和技巧，是一种综合的教学法，能够与任何一种教学法相结合。

2. 缺点

（1）过分强调语言习得的作用，对课堂教学条件下有意识学习、深度学习的作用估计不足。

（2）过分依赖“自然顺序”假说，对教授语言结构，掌握语法规则的意义和作用缺少认识。

（3）在非目标语环境中，尤其是非本族语教师缺乏的情况下，教学很难不断提供大量的、可理解的输入。

（4）语言学习与学习者自身的努力程度有关，并非每个学习者都能为自己的语言学习负责。

六、交际法

（一）背景知识

交际法（Communicative Approach）也称“交际语言教学法”（Communicative Language Teaching，CLT），又称“功能法”（Functional Approach）或“意念法”（Notional Approach），也有的称“意念—功能法”（Notional-Functional Approach）。它是以语言功能项目和意念为纲，重视语言的功能目的，并提供语言环境以实现这些目的，由此宣告了旧教学法时代的结束，开创了语言教学的新时代——交际法。

交际法是20世纪70年代根据英国语言学家韩礼德“系统功能语法”和美国社会语言学家海姆斯（Hymes）“交际语言能力”理论形成的，是全世界影响较大的外语教学法流派。由于交际功能是语言在社会中运用的最根本的功能，所以交际法十分重视语言的交际功能，主张学习语言从功能到形式、从意念到表达方式。

20世纪60年代末，英国外语教师和语言学家对当时外语教学要求精确地掌握语法，特别是对语言结构的掌握产生了不满。批评者认为，这种教学培养了一批掌握语言结构的学生，但不会用来进行语言交际。随着国际间交流的增加，学术合作、国外旅游、经贸往来、出国留学等交流日益增加，大批专家建议对欧洲的语言教学进行研究，尤其应加强对语义和语境（Meaning & Context）的研究。

语言学家认为，在正常的交流中，语言的目的从根本上决定了它的句法功能。教学理论专家们也认为应该对语法和交际给予同等的重视。威尔金斯（Wilkins）在这方面做了有益的基础性工作，提出了以交际为标准（Communicative Criteria）而设计的意念—功能大纲（the Notional-Functional Syllabus，NFS），其著作《意念大纲》（*Notional Syllabuses*）（1976）对交际教学法的发展产生了深刻影响。广东外语外贸大学李筱菊教授是我国最早研究并引进交际语言教学体系（简称CLT）的学者。

（二）理论基础

语言是用来交际的，应更加重视意义，而不是结构。这是大部分主张交际法人士的共同观点。他们认为学习语言的最佳途径就是在社会环境的运用中去学习。坎德林（Candlin，1987）认为，交际语言学习是“一种高度社会化的活动，在活动中学习者参与协商过程之中，学习者运用自己已掌握的知识，与其他人分享和优化知识……教师应提供给学生进行自由选择的丰富多彩的课堂活动、主题和交际活动方式”。

坎德林的“协商”必然涉及语言交流双方做出的选择和决定，这个协商过程就是语言学习的核心。耶尔登（Yalden，1983）认为，如果学习中强调对意思的表达和理解，而不仅仅强调形式的准确，第二语言学习必将更加有效。耶尔登十分重视在特定的语境中获得意义，因为语言能力涵盖语法结构和运用语法结构的能力，没有语言能力、语言话题、语言环境，也就不可能有交际。

交际法试图在课堂教学中创造自然真实的语言习得环境。学生一开始不仅要努力去理解别人所说的话，要运用目标语来表达自己的意思、观点和看法等，而且还必须接触大量的目标语，因为如果没有一定量有效的语言输入，就不可能产生“理解性输入”，自然就不会有任何的语言习得。克拉申和特雷尔（Krashen & Terrel，1983）特别强调，语言学习是通过运用目标语进行交流，而不是通过语言技能的操练。

海姆斯为了把自己的交际语言观与乔姆斯基的“语言能力”（Linguistic Competence）理论相区别，而提出了“交际能力”（Communicative Competence）这个术语。在海姆斯看来，语言理论仅仅是一种交际与文化相结合理论中的一部分。他的“交际能力”学说包括语法的正确性、语言的可行性或可接受性、语言的得体性、语言形式在现实中的实施状况，十分强调语境在决定行为（语言及超语言行为）是否恰当中的重要作用。

韩礼德的“功能主义”阐述对交际法起到积极的促进作用。韩礼德（1975）描述了儿童运用第一语言所进行的七种功能：语言可用来得到东西、支配别人的行为、与别人进行交谈、表达自己的感情、认知并发现周围的世界、获得自己对世界的认识、传递交流信息等。这一语言功能理论强有力地补充了海姆斯有关交际法教学中交际能力的观点。

卡纳尔和斯温（Canale & Swain，1980）认为，交际能力涵盖四种能力：语法能力、社会语言能力、语篇能力和策略能力。而“语法能力”即是乔姆斯基所说的“语言能力”。概括起来，交际语言观的特点是：语言是用来表达意义的系统；语言的首要功能是交际；语言的结构反映了交际的功能及目的；语言的基本单位不仅具有语法结构的特征，还具有在特定语篇中语言功能意义和交际意义的类别特征（Richards & Rodgers，1986）。

（三）教学目标

交际教学法的总目标是培养学生的交际能力，包括掌握语法知识和词汇、掌握话语规则知识、知道如何运用不同的言语行为、知道如何恰当地运用语言等四方面的内容。课程教学目标首先应确定学生的需要，即学情分析；其次是要明确学习外语要达到的目的，在词汇、语言结构和功能上应该具有什么要求，应该达到何种准确程度。具体教学目标可描述为：学习者将学会如何问路、如何表示同意和不同意、如何道歉、如何婉言谢绝等。学习者不仅应具备运用目标语进行交际的能力，还应掌握语境、情景，包括多种因素，如社会习俗、说话者之间的关系等。简言之，培养学生的语言运用能力是交际教学法的最终目标，一切利于达到这一目标的有效方法都属于交际教学法。

（四）主要特征

（1）用目标语进行交际。

第二语言（外语）教学的目标设定为培养学生运用目标语进行交际的能力，而非仅仅培养学生的语言能力。教学中尽量设计模拟场景，为学习者营造良好的语境，调动学习者自身的学习热情。

（2）以功能和意念为纲。

教学不以语法和结构为纲，而是以功能（和意念）为纲。功能是用语言做事，完成一定的交际任务。因此，教学应根据需要选取真实而实用的语言材料，并把语法视为实现功能的手段。

（3）教学过程应交际化。

为学生创造接近真实交际的语言环境，教学方法多样化，倡导实用性的交际活动。在运用语言交际时，可以运用情景、功能、意念、社会、语体、重音和语调、语法和词汇、语言等辅助手段。

（4）发挥学习者的作用。

课堂不再以教师为中心，鼓励学习者主动参与课堂活动，参与语言实践活动。学习者除学到丰富实用的语言知识外，应获得更多的交际技能和技巧，知晓在什么场合说什么和怎么说。

（5）学生为主体的课堂。

课堂最大限度地减少教师的讲解，代之以各种形式的交际活动，如问题解决（Problem solving）、小组活动（Group Work）、同伴活动（Pair Work）、情境表演（Role Play）、讲故事（Story Telling）等。

（6）语言训练准确、流利。

通过适当的语言输入和有意义的课堂活动，让学习者自然习得实用的语言形式。在表达方面讲求准确和流利。准确是为了正确表达所要表达的内容，而流利则是为了表达目的的顺利实现。

（7）没有必要每错必纠。

对学习者所犯的语言错误，教师要采取容忍的态度，只要不是严重影响表达内容的错误不必及时纠正，或采取比较温和的提醒方式，目的是鼓励学生树立信心和勇气，大胆进行语言实践。

（五）教学流程

（1）接触。

教师让学生一开始就接触自然的对话，并在对话中接触多种多样的语言形式，包括未进行改编的语言材料。对话力求在逼真的情景中呈现和传授。

（2）模仿练习。

教师从学生各自对话的各种语言形式中，抽出一二项语法内容进行模仿练习。模仿练习不完全是模拟操练句型的形式，而是通过回答的形式，使对话更接近自然语言。模仿练习的范例可以是单词、对话或课文。对话可以采用两人、三人、小组和全体的相互交流形式，且不同的组别应当设定不同的目标。

(3) 自由表达。

教师在整个语言教学过程中，应提供一定的情景，让学生运用所学的语言形式自由表达自己的思想。这种活动应在教学中占相当大的比重（章兼中，1982）。

（六）教学技巧

(1) 边听边做笔记。

利用视听/视频材料培养学生“听—写—说—读”的技能。教师首先播放一段5～10分钟的视听/微视频，学生边听边在纸上做笔记；或者让学生把听到、看到的重点或最感兴趣的信息记录下来。随后进行讨论，特别应讨论学生最感兴趣的内容。然后，让学生整理笔记，把听到的全部“信息”重新组织起来。最后，教师把听力材料分发给学生，让学生及时反馈并修正自己的错误。

(2) 进行口头报告。

教师从报刊中选材或者从现成的教材中选择合适的话题，用来激发学生的语言表达意愿。首先让学生边读材料边做笔记，找出他们认为值得讨论的部分。教师应给学生足够的时间做准备，鼓励他们利用地图、各种图表、PPT等作为辅导，使报告更加清楚易懂。在口头报告中，同伴应做笔记以便在报告结束后提问或发表自己的意见。报告结束后，教师可以让学生进行相互评价。

(3) 角色表演/模拟。

教师要求学生扮演“假定角色”，应该是扮演一个与自己不同的角色。教师设计的话题应与学生自身的经历和情感有关。这是教学的中心环节，活动所设计的任务和情景与学生的生活经验相关或者具有直接联系，学生才“有话要说，有话想说，有话能说”。因为这样的任务与情景能够激发学生积极参与学习活动的全过程，激发他们的创造力并且满足他们的需要和兴趣。

(4) 综合技能训练。

交际教学法提倡语言技能的综合运用。在课堂教学中，听、说、读、写四种技能很少孤立地使用。只有当学习者学会在适当的环境中有效地使用四种技能时，语言运用“得体性”才能得以实现。全面的外语能力是能根据具体语言交际的情况有效地综合运用这四种技能。当然，教师有时也应根据学生的实际情况以及阶段性教学目标，集中训练某项语言技能。

（七）简要评述

1. 优点

(1) 注意语言的运用能力，培养学生学以致用的意识。

(2) 教学过程交际化，强调学生的主动性和相互作用。

(3) 有利于激发学生的学习兴趣、钻研精神和自学能力。

(4) 重点传授有关且必需的语言，具有省时高效的效果。

(5) 有助于学生在社会环境中使用目标语进行交际。

(6) 发展了“专用语言”“特殊用途英语”等教学。

2. 缺点

(1) 打乱了语法本身的系统，增加了学习语法的难度。

(2) 对习惯于其他教学方法的学生可能会感到语言学习困惑。

(3) 同一功能可用多种形式表达，如何选择和取舍，没有客观标准。

(4) 对学生的错误采取容忍的态度，如果把握不好，就会放任自流。

(5) 把文化和社会因素融汇到交际情景，造成课堂对话缺乏真实性。

七、任务型教学法

(一) 背景知识

任务型教学法（Task-Based Language Teaching，TBLT）是近 20 年来交际思想一种新的发展形态，在国际上具有影响力、主导性的一种外语教学方法。英籍印度语言学家 Prabhu（1983）提出“任务型教学”（Task-Based Approach），即任务型语言教学法。1979 年至 1984 年，Prabhu 在印度高科技区进行了一项强交际法的实验（Bangalore Project），提出了许多任务类型，把学习内容设计成各种交际任务，让学生通过完成任务进行语言学习。这项实验引起了语言教学界的关注。

任务型教学法是一种建立在建构主义理论基础上的语言教学。该方法以任务组织教学，在任务的履行过程中，以参与、体验、互动、交流、合作的学习方式，充分发挥学习者自身的认知能力，调动他们已有的目标语资源，在实践中感知、认识、应用目标语。该教学法具有交际性、任务性、意义性三个显著特点（Richards & Rodgers，2001）：侧重语言的内容含义更甚于语言的形式结构，课堂语言活动更接近自然的习得；执行任务或任务的结果离不开表达技能，即说和写的技能；任务完成的结果为学习者提供了自我评价的标准，并能使其产生成就感。其核心是在“学中做”（Learning by doing）和在“做中学”（Doing things with the language）。

任务型教学法体现了发现学习的特征，强调语言学习过程，坚信有效的语言学习不是传授性的（Instructional），而是经历性的（Experimental）。任务型教学不主张直接呈现或讲解语言形式、语法规则，而是提供任务，任务中包含的问题需要借助语言来解决。因为任务中相当一部分语言知识的加工是隐性的（Implicit），任务是“一种通过创造性运用语言、以解决某个现实交际问题为目标的交际活动，它既是语言任务也是交际任务”（蔡永强，2006）。挑战性是任务设计的基本要求之一，以此来吸引学习者的兴趣和注意力，从根本上避免机械学习，死记硬背。因此，Prabhu 把传统教学法（包括交际教学法）与任务教学法区别于“知识装备型”与“能力培养型”。

（二）理论基础

皮亚杰的认识发展论强调，学习的结果不只是知道对某种特定刺激做出某种特定反应，而是头脑中认知图式的重建。学习并非个体获得越来越多外部信息的过程，而是学到越来越多认识事物、解决问题的程序的过程，即形成了新的认知图式。布鲁纳扩展了皮亚杰的认知发展理论，把认知发展理论与课堂教学联系起来，倡导“发现学习”，让学习者在语言运用的过程中发现规则。“发现法”强调认知主体的积极参与，强调学习过程，学生在教学过程中是一个积极的探究者。

20 世纪 60 年代，在美国兴起的社会语言学认为，语言的社会交际功能是语言的最本质功能。社会语言学把关注目光投向语言的社会功能，认为语言是社会符号，试图从社会角度解释语言与意义。海姆斯（Hymes）提出了语言能力和语言运用的概念：一个人的语言能力不仅仅指的是能否造出合乎语法的句子的能力。随着交际理论的产生，交际教学法迅速得到推广并取得了巨大的成功，成为指导语言教学与语言学习的一个重要思想原则。

语言学家乔姆斯基认为，语言是一整套句子，并且句法是独立的。系统功能语言学认为，人们通过语言建立和维系社会关系，语言的使用不可避免地反映出使用者特殊的文化背景、其所扮演的社会角色和语言使用当时当地的语言环境。对语义的理解不能脱离使用语言的人与语境。培养学习者的语言意识（主要包括文化意识、语境意识）是语言教学的重要内容。任务型教学特别强调语言意义的第一性，这是语言的社会属性所决定的。这就要求引进真实的语言材料和借助任务来创设接近自然的语言习得环境，体现了系统功能语言学对语境、语篇理论的关注，其目的在于使学习者体验，进而掌握语言的动态使用。

建构主义学习观提出，知识不是简单地通过教师传授而得到，而是每个学生在一定的情境中，借助教师和同学的帮助，利用必要的学习资料，通过人际间的协作活动，依据已有的知识和经验主动地建构的。Krashen 区分出了学习（Learning）和习得（Acquisition）。他强调，掌握语言大多数是在交际活动中使用语言的结果，而不是单纯训练语言技能和学习语言知识的结果。他认为，学生掌握语言必须通过“可理解性的输入”（Comprehensive Input）。

（三）教学目标

任务型教学法反映了外语教学目标与功能的转变，体现了外语教学从关注语言规则、语法结构转向有意义的语言建构，强调以学生为中心，认为学生是知识的主体，是知识意义的主动建构者。教学的根本目标是完成诸项语言任务，强调语言学习是一个从意义到形式、从功能到表达的过程，鼓励学习者创造性地运用语言进行交际。学生在完成语言任务的过程中，表达的流畅性重于表达的准确性。

（四）主要特征

语言学家 Ellis（2003）认为，作为交际法的一种发展形态，任务型教学法本质上仍旧属于交际法的范畴。其具有以下几个鲜明的特征。

（1）任务是一种现实性的交际活动。

任务型课堂教学可分为任务前、任务中和任务后阶段三个基本过程。在任务前阶段，教师根据教学目标给学生定一个现实性的语言交际任务。在任务中阶段，教师指导学生分组讨论、互相交流，抽取个别学生发表讨论的意见，其他同学补充等。在任务后阶段，教师让学生选择一个和本课教学任务有关的话题进行讨论。

（2）互动是任务型教学的基本形式。

教学过程中的任务可分为三种不同的类型，即信息差任务（Information-gap Tasks）、观点差任务（Opinion-gap Tasks）和推理差任务（Reasoning-gap Tasks）。学生基于任务通过互相交流信息进一步完善自己的表达。学生完成每一项子任务就是一个语言交际性互动的过程。互动性的交流可以引导学生完善自己的语言表达。

（3）创造性地使用目标语表达思想。

同一个思想可以用不同的语言形式表达出来。在任务型课堂教学中，教师应该鼓励学生灵活地使用目标语的不同形式表达思想，大力提倡表达的流畅性，而语言的准确性与得体性为其次。表达只在于能够达到双方思想交流的目的，这种是学习者创造性使用目标语的基本前提。

（4）重点关注学生的学习过程本身。

语言学习是一个从意义到形式、从功能到表达的过程。任务型教学注重学习者学习过程本身，引导学生综合运用显性语言知识和隐性语言知识，在个人已有经验的基础上自由表达思想、进行意义协商。语言教学的核心不再是学习者语言规则的掌握，而是学习者学会如何表达思想的过程。任务型教学本质上是一种过程性教学，是教学法发展过程中的一个里程碑。

（五）教学流程

英国语言学家 Willis（1996）提出任务型课堂教学前任务（Pre-task）、任务环（Task-cycle）和语言点（Language Focus）三个步骤。

（1）前任务环节（Pre-task）。

课堂导入（Leading-in）是教师引入新课前的铺垫程序，强调为任务设计增设有趣性、情感性，注重学生的情感活动。这个阶段包含呈现和学习完成任务所需的语言知识，以及介绍任务的要求和实施任务的步骤。

（2）任务循环流程（Task-cycle）。

这个环节包括学生执行任务（Task）、各组学生准备向全班报告完成任务的计划（Planning）和学生报告任务（Reporting）。本阶段以“任务”为主题，设计数个微型

“任务链”（Task-chain），所有任务构成一个个环展开。“任务环”突出语言运用“意义至上”，强调语言的流畅性。

（3）语言聚焦（Language Focus）。

这个阶段包括学生及其他小组执行任务的情况分析（Analysis），学生在教师指导下进行语言难点操练（Practice）。本阶段的重点是学生展示任务结果，教师把注意力引到语言材料上（Focus on language）。同时，教师要求学生根据课堂内容完成相关项目（Project），并对学生的语言学习进行学生自评、小组互评、教师总评等多元化评价。

（六）教学技巧

任务型教学法以学生学习为中心，其关键在于教师对任务的设计。学生在参与教师设计的任务活动中认识语言，运用语言，发现问题，找出规律，归纳知识和感受成功。

（1）任务的目标（Goals）。

通过让学生完成某一项任务而希望达到的目的内容。任务的目标可以是培养学生说英语的自信心，解决某项交际问题，也可以是训练某一项基本技能等。

（2）构成任务内容的输入材料（Input）。

输入材料须具有知识性，应以现实生活中的交际为目的，是学生在一种自然、真实或模拟真实的情景中体会语言，从而学习语言，而不只是局限于教材。

（3）基于这些材料而设计的各项活动（Activities）。

任务的设计由简到繁，由易到难，前后相连，层层深入，并由数个微任务（Mini-task）构成一串“任务链”。在语言技能方面，遵循先输入后输出原则，使教学阶梯式层层推进。

（七）简要评述

1. 优点

（1）教学中需要学生完成多种多样的任务活动，有助于激发学生的学习兴趣。

（2）学生在完成任务中，将语言知识和语言技能相结合，有助于培养学生综合的语言运用能力。

（3）促进学生积极参与语言交流活动，启发想象力和创造性思维，有利于发挥学生的主体性作用。

（4）教学中有大量的小组或双人活动，学生都有自己的任务要完成，能更好地面向全体进行教学。

（5）在活动中学习知识，培养人际交往、思考、决策和应变能力，有利于学生的全面发展。

（6）学生都有独立思考、积极参与的机会，易于保持学习的积极性，养成良好的学习习惯。

2. 缺点

(1) 在实际教学操作中，如果分组不当，可能会导致课堂效率较低。

(2) 任务的选择应进行需求分析，任务的等级评定可能出现任意性。

(3) 超越学生能力范围的任务活动在语言教学中都有可能受到排斥。

(4) 学生以同伴或小组形式完成任务，可能出现教学“以练代讲”。

八、后方法

(一) 背景知识

尽管外语教育研究者一直在努力探索更为有效的外语教学方法，无论是定性研究还是教学实践，都无法令人信服地证明某一种教学法必然优于另一种教学法。随着教学实践的推进和理论探索的不断深入，教学法的局限性日益凸显，因为外语教学是一个多学科支持、涉及诸多因素、错综复杂的动态系统工程。传统教学法思想把教师假设成知识的接受者和理论的执行者，教学法概念是基于一种假设或简单化外语教学，实践和实证研究表明并没有哪一种是最佳教学法。20 世纪 90 年代末，“后方法”(Post-method Pedagogy) 外语教学理论应运而生 (陈力，2009)。Prabhu (1990) 通过大量的实证研究认为不存在“最佳教学法”。一些看似全新的方法不过是原有方法的变形，用新的术语掩盖本质上的雷同 (Rivers，1991)。Allwright (1991) 在分析讨论导致各种教学法“相对无助”的六方面原因之后，得出“方法已经死亡”的结论。Stern (1992) 认为，以教学法为中心来组织外语教学、课程设置、教学大纲、教材编写、测试评价和师资培训的做法，过度简化了外语教学是一个涉及众多因素、错综复杂的动态系统工程。Richards (1998) 指出，决定外语教学质量的是教师而不是教学法。

从“教学法”转向“后方法”的标志为 *TESOL Quarterly* 杂志上的三篇论文 (Spolsky，1988；Pennycook，1989；Prabhu，1990)。Spolsky (1988) 提出：任何一种倾向于单一教学法的二语习得理论都是错误的。Pennycook (1989) 认为，单一的教学法概念损害而不是提高了人们对语言教学的理解，因为教学发生于复杂的社会、文化、经济和政治关系中。Prabhu (1990) 认为，外语教学研究的重点是寻求促进和推动不同教师独特的、“可行性感觉”的新途径，以结束对“方法”的幼稚盲从和寻求“最好方法”的幻想。在此之前，Stern (1985) 就开始考虑外语教学涉及的诸多因素，以帮助教师发展他们自己的理论，使他们从教书匠发展为理论探索者，提出了“三维框架”(Three-dimensional Framework) 理论，成为“后方法”外语教学思想的先声。Allwright (1991) 提出实践探索框架 (Exploratory Practice Framework)。Kumaravadivelu (1994) 首次提出“后方法”的概念，随后提出以教师自主为核心的三维系统 (Kumaravadivelu，2001) 和宏观策略框架 (Macro-strategic Framework) (Kumaravadivelu，2003)。他认为“后方法”应具备三大重要参数［特定性

(Particularity)、实践性(Practicality)和可行性(Possibility)],使得“后方法”思想更趋系统和完善。

“后方法”外语教学法主要有以下几种。美国心理学教授詹姆士·阿歇尔(James Asher)1966年提出全身反应法(Total Physical Response, TPR),倡导把语言和行为联系在一起,通过身体动作教授外语。美国心理学家、数学家加蒂格诺(Caleb Gattegno)于1972年提出的沉默法(The Silent Way),是一种要求外语教师在课堂上应该尽量沉默,而让学生尽量多开口的外语教学方法。保加利亚心理学家罗札诺夫(Lozanov)于1978年创立的暗示法(Suggestopedia),主张创造高度的动机,建立激发人的潜力,把各种无意识暗示因素组织起来,以便有效地完成学习任务,采用加速的方法进行外语教学。语言学家K. 古德曼(K. Goodman)1986年倡导整体语言教学(The Whole Language Approach),语言中的词、短语、句子和段落好比一样东西内部的原子和分子。美国哈佛大学加德纳(Gardner)教授于1993年提出“多元智能”理论(Multiple Intelligences, MI),其中语言智能(Linguistic Intelligence)指有效地运用口头语言及文字的能力。内容教学法(Content and Language Integrated Learning, CLIL)于1994年首先在欧洲被提出,特别强调语言和内容的“双焦点”教学模式(Marsh, 2002)。能力导向型语言教学(The Compentency-Based Language Teaching, CBLT)提倡制定知识、技能等多方位系列目标,主张建立社会语境和语言之间的关系(Docking, 1994)。

(二)理论基础

“后方法”教学法理论源自后现代教育思想中的人本主义。20世纪60年代的后现代主义最初体现在文学、艺术领域,后来逐渐渗透到各个领域。“事实上,我们已经浸润在‘后’(Post)的年代里:后国家(Post-national)、后工业化(Post-industrial)、后父权(Post-patriarchal)、后结构(Post-structural)。”(William E. Doll Jr, 1993)他认为,这些对“后”概念最好的概括就是“后现代”,并且认为“后现代”在开创一个新时代。后现代主义(Post Modernism)有两种不同的解释:一种是具有否定倾向,认为后现代主义专门毁灭现代性的精华;另一种则具有一定的建设性,反对现代主义所主张的主/客体的二分法,主张超越这种二分法,形成人与自然的一种合一与和谐。后现代主义思潮是社会进入信息时代,新技术时代所带来的结果(杨福,柳宏,2009)。

“后方法”教学法理论体现了杜威的教育思想。杜威的教育思想核心是:教育即生活,教育即生长,教育即经验的改造。杜威认为,学校的教育也是生活的一部分,要在跟上社会生活节拍的同时能够满足学生的需求;教育既要符合学生的心理发展,同时又要促进这种心理发展,而达到这个目的的途径就是教育要符合学生的心理发展水平,要满足学生兴趣的需要;一切真正的教育都来源于经验,经验决定着教学的各个方面,即经验的过程是一个运用科学思维方法解决问题的过程。杜威的教育观和后方法教学法的可能性一脉相承,强调社会环境在教育中的重要作用。后方法教学法的特殊性又体现了杜威的教育生长观（杨福，柳宏，2009）。

2001年，Kumaravadivelu将“后方法状态”作为一种教学方法正式提出，即后方法教学法（Post Method Pedagogy），并向外语教学界宣告一种新的教学思想的诞生。社会语言学、功能语言学和认知语言学的新成果对传统语言教学思想也形成新的挑战，尤其是近20年来二语习得领域中社会派对曾长期处于统治地位的认知派提出的挑战，为探索外语教学的规律提供了新视角（陈力，2009）。“后方法”教学法赋予外语学习者将自己的生活背景、社会文化背景等带到课堂教学中来的权力。教师在教学过程中将学习者的社会需求和语言需求结合起来，从而使其成为教学法的一部分。

（三）教学目标

“后方法”语言教学目的是强调学生运用句子所要表达的“意义”而非“结构”，总体教学目标是通过祈使句搭配肢体动作的练习来培养初级口语表达能力。理解是达到目的的方法之一，最终的目标是教授基本口语技能。“后方法”提出了“学习者自主”“教师赋权”等核心理念，鼓励教师将课堂教学实践理论化，将教学理论知识实践化。

（四）主要特征

1.“后方法”教学法是一种思想和理念

“后方法”教学法不是固定的一套教学方法及具体的教学程序要求，而是一种宏观的指导思想和理念，是对方法局限性的理解和超越，高于某种或单一的教学法，是对一种教学法的选择。

2.“后方法”教学法是动态的探索过程

教学的过程无论是在时间，还是在内容上都不是静止不动的，而是一个动态的交际过程。教学互动过程中产生的临时性、生成性方法，不可能是一个固定的方法，具有动态性。

3.“后方法”教学法改变了教师的角色

教师是教学方法的实践者、研究者和发现者，通过反思教学活动和行动研究诊断学生的需求，用成功的技巧对待学生，并且能够评价教学效果（Bell，2003），有助于教师自我提升和完善。

4.“后方法”教学法与社会力量相关联

“后方法”教学法理论的特殊性和实践性与学习群体社会背景紧密相关。学习群体具体的社会背景折射出特殊性，影响着实践性，对于外语教与学效果的影响要远远大于教学法本身的影响。

5. 教学流程

“后方法”外语教学虽然没有固定的模式和程序，但教师在教学过程中，应全面分析学生实际情况、教学环境、教学资源等要素，不断调整教学策略，形成切合实际的教学方法。

（1）教师在教学过程中采用协商性、启发式教学，使学生获得最大化的学习机会，增强有意义的学习，以提升学生的语言学习和交流能力。

（2）教师设置一定的情境，增强学生的语言意识，通过激活学生原有的语言知识、文化图式及情景语言的输入，提高其听说读写综合技能。

（3）教师设置社会文化背景、交际环境，根据教学目标和学生实际情况进行教学创新，提升学生的文化意识，促进语言教学与社会需求的融合。

（六）教学技巧

外语教学“后方法”不是传统意义上的教学法流派，而是一种灵活、动态、开放的外语教学思想，强调充分考虑外语教学的各种复杂性，强调语境对教学的重要性，尤其强调社会、政治、教育制度等因素对外语教学的重要影响。它是一种基于语境的（Context-based）教学主张和一系列宏观策略，旨在帮助外语教师对各种教学法的选择，以及教学经验理论化等新主张（Kumaravadivelu，2003）。它不直接给外语教师提供任何现成的答案，而是鼓励教师建构自己的教学理论，推动基于对当地的语言、社会文化和政治特征正确理解之上的“语境语言教学”（Context-sensitive Language Education）（郑玉琪，陈美华，2007），是一种通过“学—思—做”有效的外语教学方法。

（七）简要评述

“后方法”外语教学是一种三位一体的教学。“后方法”的具体性寻求实施基于具体的语言、社会文化和政治现实之上的、适合具体环境的教学；实践性则寻求通过鼓励教师从实践中创造理论和在实践中实施理论的方法，以打破传统固定的教师权威角色；社会性则寻求在课堂之外开发利用带入课堂的社会政治意识，使其不断推动身份形成和社会变化（刘旭东，2008）。总体而言，“后方法”外语教学是“以学习者为中心”的教学模式，教师角色从“控制者”“知识传授者”转向“促进者”“合作者”。

“后方法”外语教学也是一种教学研究方法。其目的和作用是帮助师范生确立探索外语教学的理念和掌握探索外语教学的研究方法。外语教学、学习不只是技能的获得，也是个人综合文化素养的提高、思想视野的开阔和思维方式的变革。教学目的、教学对象随社会的发展在不断变化，外语教学是一个永无止境的探索研究过程（胡亦杰，2006）。

第四节 国内主要教学法流派

一、英语五步教学法

五步教学法是美国著名教育家杜威在德国著名教育家赫尔巴特（Herbart）“四步教学法”基础上演变而来的（谭琳，2008）。四步教学法的“四步”为明了、联合、系统、方法。杜威指出，该方法“以教师为中心，忽视学生主体地位”。他提出了思维的五个阶段，最后发展成为“五步教学法”，即情境、问题、假设、推论、验证。五步教学法是以认知策略、社会/情感策略、元认知策略及图式理论作为基础的教学方法，教学过程遵循一定的步骤性和阶段性（李聪，2020）。

不同的学者对英语五步教学法有不同的表述。有学者提出中学英语五步教学法，即热身（Warm-up）、呈现（Presentation）、操练（Drill）、练习（Practice）、巩固（Consolidation），由浅入深，层层推进，最终达到学生习得知识并能灵活运用的目的（蒋超，2016）。也有教师将五步教学法的五个步骤概括为“导（Introduce）—学（Learn）—问（Ask）—评（Evaluate）—练（Practice）”五个环节（陈青，2018）。我国多数教师在课堂教学中采用的英语五步教学法为“复习（Revision）、介绍（Presentation）、操练（Drill）、练习（Practice）、巩固（Consolidation）”，各个步骤中的作用如表3—1。

表3—1 英语五步教学法的步骤及教师角色

教学步骤（Steps）	教师的作用（Teacher's role/job）
复习（Revision）	强化记忆者（Memory activator）
介绍（Presentation）	示范表演者（Demonstrator）
操练（Drill）	组织者/指挥者（Organizer/Conductor）
练习（Practice）	裁判员/监督者/监听者（Referee/Supervisor/Listener）
巩固（Consolidation）	帮手（后来是记分员）（Helper，and later on，marker）

◆英语五步教学法的教学设计

（1）功能目标：教材梳理、教材重组，依据课标挖掘教材的教育教学功能。

（2）学情分析：单元入手，课练拉通，以学定教。

（3）教学目标：以“目标语言（Target Language）、能力目标（Language Skills）、学能目标（Self-learning Ability）”为主体内容的三维目标。

（4）教学艺术：坚持每节课“一个教学重点、一项能力训练、一个学法指导、一条教学主线”四位一体。

（5）教学评价：突出语言积累、训练有素、素质养成。

◆英语五步教学法的教学方式

（1）复习：包括单元、阶段、课后、测试的复习，也包括期中、期末及课前、课中和结课的复习。

（2）介绍：介绍新的语言项目时，应先为学生梳理新语言项目的框架结构和重难点，可采用音频视频、图形图像等生动形象的方法。

（3）操练：可采用分行操练（Row practice）、同伴合作（Pair work）、小组活动（Group work），也可采用从后往前的连锁操练（Back chain drill）形式。

（4）练习：给予学生足够的时间“做中学”（Learning by doing），可采用操作性练习（Controlled-practice）、指导性练习（Guided-practice）和开放性练习（Uncontrolled practice）。

（5）巩固：包括整理复习单元语言知识要点，完成书本及配套练习，布置课后作业。

五步教学法的核心内容可概括为“语言积累、能力立意、自主学习”（李剑桦，2011），凸显以学生为中心的教学理念和“精讲多练”启发式教学，充分调动学生的学习积极性，使学生既获得英语基础知识，又培养了运用英语的交际能力。该方法广泛应用于英语知识和技能教学中。

二、外语立体化教学法

外语立体化教学法是由西南大学（原西南师范大学）张正东、杜培俸于1985年在其研究成果《外语立体化教学法的原理与模式》中提出的。该成果立足中国国情研究外语教学法，在国内外都属首创。张正东先生将立体化教学法总原则概括为24个字：自学为主、听读先行、精泛倒置、知集技循、整体多变、用中渐准。这一教学法属于一级教学法（即教学思想），教师可根据教学环境、教学主体、教学客体等具体特点，选用二级教学法（教学方法、教学模式），以及采用三级教学法（教学技巧、具体方法），力求扬长避短，取得优化的实效。

◆具体教学原则和方法（张正东，杜培俸，1999）

自学为主：培养学生的自学能力和愿学动机。前者指拼读能力和语法知识，而后者则依靠教育作用。

听读先行：先听后读，在听读基础上写说或说写；读包括朗读、默读、理解式学习。

精泛倒置：精读材料少而熟，粗读多起巩固作用，泛读多多益善，熟读课文为集中讲授知识做准备。

知集技循：语言知识集中教授，力求化繁为简；言语技能螺旋循环，在新的语境中熟练加深。

整体多变：着眼于整体的语言材料，用整体系统法处理；材料多变化，保持一定的新鲜信息。

用中渐准：先学概要，渐次充实；由粗到细，在使用中逐渐准确、全面。

立体化教学法认为，外语是学会的，习得只起次要作用。外语教学涉及的不仅是学生、目标语、环境、母语和目标语所属的文化，还受国家经济发展的影响。教师的作用是如何维系学生、目标语和环境间的平衡。基础教育是为学生的将来打好基础，所以外语教学不应该过分采取实用主义的态度。

立体化教学法强调学生要对自己的学习负责。听说领先，泛读多于精读，课堂时间多用来进行语言技能的培养，而语言知识只需要简明扼要地讲解。语言实践应该在情境中进行。教师采用一种自上而下的方法处理语言材料，以便学生从宏观的理解逐渐过渡到更详细的局部理解。通过循序渐进的实践来加强学生的语言知识和培养他们使用语言进行交际的能力。

立体化教学法采取的是一种从中国实际出发的综合的外语教学观。正如张正东先生所言，外语立体化教学法源于李庭芗先生（李庭芗，1983）的五个原则，反映了他的辩证唯物主义的外语教学观：要把外语作为交际来教、来学、来用；要兼顾四种技能，但要有阶段侧重；句子是语言教学的基本单位；要限制母语在外语课堂上的使用，但若有助于外语学习，也可适当使用；学生是课堂的中心。

张正东的外语立体化教学法被视为“后方法”外语教学思想在中国外语教学的具体体现。外语立体化教学法涵盖了基础教育英语教学模式在课程目标（课前）、教学内容（课中）、教学方法（课中）、教学评价（课后）中系统化、立体化的教学方式，使传统的二维、三维教学与学生的学习有机结合，全方位训练学生的语言技能，提升学生的语言学习兴趣。

三、英语三位一体教学法

20 世纪 80 年代初，马承创立了“字母、音素、音标”三位一体教学法与“词汇、语法、阅读”三位一体教学法。1982 年，马承正式提出“字母、音素、音标”三位一体教学法（Three-in-One Teaching Approach），后来在此基础上形成“词汇、语法、阅读”三位一体教学法。20 世纪 90 年代，该教学法进入成熟期，其特点是将教法、学法、教材融为一体，把教材作为教学法的载体。

“字母、音素、音标”三位一体教学法，也称小三位一体教学法。第一“位”是字母名称音教学，第二“位”是音素教学，第三“位”是音标教学。“字母、音素、音标”三位一体教学法简化了音标的教学过程，注重字母、音素、音标之间的内在联系和三者之间的交叉关系，把讲授 26 个字母名称音作为学习音素的基础，把掌握音素作为学习音标的前提。

该教学法的基本理念是“初学者不可能通过自然习得的方式学会英语”，具有一定的科学性。正如心理学家奥苏贝尔所言，“在学习第二种语言时，竭力设法避免学习者的本族语言的中介作用，这既是不现实的，也是无效的”。但是，运用迁移法进行英语教学时，必须要求学生的母语达到熟练的程度。

“词汇、语法、阅读”三位一体教学法，也称大三位一体教学法，包括以下操作原则：

一是词汇编码，提前记忆：学生记单词可以采用归纳记忆法、联想记忆法、合成与分解法等方法。

二是语法提前略讲与随进度精讲相结合：教师将复杂的语法现象归纳成表格化、公式化的记忆组块，将语法的基本概念与一定语境中的应用有机地结合起来。

三是阅读与词汇、语法教学同步进行：精读要“精”，泛读要“广”。不论是精读还是泛读都要强调同步阅读，即用学过的词汇、语法、句型进行阅读。同期阅读词汇量是逐步扩大的，是有过渡性的，让学生能逐渐会读和速读。

因此，每个单元（模块）的教学都可以构成“结构—会话—阅读”三位一体的学习模式。没有好的结构就没有好的交际，语言结构是准交际形式，会话才是真正的交际。对学生而言，交际包括校内的交际、社会生活的交际，而阅读是结构和交际内容的综合体现。

三位一体教学法“词汇集中记、语法集中学、阅读同步行”的原则，用系统论的整体性、有序性和动态平衡性研究教学内容的最佳组合，可加快学生学习英语的速度，调动学生学习英语的积极性，提高学生的自学能力和阅读能力，增强学生学习英语的自信心。

著名英语教学法专家胡春洞教授对（胡春洞，2001）“三位一体教学法”有过这样的评价和论述：“具有总体统筹、多元特色的‘三位一体’外语教学法在具体运用上非常注重减轻学生的心理压力和学习负担，通过教材设计和教学操作，力求使机械记忆与理解记忆有机结合，使模仿活动与创造活动有机结合，使行为形成与认知深化有机结合。”

四、英语“四位一体”教学法

英语“四位一体”教学法（The English “Four-in-one” Teaching Approach）是包天仁教授借鉴国外先进的教育理念和教学方法，吸收并继承我国很多教学思想和教学流派的精华，经过 20 多年潜心学习、研究、实践、总结而创立的一种教学理念（杨福，刘宁，2011）。

英语“四位一体”教学法的显著特点是以知识为基础（Knowledge-based），以学习为中心（Learning-centered），以质量为导向（Quality-oriented），以素养为目标（Facultyaimed)，以“循序渐进、阶段侧重、精讲精练、五技并举”为教学原则。

◆以中学英语复习课为例的教学原则

（1）循序渐进：要求中、高考复习前教师需按“复习金字塔”认真制订复习计划，合理安排时间，仔细规划各年级段、各册教材内容的先后顺序，由易到难，由浅入深，既要照顾“学困生”，又要培养尖子生。

（2）阶段侧重：把整个中、高考复习看作一个完整的教学过程，根据教学的目的、任务、要求分成四个阶段，每个阶段的目标各不相同、各有侧重。如每个复习单元的语音、词汇、语法、课本内容各有侧重点。

（3）精讲精练：“精讲”是教师在学生自学质疑的基础上，采用讨论、辩论、归纳、总结和竞争等生动活泼的教学方法，帮助学生自行掌握；“精练”重点练习好初中、高中课本的阶段训练复习单元。

（4）五技并举：要“听、说、读、写、译”全面发展，特别是翻译不能扔掉；翻译作为一种简便可行的学习和练习手段的作用应该加强；作为汉英对比的手段，翻译是一种掌握语用规则和用法的有效方法。

英语“四位一体”教学法基于“后方法”外语教学思想，是一种开放式的动态教学思想，它标志着中国外语教学法体系的创立与发展。包天仁教授的“四位一体”教学法是在实验、应用、总结、提升的过程中不断完善的，最大的特点是用“金字塔”结构进行标识，具有生动形象、易懂易做的特点。所谓“四位一体”即是知识、技能、能力和素养四个要素（图 3－1），构成英语教学阶段性目标的统一体。

英语“四位一体”教学方法，也叫“4P”（Preparation，Presentation，Practice，Production）教学法（图 3－2），是在借鉴国外“3P”的外语教学理论基础上，根据我国课堂教学学时有限的情况，发展并创新的英语课堂教学法。其教学流程如下。

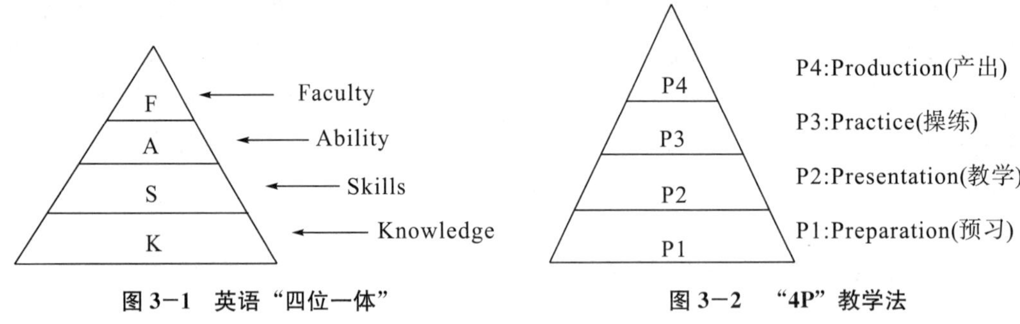

图 3－1　英语“四位一体”　　　　**图 3－2　“4P”教学法**

（1）第一个“P”（Preparation）。

这需要教师和学生都做准备。对学生来讲，是以软作业（Soft homework）的形式做好课前准备，即给学生一个主题或课题，让学生们观察、思考、归纳、总结。上课时，教师从检查学生的软作业开始，组织学生讨论、交流，起到热身的作用。

（2）第二个“P”（Presentation）。

这一过程，教师起主导作用，要充分体现以学生为中心（Learning-centered），但应有较多师生互动交流（Teacher-learner Interaction），落实输入型教学模式（Input-based Instruction），达成“put in，take in，input，intake”思维型课堂教学效果。这个阶段大约要占用课堂近三分之一的时间，目的是让学生们尽量多讲，多参与。

（3）第三个“P”（Practice）。

学生研讨完之后，应该有一个语言实践过程。这是对前一阶段的强化训练，方式包括听、说、读、写、译等。英语“4P”教学法强调语块（Chunks）在语言实践当中的重要性。这个阶段大概要占用课堂近一半的时间，以学生的自身实践为主。

（4）第四个“P”（Production）。

这是课堂教学最后一个环节。这个阶段的课堂占用时间不宜太多，大部分内容可以放到课后，这样就可以与下一个“4P”教学法的第一个“P”循环衔接。特别要克服无意义、表演作秀式的产出，这有违语言学习规律。

英语“4P”教学法是把英语作为外国语来教授的方法。它定位在英语外语教学上，是因为我国的英语教学是正规的课堂教学，它必须通过正规课程、课程标准、合格教师，有足够的课时、有教材、有测试。也因为我国母语是汉语，在我国进行英语教学没有英语语言环境，在这种情况下的英语教学是一种外语教学。

综上所述，我们的英语语言学习是“学得”，而不是“习得”。从这一点看，该教学法对英语学习目的的定位是工具型，是以知识为基础、以素养为最高目标的英语教学法，是符合我国外语教学国情、教情和学情的本土化的教学方法。该教学法对英语教育者、学习者和研究者有极大的帮助。

五、英语“十字教学法”

“十字教学法”（The Ten-Character Approach）是华东师范大学章兼中、太原师范学院赵平等学者于2002年提出的一种外语教学法。“十字教学法”中的十字最初是“情感、情景、结构、规则、功能”，后来发展为“情境、情意、结构、交际、策略”。这五个方面被认为是外语教学的关键。

情境直接影响语言的教与学，制约着语言使用的意义；情意，如果师生之间存在着一种友好和合作的关系，就会营造出一种有利于语言学习的环境；语言的结构、规则和功能在教学中都应受到重视，因为三者都是语言的重要组成部分；语言教学的关键和核心在于培养学生从交际能力到运用英语进行交际的能力，以及语言学习策略的选择和运用。这五个方面忽视其中的任何一项，教师呈现给学生的就不是语言的真正的、完整的面目，这样就会影响适当的、有效的语言应用。

“十字教学法”以语言论和学习论为支撑。从语言观看，“语言是作为社会重要交际工具的音义结合的符号系统”（郭谷兮，1987）。乔姆斯基（1957）指出：“语言是一组有限或无限的句子的集合，其中每一个句子的长度都有限，并且由一组有限的成分构成。”从学习观看，Peter Skehan（1998）认为，语言学习关键期（Critical Period）结束后，语言学习的性质发生了重大的变化，从以前依靠语言习得机制（Language Acquisition Device）的“自动参与”（Automatic Engagement）变成一种非自动的认知活动。因此，外语学习实际上就是一种非自动的信息处理认知活动过程，包括五个阶段：输入（Input）→注意（Attention）→分析（Analysis）→记忆（Memorization）→输出（Output）。

“十字教学法”的教学原则是：①读听领先，写说跟上，全面发展；②突出句法，科学识词，把握语篇；③课前自学，课中共学，课后用学。其具体内容如下。

（一）读听领先，写说跟上，全面发展

在没有英语环境的中国教学英语，读听是切入点，也是首要条件。“写说跟上”符合中国国情，易于学生克服心理障碍，能够有效促进语言知识的内化。“读、听、写、说、译”五项技能应同时发展，同频共振，学生的“四会”技能要通过各种途径去培养，翻译就是途径之一。

（二）突出句法，科学识词，把握语篇

句法是语言的核心，是人们理解和创造句子的机制；语言组织和用法的各个方面都围绕这个核心而结成一个整体。词汇不仅是外语学习顺利进行的关键，也是许多外语学习者的主要障碍。语篇教学应倡导整体教学和意义教学的观念。

（三）课前自学，课中共学，课后用学

“课前自学”作为一个教学环节，包括“提示—自学—汇报”三项基本活动。“课中（师生）共学”模式要求教师首先要放弃自我中心意识和知识权威意识，不应只是教学活动的组织者，更应成为教学活动的参与者、引导者和促进者。“课后用学”将成为英语学习成败的关键。

“十字教学法”是一种“透明”教学法。在没有英语环境的中国进行英语教学，该方法既是“教法”，又是“学法”，是传统“语法—翻译法”和新潮“情景—交际法”的折中产物，尤其是“写说跟上”能够在很大程度上让学生克服心理障碍。其教学模式符合中国国情、符合中国学生的英语学习规律，是一种“费时较少，收效较高”的英语教学法。

“十字教学法”强调语篇教学。语篇在外语教学中具有丰富的内涵，衔接是语篇的表层连接手段，而连贯则是语篇语义及信息结构的逻辑机制。语篇蕴含作者的意图性、读者的可接受性、文本的信息性、事件的情景性、行文的交互性等。“十字教学法”反对课文逐词（词汇）逐句（语法）“分裂式”“笔记式”讲授，提倡整体教学观和意义教学。

六、十六字外语教学法

上海张思中外语教学法研究所所长、特级教师张思中，针对我国外语教学水平、教

学方法普遍存在“费时多，收效慢”的问题，探索出以“适当集中，反复循环，阅读原著，因材施教”为主要内容的“十六字外语教学法”（The 16-word Foreign Language Teaching Method）。适当集中是关键，是强化教学；阅读原著是目的、手段；反复循环是保证；因材施教贯穿始终。

（一）适当集中

“适当集中”主要指集中思想、集中材料、集中时间、集中一切手段与方法，按时间顺序分为超前集中、随机集中、综合集中，按内容分为纵向集中（单项集中）、横向集中（多项集中）。

（1）超前集中：把教材中有规律的、重要的常见单词和语法在教课文之前集中起来先粗教一遍。

（2）随机集中：根据教学进度的要求、教材教学的需要，对单词和语法进行第二次教学。

（3）综合集中：综合集中一般是总结性、复习性、检查性地放在后期讲解。

（4）纵向集中（单项集中）：对所要集中的内容分门别类集中训练。或一项一项地集中复习，如听力训练、阅读训练、集中识词、时态教学、介词教学等。

（5）横向集中（多项集中）：把一项或多项内容综合训练复习巩固，通过对比弄清项目之间的关系。如单词与语法通过阅读进行复习巩固，时态与时态之间的综合训练、复习弄清各时态的异同等。

（二）反复循环

“反复循环”是识记、巩固所学知识必不可少的环节，能够起到温故而知新的作用。

（1）圆周式循环：把学过的知识反反复复地重现再认。开始密度大，随着巩固程度的加强而逐渐减少次数，使瞬间记忆转化为暂时记忆，暂时记忆转化为持久记忆。

（2）螺旋式循环：每循环一次或几次，就提高一层要求。以记忆单词为例，先只要求会读，继而知道词义，再要求会拼写，最后才要求会用。

（3）语法教学：先超前集中，只要粗懂就行；然后随机集中，要求全面掌握；再综合集中，要求会用，由粗到细到精。

（4）课文教学：先阅读，继而会背诵、会操练，再而会用、会复述、会改写等。

（三）阅读原著

“阅读原著”是培养学生理解力和运用英语技能的基本方法，是落实交际实践性的主要途径。

（1）阅读理解：培养语感，熟悉外国人的思维模式、文化习俗，提高信息处理和解决问题的能力。

（2）大量阅读：一方面粗读教科书，学生可以一两个课时通读整本教科书；另一方面筹备阅读原著。

（3）适量翻译：鼓励学生多看多译，也可以组织兴趣小组，为学生共同学习、互相切磋创造条件。

（四）因材施教

“因材施教”承认学生的差距，正视差距、发现差距，满足不同层次学生的要求，实行“弹性”目标。

（1）个体差异：为优生组织“课外小组”，“开小灶”，提供兴趣材料，发展其兴趣爱好；对学困生组织“辅导小组”，或组织优生帮助学困生尽快赶上集体。

（2）群体差异：如果班上出现一批人学得很好，一批人学得很差，同一课堂无法满足他们的要求时，就采取课堂分快慢组或快中慢组的复式教学来处理差距问题。

该教学法将教学的内涵从单纯的知识传授扩展为培养学生的能力和个性养成，教学中以能力为主线，以知识为载体，通过多种教学手段和途径，激活学生思维，引导学生探索，为学生提供充分实践的机会，有助于大面积提高学生的外语水平。

七、“二十四字”整体教学法

中央教科所外语教研中心原研究员刘振海，创立中学英语“二十四字”整体教学模式，即“超前集中，整体掌握，强化训练，习题精做，学一带四，课外阅读”。

在理论上，整体是“二十四字”的灵魂。该模式将语言、词汇、语法、句型、文段看作一个整体；主张将语言的整体与语言心理学融为一体，突出合作、自主学习、创新发展。将超前论、信息论、控制论、系统论作为骨架，将始学、新授、训练、应用、复习、课内外运用环环相扣。将以人为本、情感因素、科学评价融为一体。将话题、结构、功能和任务型教学相结合，构建适合中国国情的英语教学模式。“二十四字”整体教学法主要内容如下。

（一）超前集中

利用每学期开学初1～2周的时间，采用集中教学，粗学本学期的单词，并用一节课的时间向学生简单介绍本学期的主要语法结构。

（二）整体掌握

采用简笔画和词语提示法，把课文变成图文并茂的连环画，便于学生理解、复述、背诵，从而达到对课文的整体理解与整体把握。

（三）强化训练

引导学生与教师一起归纳课文出现的新词语，着重对所学要点进行口头训练。

（四）习题精做

针对本班的学情，对书上的练习进行精选、精练、精讲，并根据“强化训练”所发现的学生的缺漏，增加巩固性和补救性的练习，特别是听力训练。在此基础上，对课文进行整体再概括和必要的讨论与评析。

（五）学一带四

每学一篇课文，带上四篇同步阅读理解，在一节课内限时完成。一开始可学一带三、学一带四，学生阅读速度提高后，可学一带五、学一带六。

（六）课外阅读

学生主体在教师的指导下，进行定时、定量的课内外阅读活动。

该模式提出了“教材是剧本，教师是导演，学生是演员，课堂是舞台，让学生在轻松愉快中学好英语”的理念。在知能培养上，提出了“知识结构为主体，情境为主线、交际应用贯彻始终”的方法。在实践上，该模式对指导教学实践，优化课堂模式，提高教师素质，大面积提高外语教学质量具有积极作用。

八、杜郎口中学“10+35”模式

杜郎口中学从山东鲁西一所乡村中学发展成为全国有较大影响力的学校，得益于“杜郎口教学模式”的改革。改革首先从师生课堂时间做起，将“45+0”分钟改为“0+45”分钟，把课堂45分钟全部交给学生，教师完全成为课堂的配角。但是由于重重阻力，最终将“0+45”转化为“10+35”分钟。教师讲解不超过10分钟，学生的活动大于35分钟。学生在交流互动中形成个性化的学习方式，教师在有限的时间内完成“点拨”（李卯，2010）。这种课堂教学模式对于英语课堂时间分配来讲，比较符合英国语言学家Harmer（2000）的观点，教师讲解时间与学生交流时间的比例约为1∶3。杜郎口中学“把课堂还给学生”，体现为把时间还给学生，把空间还给学生，取消学生书面作业，做好预习笔记和纠错本。围绕落实学生主体地位，学校提出了“三三六”自主学习模式，即课堂自主学习三特点：立体式、大容量、快节奏；自主学习三模块：预习、展示、反馈；课堂展示六环节：预习交流、明确目标、分组合作、展示提升、穿插巩固、达标测评。主要内容如下。

（一）三个特点：立体式、大容量、快节奏

（1）立体式：目标任务三维立体式，任务落实到人、组，学生主体作用充分发挥，集体智慧充分展示。

（2）大容量：以教材为基础，拓展、演绎、提升，课堂活动多元，全体参与体验。

（3）快节奏：单位时间内，紧扣目标任务，周密安排，师生互动，生生互动，达到预期效果。

（二）三大模块：预习、展示、反馈

（1）预习：明确学习目标、生成本课题的重、难点并初步达成目标。
（2）展示：展示、交流预习模块的学习成果，进行知识的迁移运用并对感悟进行提炼提升。
（3）反馈：反思和总结，对预设的学习目标进行回归性的检测。

（三）六个环节：预习交流、明确目标、分组合作、展示提升、穿插巩固、达标测评

（1）预习交流：突出“弱势群体”，让学困生说、谈、演、写。
（2）明确目标：通过学生交流预习情况，明确本节课的学习目标。
（3）分组合作：教师口述将任务平均分配到小组，一般每组完成一项即可。
（4）展示提升：各小组根据组内讨论情况，对本组的学习任务进行讲解、分析。
（5）穿插巩固：各小组结合组别展示情况，对本组未能展现的学习任务进行巩固练习。
（6）达标测评：教师以试卷、纸条的形式检查学生对学习任务的掌握情况。

杜郎口中学的经验概括起来就是，“让学生动起来、让课堂活起来、让效果好起来”，而核心是一个“动”字，围绕“动”千方百计地彰显学生学习的“主权”。创新之处：动态的课堂、情感的课堂、成果的课堂，尤其体现在动态的课堂，即生生之间、师生之间、组组之间、优差之间，全方位、立体式互动。

九、洋思中学“六个环节”模式

“先学后教，当堂训练”源于江苏洋思中学，是以学生自主学习为中心的课堂教学模式。该教学模式旨在限制教师单向讲授时间，从教师注入式、“满堂灌”转向以学生为主体、教师为主导的启发式教学。该教学模式把课前学习、课堂学习和课后学习有机结合，让所有学生能做到“堂堂清、天天清、周周清”，使教学质量大面积提高。其六个基本环节内容如下。

（一）提示课堂教学目标（约 1 分钟）

操作：教师课前在小黑板、胶片上写好目标，课上公布给学生。
目的：让学生从总体上知道本节课的学习任务和要求。

（二）指导学生自学（约 2 分钟）

操作：教师课前设计问题链，课上通过投影给学生看。

目的：让学生知道自学什么、怎么学、用多长时间、应该达到什么要求、如何检测等。

（三）学生自学（教师巡视）（5～8 分钟）

操作：学生自学，教师了解学生自学情况，端正学生自学态度。

目的：使每个学生都能积极动脑，认真自学，挖掘每个学生的潜能。

（四）检查学生自学效果（5～8 分钟）

操作：让中差生尤其是学困生回答问题或表演。

目的：最大限度地暴露学生自学后存在的疑难问题。

（五）引导学生更正，指导学生运用（8～10 分钟）

操作：学生观察表演找错误，或比较自己的方法、结果是否与表演相同；学生自由更正，让他们各抒己见；引导学生讨论，说出错因及更正的道理；指导学生归纳，上升为理论，指导以后的运用。

目的：凡是学生能解决的，就让他们自己解决，真正找出那些需要教师引导、点拨的问题；通过讨论，教师点拨，学生进一步加强对所学知识的理解，最终形成运用所学知识分析问题和解决问题的能力。

（六）当堂训练（不少于 15 分钟）

操作：布置课堂作业，督促学生独立完成作业，批改部分已完成的学生作业。

目的：通过完成课堂作业，检测每位学生是否都当堂达到了学习目标。

“洋思模式”以学生自学为前提，课堂上尽可能让中等生、学困生参与讨论，教师相信学生自学的能力，教师的教法灵活多变，注重培养学生的学习习惯。“先学后教，当堂学习”既是洋思改革的制胜法宝，也是洋思模式的超越之路（吴蕾，2013）。事实上，这种模式对教师素养要求极高，“课堂教学的过程是学生在老师指导下自学的过程”是洋思中学每个教室都有的一条标语。

第四章　英语知识教学

第一节　语音教学

一、语音教学的要求

《义务教育英语课程标准（2022 年版）》对语音教学做出了明确要求。

三级：①了解语音在语言学习中的意义和在语境中的表意功能；②辨别口语表达中的意群，并在口语交流中按照意群表达；③根据重音、意群、语调与节奏等语音方面的变化，感知和理解说话人表达的意义、意图和态度；④借助重音、意群、语调、节奏等方面的变化，表达不同的意义、意图和态度；⑤根据读音规则和音标拼读单词；⑥查词典时，运用音标知识学习单词的发音。

五级：了解语音在语言学习中的意义，在日常生活会话中做到语音、语调基本正确，自然、流畅，根据语音和语调的变化，理解和表达不同的意图和态度，根据读音规则和音标拼读单词（教育部，2011）。

二、语音教学的原则

（一）朗读优先原则

朗读在母语和外语教学中占有重要的地位。朗读涉及语言能力的各个层面——语音语调、词汇、句法处理能力，句子及篇章的理解能力。朗读还可以用来测试外语学习者的语言能力。对于初中语音教学，教师应将音际关系（“省读”“连续”“失爆”和“同化”）和音韵规律（“重音”“节奏”“停顿”和“语调”）的讲解与练习作为重点。教师先朗读给学生听，或放课文录音，再要求学生模仿练习。如果课文内容是故事，可以组织学生做角色扮演，应特别强调语音、语调要适合各个角色。教师尤其应教学生如何划分意群、何时停顿、用适当的语调表达语境中的含义等。需要注意的是，学生常常在课堂上朗读，但多数时间他们的英语朗读更多的是机械的操练。

（二）大量输入原则

Krashen（1981）的“输入假设”认为，可理解的语言输入有助于习得，尤其是在语音习得方面具有积极的作用。让学生听英语歌曲、读英语故事或欣赏英语动画、电影，或与英语本族语人交流等，能够培养学生的英语语音意识。学生语音的发展受教师语音水平的影响，因为他们常常成为学生模仿的对象。因此，英语教师不仅自身应该具备良好的发音，还应经常性地听目标语国家的语音材料（如 BBC、VOA）。学生只有在良好的英语语音环境下，才能提高语音意识和掌握地道的语音。

（三）融入原则

Poedjosoedarmo（2007）认为，不应把语音作为课堂教学的主题，而应根据教学的内容将其渗透在以其他内容为主题的课堂教学中；不要孤立地讲解语音，应当结合单词和语法教学有选择并有针对性地进行语音教学，还可以将语音教学融入口语、听力和阅读教学当中。人教版高中英语教材、配套的听力材料与听力活动将语音的学习和听力、口语、阅读等活动结合起来（刘道义，2006）。因此，在课堂教学中，教师有很多机会可以将语音教学与其他教学活动相融合。

三、语音教学的方法

（一）归纳法与演绎法

语音教学可以采用归纳法和演绎法。归纳法：先讲解发音，然后在具体发音实例的基础上归纳词汇含有的相同因素，如 please，tea，teacher，clean，bean，dean，eat，meat，neat，peak，real，seat 等词。教师教了这些词的发音后，归纳出字母组合 ea 发［iː］的音，同时列出一些词含有字母 ea，但不发［iː］，而发［e］，如 weather，bread，head 等。演绎法则相反，即先讲解发音规则，然后列出含有相同因素的词汇。如教师先列出因素［iː］和［e］，教会学生正确拼读后，然后把含有相同因素的词汇呈现出来。

（二）运用字母教音标

教师可以充分运用英语字母促进学生的音标学习（图 4－1）。教师采用带有 26 个英文字母的音标表，反复地教读学生，让学生通过学习字母识记英语音标。学生学习一段时间掌握了字母和音标的读音以后，就能根据音标来记忆和拼读单词。

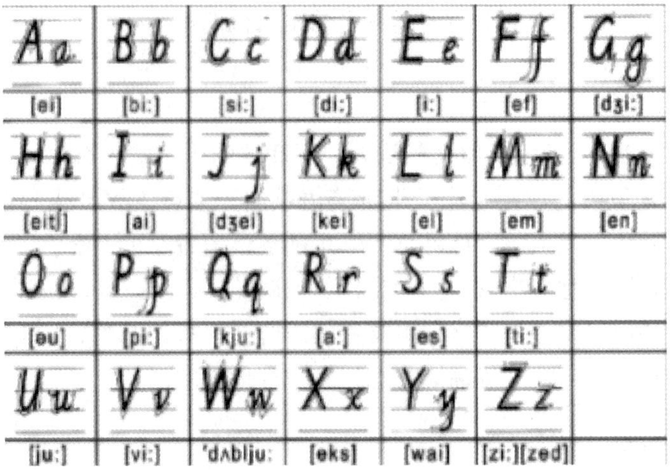

Aa	Bb	Cc	Dd	Ee	Ff	Gg
[ei]	[bi:]	[si:]	[di:]	[i:]	[ef]	[dʒi:]
Hh	Ii	Jj	Kk	Ll	Mm	Nn
[eitʃ]	[ai]	[dʒei]	[kei]	[el]	[em]	[en]
Oo	Pp	Qq	Rr	Ss	Tt	
[əu]	[pi:]	[kju:]	[a:]	[es]	[ti:]	
Uu	Vv	Ww	Xx	Yy	Zz	
[ju:]	[vi:]	'dʌblju:	[eks]	[wai]	[zi:][zed]	

图 4—1　字母读音表

（三）采用自然拼读法

自然拼读法称为“Phonics”，是一种英语初学者进行英语发音学习的方法，通过英语 26 个字母及各个字母组合的发音规则掌握拼读规律。学生通过掌握发音规律，促进英语语音学习和词汇学习。具体来说，学生通过对单词的各个部分进行分解以及逐个击破，再通过拼读进行整合从而得出整个单词的读音。以这种方式，低年级学生能学到规范的发音。学生通过了解各种拼读规则和拼读规律，提高自学能力。侯嘉慧（2013）认为，语音意识是指个体能够对于某一语言的语音单位，如音位、首音、尾韵（Onset and rime）以及音节（Syllable）等产生认知、觉识的现象，并能够适当加以辨识、处理、合并、分析的一种知识与能力。

（四）强化模仿与操练

根据模因论“同化阶段、记忆阶段、表达阶段和传输阶段”四个阶段循环反复，形成一个良性循环路径的原理，王宇红（2016）认为，“模仿语音实际上就是理解及记忆英语语音、语调的过程。学习者在模仿环节中，音素发音与语音知识得到不断的复制，久而久之，语音、语调模因便转化为他们原有认知信息的一部分”。教师在语音教学中要注意让学生模仿正确的发音，尽量提供地道的原声英语材料，如 VOA、BBC 等音频或视频，避免学生模仿不地道的语音、语调，久而久之形成石化现象。

（五）利用思维导图

思维导图作为一种可视化思维工具，能够构造清晰的知识网络，突破教学重点和难点。在语音教学中运用思维导图，能使语音教学系统化，可以帮助学生归纳整理碎片化的语音知识，找出字母组合及词汇的发音规律，从而提高学生的学习能力。利用思维导图帮助学生构建单词的音形联系，从而帮助学生搭建支架。教师或学生可依据字母、字母组合或词汇的发音进行联想并绘制思维导图，帮助学生灵活地运用发音规则巧妙记忆单词（朱娥，2019）。如含有“a _ e”的单词读音教学见如图 4－2。

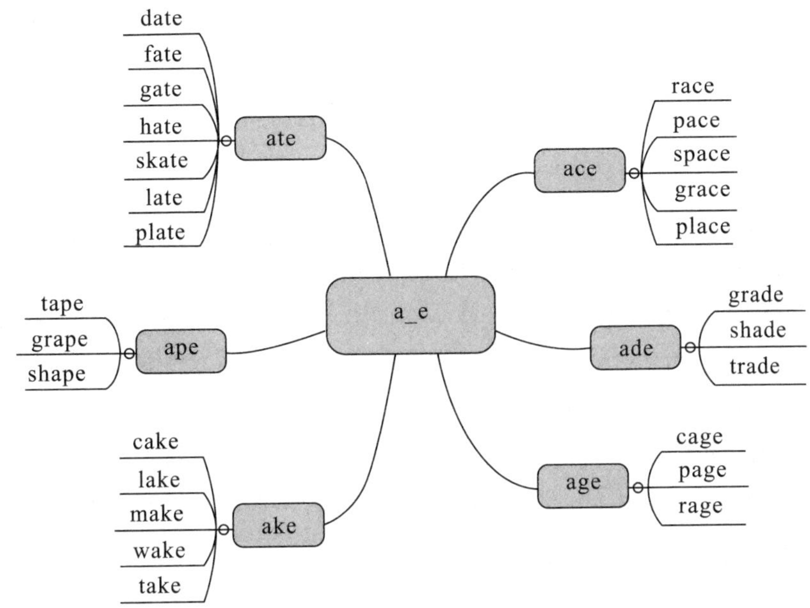

图 4－2 含有“a _ e”的单词读音教学

第二节 词汇教学

一、词汇教学的要求

英语课程标准（2022 年版）对词汇教学做了明确的规定。词汇指语言中所有单词和固定短语的总和。词汇中的任何词语都是通过一定的句法关系和语义关系与其他词语建立起联系的，并在语境中传递信息。词语学习不只是记忆单词的音、形、义，还包括了解一定的构词法知识，更重要的是在语篇中通过听、说、读、看、写等活动，理解和表达与各种主题相关的信息和观点。以下是对词汇知识三级的具体要求。

（1）了解英语词汇包括单词、短语、习惯用语和固定搭配等形式；

（2）理解和领悟词汇的基本含义，以及在特定语境和语篇中的意义、词性和功能；

（3）通过识别词根、词缀理解生词，辨识单词中的前缀、后缀及其意义；

（4）在特定语境中，根据不同主题，运用词汇给事物命名，描述事物、行为、过程和特征，说明概念，表达与主题相关的主要信息和观点；

（5）围绕相关主题学习并使用约 1600 个单词进行交流和表达，另外可以根据实际情况接触并学习相关主题范围内 100～300 个单词，以及一定数量的习惯用语或固定搭配。

二、词汇教学的原则

（一）音、形、意、用法的结合

词汇教学首先让学生了解词的音、形、意及用法，这是词汇教学的基础。学生要通过观察词的构成，拼读词汇，了解词的意义、词的搭配及如何使用来掌握词汇。教师在教学中尤其要关注词的形式及语法关系。如学习名词时，要了解其为物质名词还是抽象名词、单复数形式及用法。学习动词时，要了解其为及物动词还是非及物动词、第三人称单数形式 、非谓语动词形式，如不定式、动名词、现在分词等；英语时态体现在动词结构的变化上，如现在时、过去时、将来时、完成时等谓语动词形式的不同，关联的意义也随之发生变化。因为英语为印欧语系，是结构化语言，词的形式和意义联系紧密。

（二）字面意义和隐含意义相结合

词的字面意义（Denotative Meaning）指词的基本意义或中心意义。词的隐含意义（Connotative Meaning）或内涵意义指通过语境（文化语境）体现出来，常隐含于词的字面意义之外。词汇的文化伴随意义是不同民族文化特征在词汇语义中的显著体现。词汇教学要结合词的字面意义和隐含意义，需要与文化、历史结合，在语境中教授和学习词汇。词汇教学不是孤立的词汇记忆，应强调意义的理解和使用，尤其是在文化语境中理解和运用词汇。如“dog”这个词，字面意义是狗，用来看家护院、作为宠物或工作犬等，它的隐含意义则是忠诚。如“blue”这个词，字面意义是蓝色，而在西方文化里意为忧郁的、悲伤的。如 He had been feeling blue all week. There is no reason for me to feel so blue. 英语语言中的许多隐喻体现了词的文化意义。

（三）注重词的联系

关注词与词的联系，词的构成，词的同义、反义关系，上位词，词缀，词块等。对词汇进行归类，可以使词汇教学更加有效。如合成词的教学；以词根拓展相应的同义、反义、词缀等教学；词块的教学，聚合词如 look into，look at，look forward to，look down upon，look up，look for，take off，take care of，take over，take in，take on，take back 等，框架式短语如 have lunch，watch a movie，see a film，read a book 等；句子构造成分如 It is said that ...，It is important that ...，以及惯用表达形式如 What's the matter? How do you do? 等的教学。在高中英语教学中，学生运用词汇联想，以主题词汇为中心联想词块，可以加速记忆并运用，培养英语思维，提高英语能力，提高学生学习效率（郑倩，2020）。

三、词汇教学的方法

（一）直接与间接讲授

英语词汇教学可以采用给出英语定义（definitions），用英语解释英语，尤其是用简单易懂的语言解释难词或抽象的词汇。这可以让学生有更多的英语输入，学习更多的词汇；同时也养成查词典的习惯。值得注意的是，给词汇定义时，要减少机械式定义，应给出语境中的例子，让学生通过例句理解词的意思和用法，即运用下定义、解释、描述、翻译等方法对词或词组进行清晰、准确的讲解、解释或归类，以展示词与词的关系。这适合初中高年级和高中阶段的教学。需要直接讲授的词汇，一是关键词汇，这有助于学生理解课文；二是在课文中出现频率高的词汇；三是难词或抽象词汇。Biemiller（2003）认为，学生80%以上的词汇学习来源于直接解释，词汇教学有助于阅读理解。另外，学生词汇的发展还可以通过间接方式，如日常的口语表达以及广泛的阅读，增强学生的词汇意识，让学生在阅读中有意识地关注词汇。

（二）运用词块进行教学

提高英语词汇量的有效途径是“词不离句，句不离篇”。教师应围绕课文的核心词汇、关键词汇进行发散思维，如以词根拓展相应的同义、反义、词缀、词块。在词汇教学中，关注词与词的联系，词的构成、词的同义、反义关系、上位词、词缀、词块等，进行归类，可以使词汇教学更加有效。词块是一串整体储存在大脑中的词，可被以预制板块的形式提取和使用，其形式可以原封不动或稍做修改（夏春来，2012）。根据Nattinger和DeCarrico（1992）的词块结构和功能分类，聚合词如take place，look forward to，according to，by the way等，框架式短语如have lunch，watch a movie，see a film等，句子构造成分如It seems that ...，not only ... but also ...，以及惯用表达形式如What's up? How are you? 等。词块能够作为整体保存在记忆中，以词块形式储存的信息更易于在语言活动中提取和运用，能够提高学习者学习词汇的质量（王立非，张大凤，2006）。

（三）在语境中教授词汇

语境是学生词汇知识增长的主要来源。语境指上下文，词、短语、句子或篇章及前后关系。只有高度化的语境才能充分展示词语的语义、句法和搭配等深度知识（张文忠，吴旭东，2003）。事实上，当学生遇到不认识的词汇，不必时时依赖词典，而应独立地根据语境信息进行重构或推测词义。在词汇教学中，教师可以采用对话、戏剧、故事、歌曲、诗歌、角色扮演等，创设语言教学的情境，把词的理解与运用放在语境之中，帮助学生在特定的语境中理解词汇的意义和用法。学生可以在阅读、听力、表演、歌唱及朗诵过程中理解和学习词汇，要改变机械地背诵、记忆词汇，要在理解的基础上记忆词汇，在语境、语篇中运用词汇，才能有效地掌握和运用词汇。对于词汇刻意学习与附带习得，Hulstijn（1989）和 Schmidt（1994）认为，附带习得（Incidental Acquisition），即通过学习重复暴露在不同的语境中的词汇，不必刻意地去记忆，就可以逐步习得词汇。

（四）运用可视化进行教学

瑞士卢加诺大学 Eppler 和 Burkand（2004）提出了“知识可视化”（Knowledge Visulization）的概念。他指出，视觉传播与视觉认知是知识可视化的理论基础，推动了知识可视化新的研究领域。他认为，知识可视化是应用视觉表征手段促进群体知识的传播和创新，其实质是将人们的个体知识以图解手段表示出来，形成能够直接作用于人的感官的知识外在表现形式（魏昕，2018）。事实上，可视化是在科学计算可视化、数据可视化、信息可视化基础上发展起来的一个新兴研究领域。广义上，可视化指任何通过图像、表格或动画等视觉表征手段进行沟通的技术手段。国内较为流行的可视化工具主要有概念地图、思维导图、认知地图及语义网络（魏昕，2018）。

可视化在英语词汇教学中的运用有：图示法、动画法、手绘法和思维导图。教师在讲授一些抽象的形容词时，可以借助一些直观、生动、形象的图片（图 4－3、图 4－4）进行造句、对话练习，增强学生的可理解性输入。

This is an old man.

How old is the man? What's the age of the old man?

Is your grandpa old? Yes, he is old now. He isn't young anymore.

old

图 4－3　形容词 old 的教学

The teacher is inviting the girl to take part in the party.

The girl said: “Thank you for inviting me.”

The girl is polite.

polite

图 4－4　形容词 polite 的教学

教师在讲授表示方位关系的介词、介词短语时，可以利用直观、形象的表位置关系的图示（图 4－5）进行造句练习。

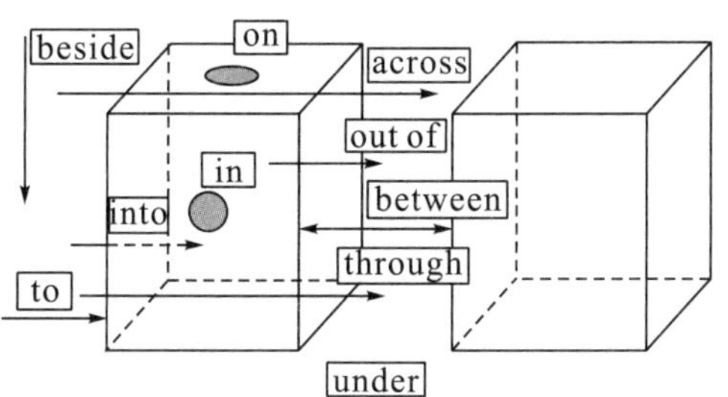

T：Where is the ball?

S：It is <u>in</u> the box.

图 4－5　表位置关系介词的教学

教师用图中表示不同方位关系的介词，让学生进行替换练习，以检验他们是否掌握了这些介词的意义和用法。

教师在讲授介词短语 in the middle of 时，可以用图 4－6 进行直观性教学。教师还可以将数词与“there be”句型相结合。

He is in the middle of the class.

How many students are there in the picture?

There are eight.

图 4－6　介词短语 **in the middle of** 的教学

教师通过简笔画进行 impossible、helpful 和 deep 三个词汇的教学（图 4－7），能够增强学生的识记和理解，激发他们对英语学习的兴趣并构建跨学科意识。

图 4－7　运用简笔画进行词汇教学

在词汇教学中，针对近义词、反义词等的辨析，教师可以运用 Word Lines 来表达词的意思图 4－8，增强感情色彩。

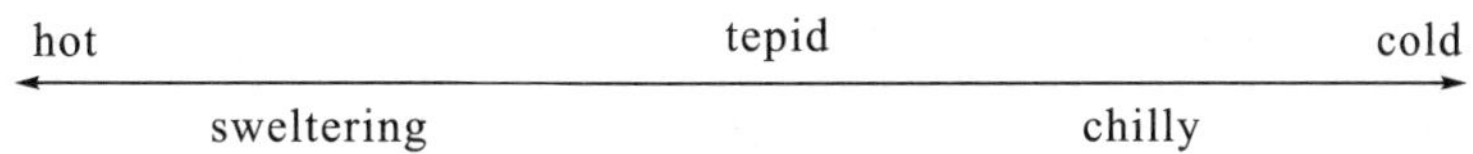

图 4－8　运用 **Word Lines** 进行词汇教学

教师在词汇教学中可以运用思维导图进行直观教学，有助于激发学生的发散思维，如图 4—9 是词汇 Musical Instruments 的教学。

图 4—9　运用思维导图进行词汇教学

第三节　语法教学

一、语法教学的要求

英语课程标准（2022 年版）对语法教学提出了明确的要求，分为一、二、三级，其中三级要求如下。

（1）初步意识到语言使用中的语法知识是“形式—意义—使用”的统一体，明确学习语法的目的是在语境中运用语法知识理解和表达意义；

（2）了解句子的结构特征，如句子的种类、成分、语序及主谓一致；

（3）在口语和书面语篇中理解、体会所学语法的形式和表意功能；

（4）在语境中运用所学语法知识进行描述、叙述和说明等。

二、语法教学的原则

（一）显性教学与隐性教学结合

显性语法教学（Explicit Grammar Teaching），即有目的、有意识地教授语法结构、规则及用法，用的具体教学方法为演绎法和语法翻译法。教师通过呈现、讲解语法结构、规则及用法，让学生熟悉和理解语法的形式及用法。这种方法是从规则到例子，学生先熟悉语法规则，根据规则演绎例子。学生通过比较、翻译等练习掌握语法规则，主要目的是达到语法的准确性。隐性语法教学（Implicit Grammar Teaching），即教师不直接讲授语法规则，而是给出含有语法结构的典型的例子或情景，引导学生发现其中共有的规则。这种方法是从例子到规则，学生通过感性认识，分析归纳语法结构和规则。这个过程中学生处于积极思考和探索的状态。

在英语教学中，根据学生的年龄、认知特点和英语语言水平，有针对性地使用两种方法，可提高学生学习语法的兴趣和效率。显性语言知识通过正式训练可转化为隐性语言知识，同样，学习者也可以从隐性语言知识中推导出显性语言知识（Bialystok，1978）。显性语法教学强调对语法规则进行有目的的学习，隐性语法教学强调学生必须置身于有意义的、可理解的语言环境中去自然地习得（罗明礼，刘丽平，2010）。简言之，显性语法教学的关注点是语言形式，教师往往采用演绎法。隐性语法教学则强调学生在有意义的、可理解的语言环境中尽可能自然地习得目标语语法，教师通常采用归纳法。

（二）形式、意义与用法结合

英语语法教学不再只关注语言的规则和结构，而是要同时关注语言的形式、意义和用法。Larsen-Freeman（2001）提出了“三维语法”的概念（图4—10），即语法教学有三个维度：语言结构、语义和用法。形式是为了语言的准确性，意义是为了语言的流畅性，用法是为了实现语言的交际功能。语法教学应包括何时和为何使用语法结构（Larsen-Freeman，1995）。语言形式是语言的表层，语言学习不是为学语言而学语言，而是把语言作为交际的媒介，因此语法的学习更多的是要聚焦意义和用法。

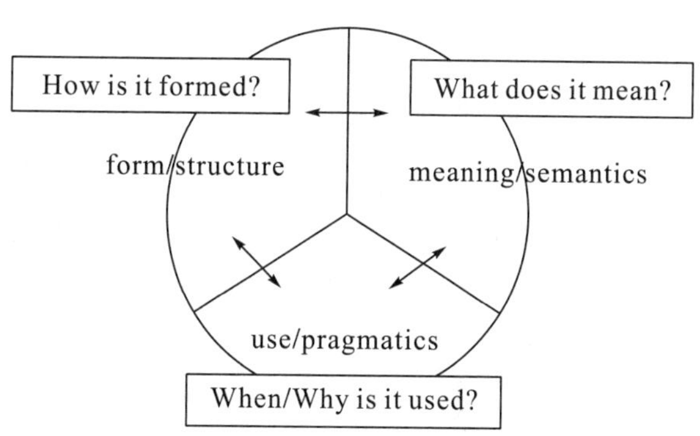

图4—10 Larsen-Freeman的三维语法

程晓堂（2013）指出，语法学习应该把语言形式及其意义和功能结合起来，把语言结构和语篇整体联系起来，把语言产生的语篇和情境语境联系起来，向学生阐述如何选择某种语言形式实现其特定的意义和功能。潘家琳（2019）认为，教师在备课时，可以对照“三维语法”理论分析教材的语法板块涉及了哪些维度，再结合学情分析、预测哪个维度会成为学生学习的难点，进而合理安排教学内容。高中英语课程语法知识内容标准规定，在语言使用中，语法知识是“形式—意义—运用”的统一体。学习语法的最终目的是在语境中有效地运用语法知识来理解和表达意义。

三、语法教学的方法

（一）语法翻译法

语法翻译法是迄今为止使用时间最久的一种传统方法，形成于 19 世纪末的欧洲。语法翻译法利用对比分析理论把母语与目标语的学习结合起来，学习者通过对比两种语言的异同，准确掌握语法结构，达到语言的准确性，为听说读写的学习和训练奠定良好的语法基础，提高学生的翻译能力。但是单一地采用语法翻译法教授语法，对培养学生的思维，激发学生的学习兴趣会起到消极作用。应合理利用语法翻译法，综合其他语法教学方法十分必要。传统语法翻译法的教学有助于学生弄清语法概念、厘清句法结构、厘清语法框架，有助于他们增强目标语的阅读能力和写作能力。

（二）演绎法

演绎法的英语是 Deductive，这是一种显性的语法教学法。这种方法是从规则到例子，教师先呈现语法结构或规则，学生再熟悉语法规则，接着在教师带领下，学生能根据规则演绎例子。这种方法像依葫芦画瓢，比较适合高年级学生，学生可通过母语与目标语的比较、通过对比分析，采用翻译等练习掌握语法规则，主要目的是达到语法的准确性。演绎法的教学程序一般采用 PPP 模式：教师呈现语法规则，根据规则给出例子，让学生进行机械训练，记忆语法规则，然后使用语法规则并掌握语法规则。

（三）归纳法

归纳法的英语是 Inductive，这是一种隐性的语法教学法。这种方法是从例子到规则，学生通过教师给出的例子或情景，在教师的带领下，通过分析例子的特点，找出共性的规则或结构，从对语言的感性认识上升到规律认识。这个过程中学生处于积极思考和探索的状态。这种方法可以调动学生的积极性，激发学生学习的兴趣，同时也训练了学生的归纳能力。归纳法的教学程序：教师创设语言情境或活动，学生积极观察和思考语言项目，试图找出语言的规律，学生找出规律后，聚焦语言形式进行练习，并结合实际进行有意义的语言运用训练。

（四）情境法

情景化语法教学包括在情景中呈现、训练、输出语言。教师在情景中教语法、在语境中教语法、在语篇中教语法的策略，采用“做中学”的教学原则，培养学生有效学习英语和运用英语的能力（刘丽平，2014）。情景化语法包括运用图片、绘画、视频等进行口头语法结构呈现和练习，以及基于对话、课文、戏剧等的口头语法、笔头语法呈现和练习。运用口语法，创设情境练习语法结构可以激发学生学习语法的兴趣，有效掌握语法。图片、绘画等可视化教学具有生动、形象的特点，结合句型教学，进行口头和书面的语法训练，可以激发学生学习语法的兴趣。

利用创设的情境进行 There be 句型的教学。先让学生运用所含的语法句型进行口头描述，然后写出来。教师也可让学生进行对话练习。练习完成后，教师可根据学生的完成情况进行评价和纠错，然后再进行强化训练，直到学生完全掌握句型的使用。

There are two persons and a dog in the picture. A man is cooking in the kitchen. A woman is drinking at the table. A dog is sitting on the ground. There are two pictures on the wall.

What can you see in the picture? How many people are there in the picture? What is the man doing? And what is the woman doing? Is the dog sitting or sleeping on the floor? Are there two pictures on the wall?

图 4－11　利用情境进行教学

教师可以利用简笔画进行时态（be＋ving）的教学。相关的陈述句和疑问句句型表达如图 4－12。

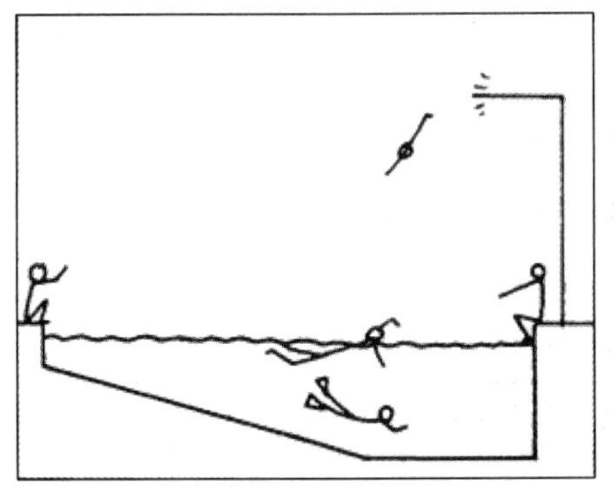

There is a swimming pool in the picture.

Some persons are swimming in the pool.

A boy is diving into the water.

How many people are there in the picture?

What are they doing?

图 4－12　利用简笔画进行教学

教师可以利用图片进行有关方位关系的语法训练，包括人和物的方位关系。其中“物”有刀、叉、匙、盘、杯、瓶等。相关的英语表达如图 4－13。

Six people are sitting at the table.

There are some plates，glasses，bottles of wine，forks and knives.

They are ready to have a big dinner.

图 4－13　物品方位表达

总之，教师要善于利用图片、绘画等可视化情境进行语法教学，可以吸引学生的注意，调动学生的学习兴趣，更重要的是为学生提供了可理解性输入，使学生易懂、易理解，提高语法学习的效果。

第四节　语篇教学

一、语篇教学的要求

英语课程标准（2022 年版）对语篇知识的描述：语篇是表达意义的语言单位，是人们运用语言的常见形式。在使用语言的过程中，人们需要运用语篇知识将语言组织为意义连贯的篇章。语篇知识是有关语篇如何构成、如何表达意义，以及人们如何使用语篇达到交际目的的知识。语篇中各要素之间存在复杂的关系，如句与句、段与段、标题与正文、文字与图表之间的关系。语篇知识在语言理解与表达过程中具有重要作用，有助于语言使用者理解听到、看到或读到的语篇，以及在口头和书面表达过程中根据交流的需要选择恰当的语篇类型、设计合理的语篇结构、规划语篇的组成部分、保持语篇的衔接和连贯。

语篇类型具体内容主要包括：日常对话、独白、记叙文、说明文、应用文、新闻报道、工具书、新媒体语篇，以及其他语篇类型、简单的说理类文章等。表 4－1 是普通高中英语课程语篇类型内容要求。

表 4－1　普通高中英语课程语篇类型内容要求

课程类别	语篇类型内容要求
必修	1. 对话、访谈； 2. 记叙文，如个人故事、人物介绍、短篇小说、童话、剧本等； 3. 说明文，如地点、事物、产品介绍等； 4. 应用文，如日记、私人信件、简历、宣传册、问卷等； 5. 新闻报道，如简讯、专题报道等； 6. 新媒体语篇，如一般网络信息、电子邮件、手机短信等； 7. 其他语篇类型，如目录或指南、表格与图示、日程表、告示牌、地图和图例、菜单和烹饪食谱、规则、操作指令、天气预报、歌曲和诗歌等。

续表

课程类别	语篇类型内容要求
选择性必修	1. 专题讨论、讲座、报告等； 2. 记叙文，如小说、科幻故事、幽默故事等； 3. 议论文，如论说文、评论等； 4. 说明文，如现象说明、事理阐释等； 5. 应用文，如正式书信等； 6. 新媒体语篇，如博客、知识类或科普类等网页； 7. 其他语篇类型，如散文、戏剧、寓言、影视、笑话、广告等。

二、语篇教学的原则

（一）真实性

真实的语篇材料是指使用本族语的人在现实生活中实际使用的、未曾“剪辑”或“编辑”的“原汁原味”的语言材料，如报纸、图表、时刻表、录音和录像片段、新闻报道和通知等。语言教材的“真实性”一直备受争议（俞红珍，2010）。真实的语篇材料具有真实的交际目的，它不仅提供了真实的语言输入和目标语文化信息，也能紧密联系学习者的需要，让学生真切地了解现实的社会生活，激发学生的语言学习兴趣。语言教学的真实性包括：语篇的真实性、学习者理解的真实性、任务的真实性、课堂情景的真实性（Breen，1985）。事实上，选择适合特定语境和学习者的真实性语篇并不容易，尤其是对基础教育阶段的英语学习者而言，教材中的语篇材料既要具有真实性，又要突出课程标准要求的语言特征，这是一个两难的选择。如果教师一味追求语篇材料的真实性，有可能使学习者失去语言学习的兴趣。如果教师过多地改写或简写语篇材料就会影响原文的内容和风格，从而使语篇材料失去“原味”。要使语篇教学材料丰富多样且复杂多变，那么“真实性”就成了一个相对的概念。教师不应囿于语篇材料的绝对真实，而应关注具体学习语境的相对真实；不应只是为了语法知识教学，而牺牲语篇的连贯性、逻辑性与一致性。因此，合适的语篇应保证语篇语句的地道性、内容的真实性、话题的时效性等。

（二）整体性

英语语篇整体教学强调的是语篇整体，其理论基础为“格式塔”心理学。教师在语言教学中应从一开始就把握整体教学，不要让语言知识碎片化。这就要求教师从微观层面把语篇作为最小的语言单位进行教学，从宏观层面把整个学段、学期甚至每个单元当作一个整体进行设计。语篇是由一系列连续性句子构成、形式上衔接、意义上连贯的语言整体。无论是对话还是故事或者其他文体的语篇，有一个明显的主题思想或意义中心，既有相对完整的语境和语意，也有相对完整的语用目的和语意功能。在教学中，教师应把语篇的材料作为一个整体处理。如针对故事教学，教师应根据故事情节，把短语、句型、语法知识渗透于整个教学过程中，做到“词不离句，句不离篇”，才能避免断章取义的现象，才能消除“见树不见林”的弊端。语篇整体教学突出整体性，即整体输入、整体输出。这就要求教师利用语篇材料，不论是口语材料、书面材料，还是听力理解材料或者阅读理解材料，将听、说、读、写四种技能穿插其中、交织进行，发展学生的听、说、读、写基本技能，形成与人交流的能力，从整体上把握语言内容，提高语言理解的深度和广度，形成和提高驾驭篇章的能力以及实际运用语言的能力。

（三）人文性

语言的人文性涵盖语言的文化性质、文化价值和文化功能，其中人文主要指人类社会的各种文化现象。英语教科书中的语篇材料除具有相关性、真实性、范例性和多样性，也具有人文性，这是因为外语教学兼有工具性和人文性，是国内外语教学界达成的共识。语言不仅是人们交际的工具，同时也承载着社会的文化价值和文化功能。外语教学的人文性实际上是人文教育，是一种运用语言开展有目的的活动（蔡基刚，2017）。英语教材作为课程的载体或表达形式，其语篇材料直接或间接地反映了社会的文化价值观，这就是所谓的“隐性课程”。就社会需求与教育发展而言，外语教材不再仅仅是狭义上与外语教学法的发展同步，而要越来越多地参与教育系统和社会的文化传播（Cunningsworth，1990）。基于社会生活真实的语篇材料处于一定的社会文化语境中，材料中人物的相互关系、行为模式及其目的、意图等必须能够让学习者理解和识别。因此，英语教材的选材既要关注语言和内容层面，如词汇、语法知识以及听说读写语言技能，还要关注材料所传递的社会文化价值观念，它以隐性的方式影响着学习者对待世界的认知和态度。因此，语篇材料“应始终宣扬和传授积极的、促使人奋发向上的精神，将人类优秀的文化、高尚的思想道德和情操，通过语言学习潜移默化地传授给学习者，促进学习者心智的健康发展”（庄智象，2006）。语篇教学的人文性旨在让学生更多地接触和了解异域文化，有助于深化学生的语言学习，增强语言运用的得体性。

三、语篇教学的方法

（一）运用 WWH 框架

WWH 模式是英语语篇“What＋Why＋How”最简化教学方案（图 4－14）。这种语篇教学模式有利于学生迅速抓住语篇文本的内容信息，掌握文本的知识内容和概括文本的主题思想。实际上，这既是一个学生对语篇的表层理解、深层理解和评价性理解的过程（梅德明，王蔷，2018），也是对语篇的文字、文学和文化三个层面的解读（张文华，柳伟，2010），而且这三个问题层层递进、逐层深入。因此，英语教师在指导学生研读语篇时，应具有整合性思维、框架性结构的意识。

以人教版义务教育英语九年级全一册 Unit 14 *I Remember Meeting all of You in Grade 7* 阅读课为例。What 是语篇的主题与内容：本文是一份毕业典礼上的演讲稿。主题语境属于人与自我范畴中“生活与学习”主题群。主要内容是教师回顾总结了学生初中三年的学习生活，充满了对学生的肯定和赞扬，饱含了对学生未来的祝福与鼓励。

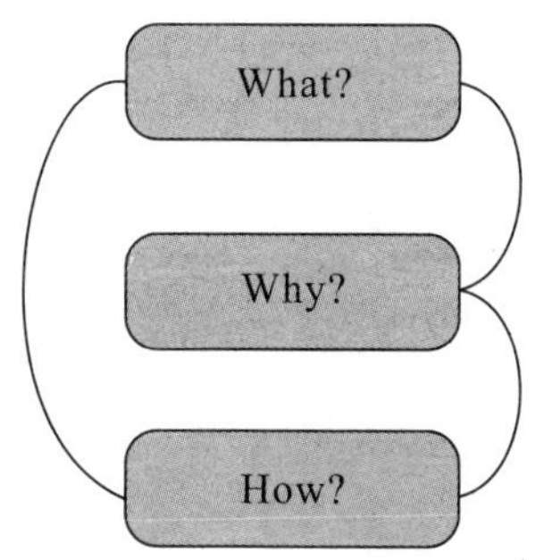

图 4－14　WWH 语篇教学模式

Why 是语篇的价值取向：文章从教师视角作毕业致辞，富有启迪的建议以及真挚动人的情感，对即将毕业的初中生，有很强的感染力。通过演讲稿的学习，学生不仅可以学习语言知识，还可以思考人生、规划未来，激发对未来生活的美好憧憬。

How 是语篇的组织与展开：该语篇是毕业典礼上的致辞，其明线按“见证过往、感恩当下、展望未来”的时间顺序展开，其暗线即“情感升华”，蕴含着发言者与学生共同成长中的骄傲、对学生未来殷切的期望以及学生情感上的成长（罗敏江，2020）。

教师在讲授人教版高中英语选修八 Unit 1 Reading *California* 时，可以采用 WWH 模式进行语篇解析。本单元主题是具有多元文化的美国，重点介绍了加州的多元文化特征，培养学生跨文化意识。课文是一篇说明文，介绍了加州历史上的几次移民潮，即加州多元文化形成的历史原因。教师应让学生抓住说明对象及其特征，准确把握说明点，抓住说明方法，捕捉情感与意图（梅德明，王蔷，2018）。

【What】描述了加州的概况，尤其是多元文化的特征和形成原因。文章按照时间顺序，介绍了历史上的几次移民潮，如美洲土著、西班牙人、俄罗斯人、淘金矿工、后来移民、最近移民和未来移民，每次移民潮里又包含了来自不同国家的移民。

【Why】描述了加州历史上的几次移民潮，说明了多元文化形成的原因，展示一部加州的人口、经济和社会的发展史，展示了其多元、开放、包容的文化，表达了作者对此的自豪和乐观态度。

【How】文章以时间顺序展开，主要使用一般过去时。第一段描述加州概况，其后分成七个部分，代表了几次重要的移民潮。文章使用了较多复合句、被动语态和非谓语动词，符合说明文的语言特点（徐初圳，2020）。

（二）运用思维导图

语篇教学既是提高学生阅读能力的有效方法，也是交际教学法和素质教学思想的体现。思维导图包括鱼骨图、逻辑图、组织架构图等，因其具有简洁实用、深入直观、可视化思维特点，能够简明扼要地反映总分、并列、递进和因果关系，可以激发学生的学习兴趣，增强学习效果。在中学英语教学中，教师运用思维导图分析英语语篇，可以很好地帮助学生理解文章、提高阅读技巧、培养阅读能力（马武林，陈钰，2008）。如外研版英语八年级（下）Module 9 Unit 2 *A Beautiful Smile* 的语篇阅读教学中，教师可以通过画鱼骨图（图 4－15），将语篇主线与副线、事实与观点等解读理解到位，提升学生的逻辑思维能力（罗敏江，2020）。

事实上，中学英语语篇类型较多地体现为记叙文，具有通用性的基本情节结构（Basic Plot Structure）（图 4－16）。学生可以根据这个结构有效地抓住文本的线索特征，理解文章的内容，把握文章的中心思想。如教师在讲授外研版英语七年级（下）Module 9 Unit 2 *The Life of William Shakespeare*（图 4－17）时，可以采用时间轴流程图帮助学生更好地理解和记忆课文。

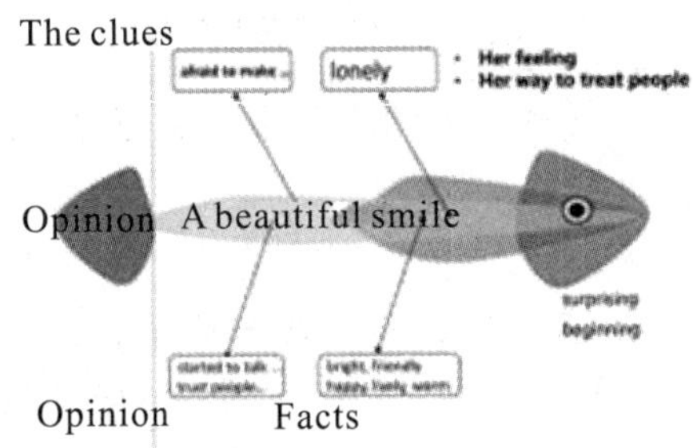

图 4－15　语篇鱼骨图

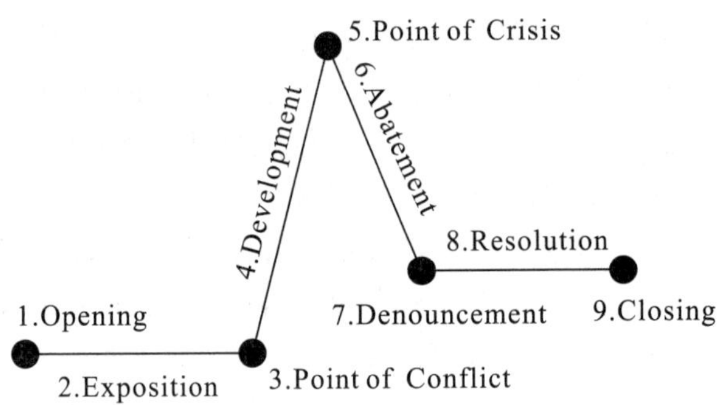

图 4－16　Basic Plot Structure

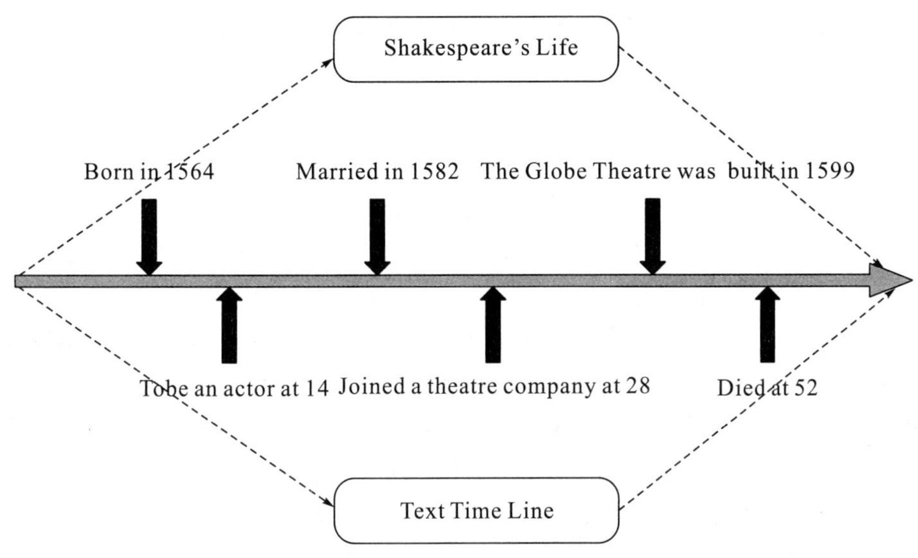

图 4－17　The Life of William Shakespeare

（三）进行文本重构

文本重构也称“文本再构”，是基于教材和学生特点而采用的富有创造性的文本处理方式（张博，贺计伟，2021）。它是教师结合教材内容和学生的学习实际，采取二度开发的形式对教材再次进行创新、整合和改编，以实现英语语篇因材施教的教学目标（孙晓丹，2020），有助于引导学生将教材中学到的知识与生活有机融合。王霞（2020）指出，“文本重构能够降低英语文章难度，激发学生兴趣，让他们在进行重构的过程中加深对文本和语篇的理解”。因此，教师利用“文本重构”的方法，通过整合英语语篇教学内容，能够增强英语教学的实效性。需要注意的是，教师要求学生进行文本重构时应基于教材内容，有目的地控制“重构”的难度和广度；应深入挖掘教材的精髓，确保文本语言的精练和准确。教师可以要求学生对文本的内容框架、词汇运用、语法结构、语言表达等进行局部重构，提高学生的语言综合运用能力。教师还可以让学生根据文本内容进行角色扮演、学生自学、小组汇报等，让学生在阅读、理解语篇内容的同时深挖语篇信息。

教师在讲授人教版高中英语必修一 Unit 5 *The Chinese Writing System：Connecting the Past and the Present* 时，首先明确文本的语篇类型为论说文，属于人与社会范畴中“历史、社会与文化”主题群。文本主要介绍了中国汉字体系源远流长的历史、流派分支、价值及对国际社会的影响等。教师基于主题背景和语篇特点，可以多用一些启发性问题打开学生的思路，如“Why are so many students crazy about Chinese calligraphy today?”“The art of Chinese calligraphy has already lasted hundreds of years，what makes it so popular among Chinese?”“What expressions can be used to highlight the position of Chinese calligraphy?”等。学生通过这些问题的探究，学习和

了解中国传统书法并感受中华文化的魅力，既是文本的价值取向，也是提升学生中国文化自信的过程。

（四）基于语篇强化语法

语篇是交流过程中的一系列连续的语段或句子构成的语言整体。程晓堂（2013）认为，应该将语法的教学扩大到语篇的层面，甚至把语言当作语篇来教学。在语篇输入阶段，教师应引导学生关注目标语法形式，并结合语篇感知语法的意义和功能。教师应为学生提供新的语篇情境，引导他们操练、强化语法，使语法在不同的语境中得以运用与内化。最后，教师应鼓励学生运用目标语法，通过“说”“写”输出真实而有意义的连贯语篇。语篇与语法相结合是新高考改革的趋势，教师应引导学生在语篇输入中感知语法、在新语篇中强化语法、在语篇输出中运用语法（邱晓倩，2017）。

中学生对英语语法的学习构建是对语法规律的概括和迁移的心理过程。教师应营造有感染力的语言学习环境活化语法，给学生搭建认知语法结构的“支架”内化语法，利用语篇教语法促进学生对语法知识理解的升华，以增强学生运用英语进行交际的准确性和流利性（刘丽平，2014）。教师运用语篇教语法有助于学生构建语篇的形式，更好地建立形式与意义的连接；将语法知识点植入语篇中能够引导学生基于语篇去思考、去发现、去归纳和总结语法规则，使语法教学成为一个师生互动的动态过程（刘丽平，2014）。教师应充分利用课文语篇进行语法教学，让学生在阅读中发现目标语法项目，通过上下文语篇进行理解、归纳和运用。教师也可以精选适合学生水平的报刊、网络、故事、小说等资源强化语法教学。教师在讲授外研版英语八年级（上）Module 2 Unit 1 时，应要求学生掌握介绍城市、人口及方位表达的核心语法项目，学生在语境语篇中通过理解文本的意义，关注语法的形式和功能，才能更好地掌握语篇信息和内容。

第五章　英语能力培养

第一节　听力教学

一、相关知识

听力在语言交流与语言学习中具有重要地位。在一般的语言交流活动中，“听”占整个语言交际活动量的 45%（Rivers & Temperley，1978）。相比“说”来讲，“听”是第一位的，属于语言领会性或接受性技能（Receptive Skill）。在课堂教学中，学生的“听”主要呈现出单向性，主要聚焦于理解所听到的信息。听力理解的基础是听者的背景知识（Schema）、语言系统（Language）和语境（Context）之间的互动（Goh，2007）。过去，我国绝大多数中学由于缺乏英语语言环境等原因，加上传统的语法教学法并不重视对学生听力能力的培养，学生的英语听力能力和听力理解总体偏差。听力测试进入中考、高考后，听力教学的重要性不言而喻。

“听”不仅要关注听者的听力结果，更要了解听者对语言加工的认知心理过程。在听的理解过程中，听者有三种认知过程：一是自上而下（Top-down Process），即利用已有的背景知识来分析和处理所接受的信息；二是自下而上（Bottom-top Process），是利用已有的语言信息来构建新的信息；三是并行处理（Parallel Process），即同时用前两种方法处理信息的过程。事实上，外语听力能力的训练是一个复杂的理解认知过程，听者个体化的、跨文化的、社交的、语境化的、情感性的、策略性的、互文性的、评判性的因素都影响着听力理解（Alneeva & Strank，2013）。因此，掌握一些相关的理论有助于学生分析和研判听力背景、话语内容、预测意图，进一步增强学生的听力理解能力。

二、理论基础

（一）输入假设理论

美国语言学家 Krashen（1982）提出了“第二语言习得理论”，由习得—学得假设（Acquisition-learning Hypothesis）、监检假设（Monitor Hypothesis）、自然顺序假设（Natural Order Hypothesis）、输入假设（Input Hypothesis）、情感过滤假设（Affective-filter Hypothesis）组成。其中，“输入假说”的核心是“可理解性输入”（Comprehensible Input），用数学公式表达为 $i+1$。公式中 i 表示学习者的现有习得水平，1 则表示略高于学习者的现有能力，且连续不断大量输入地叠加（图 5—1）。换言之，语言输入的目的就是通过大量的“$i+1$”的语言材料来激活大脑中的语言习得机制。

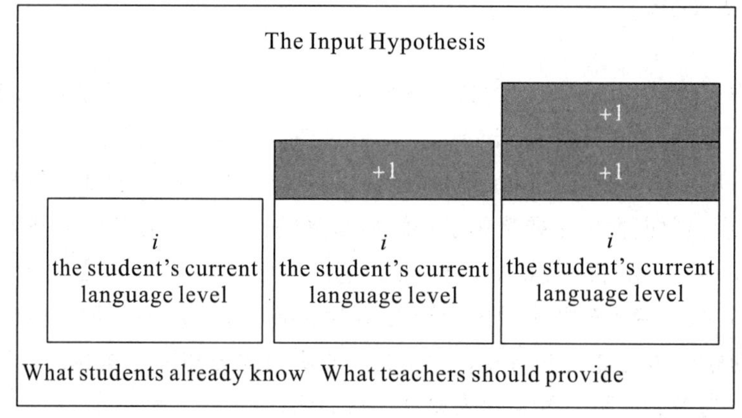

图 5—1　$i+1$ 输入假说示意图

情感因素与学习者的语言习得密切相关。Krashen（1985）承认有某种强过滤（Strong Filter）存在，即由于心理或者情感原因而产生输出的延迟。因为语言输入（Input）必须通过情感过滤才可能变成语言的“吸入”（Intake），只有足够的输入量，才能真正产生语言习得。在语言输入到达学习者大脑语言习得机制（LAD）的过程中，过滤（Filter）是输入的语言信息必须逾越的障碍（Krashen，1982）。当情感处于积极状态时，语言习得就快；当情感处于抵触状态时，语言习得就慢（图 5—2）。因此，降低学生的焦虑情感，增强可理解性输入有助于听力理解。Krashen 认为，听力活动对语言习得具有至关重要的作用。但他只强调“听”而不强调语言运用的观点，与“交际法”教学理论是相悖的。

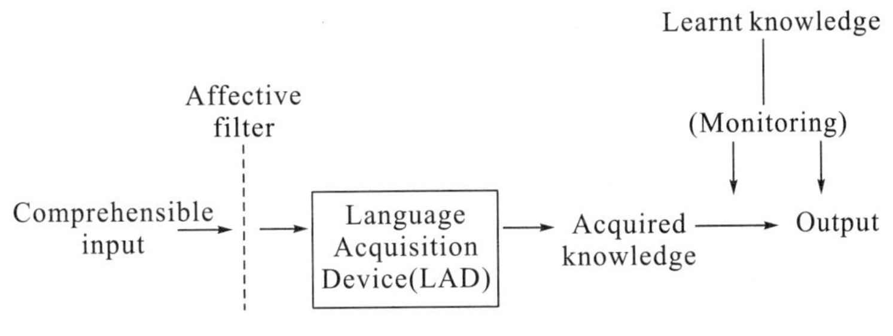

图 5-2 情感在语言输入与输出的作用

(二) 心理词库提取

词汇是语言最基本的单位，在语言学习中起着重要的作用。20 世纪 60 年代，西方语言心理学家 Treisman 首次提出心理词库（Mental Lexicon）的概念，即人脑如何存储词汇。心理词库也称心理词典、心理词汇、主观词典，是词汇知识在大脑长期记忆中的表征（Carroll，2000）。心理词库是一个复杂的网络体系，能够将大脑中相关的词汇进行联结，并且按照各自的关系联系起来。当大脑中的一个词汇被激活时，与之相联系的其他词汇同时也被激活了。心理词库比书籍词典包含的信息量更加丰富，不仅包含某个词汇的意思、拼写、读音、搭配，还包含此词汇的相关知识、个人使用经验等百科全书式信息（连益芝，2018）。当语言学习者在接受语言信息输入时，能够利用大脑中的"词典"根据刺激词（Prompt Word）来引发反应词（Response Word），并根据语境、语义等进行推断，作出正确的选词和取词。就语音层面而言，英语中有一些发音相近或相似的词汇，听者词汇的提取受相关语境和语义的影响。语境可以降低词汇辨认的阈限，而相关语义启动词的出现也可降低词汇激活的阈限，有助于词汇意义的提取。如 desert 与 dessert、history 与 his story、father 与 farther，这就需要听者启动语境、语义及联想，才能从大脑记忆词典中快速研判、提取和校验。

语言学习者从心理词库中自动提取需要的词汇具有理论依据。心理词库的组织是词汇在大脑的组织结构中以语义网络（Semantic Network）形式呈现。具有代表性的研究是分层网络模型（Collins & Quillian，1969）、扩展激活模型（Collins & Loftus，1975）以及激活模型改进版（Bock & Levelt，1994）。分层网络模型认为，词在大脑中以网络形式储存，并且具有严格的层级，即记忆中的每个词表现为网络中一定层级的一个节点，并与别的词形成关联，构成完整的系统。扩展激活模型则认为心理词汇是以关系的网络为表征，其组织只是接近于由节点相连的网状，节点之间的距离取决于范畴关系之类的结构特征，激活是一个从某节点向周围节点扩散的过程。激活模型改进版将词汇知识分为概念层、词目层和词位层三个层次，既关注词的概念知识，也关注词的句法和语音知识，是目前最能反映心理词库本质的模型。与以上三种支持模型不同的是，有研究者（Morton，1969）指出，如果一个词的使用频率高到一定程度，该词的提取就不需要通过激活它的各个词素来解决，即学习者已经实现了词汇辨认的自动化。英语中 as well as、not only ... but also ... 等固定搭配在学生大脑中容易形成词块。而 Different people have ... Some ... Some ... Others ... 则构成层级性的预制语块。

（三）输出假设理论

Swain（1995）在对加拿大的法语沉浸式教学进行调查时发现，课堂上教师讲多听少，而学生听多讲少，大部分时间用于做笔记。他指出，要提高学生中介语（二语、外语）的流利程度和准确性，不仅需要“可理解性输入”，也需要“可理解性输出”。针对Krashen的“输入假说”，Swain（1985）提出了输出假设理论，因为单纯的语言输入对语言习得是不够的，学习者应该有机会使用语言，语言输出对语言习得也有积极意义。Swain（1985）指出，“输出”在二语习得中具有“注意、检验假设、元语言、增强流利性”四大功能。就“注意”来讲，输出在二语习得中发挥着重要作用，能使学习者注意到语言缺陷，在改正语言问题的同时，逐渐使目标语达到本族语的输出流利程度。Picaetal（1989）认为，当听话者表明没有完全理解说话者的意思，要求对方进一步解释或明确本意，这种反馈会给说话者提供机会以修改他的语言输出，即通过假设检验提高可理解性。语言输出能使学习者采用自下而上、自上而下等方法，进行构想或句法加工等语义认知处理，在理解的基础上提高语言的准确性。语言输出能使学习者在语言使用中，加强已存储的知识，培养语言处理自动化，增强表达的流利性。

我国学者真正关注输出假设是在2000年以后。就语言学习来看，单纯片面地强调语言输入或输出是不够的，需要两者的密切结合才能促进外语学习。过去，在我国的英语教学中，听力和口语分开教学存在明显的弊端。听力课课堂沉闷，缺乏输出；口语课学生不开口，“哑巴英语”。输入是基础，没有输入就没有吸收和输出；输出是目的，没有输出，输入也就没有任何意义。根据语言输入与输出假设理论，听力和口语合二为一的听说教学模式，能有效地消除听力和口语障碍。教师要有语言输出意识，而不仅仅是传授语言知识、应对考试，还要将语言输入与输出活动有机结合，以输入促进输出，以输出强化输入（朱之文，2017）。因为学生要通过听达到足够的语言输入才能有一定的语言输出信息量。学生如果听不懂，就无法获得语言信息输入，自然就谈不上语言信息的输出。语言学习是语言输入与输出相互作用的过程。外语教学应为学生营造良好的语言输入和输出环境，才能帮助学生不断提高语言交际能力。

三、教学原则

（一）大量输入原则

根据Krashen（1982）的观点，语言习得的发生应具备两个基本条件：一是为学习者提供所需要的、足够的可理解性输入，二是学习者本身应具有内在的可加工语言输入的机制（LAD），即学习者应该具备思维、心理和语言等能力，作为理解语言和表达语言的依据。在听力教学中，语言输入应具有可理解性、趣味性。语言输入的难度不应较大程度超出学生的能力，但应略高于学生现有的语言水平。这样，学生才能够根据自己的能力和水平不断吸收和理解所接触的语言材料，逐渐提高运用目标语的能力。教师应明确教学目标，提供真实性语言材料，增强可理解性输入量，激发学生语言输出。

（二）强化输出原则

根据 Swain（1995）语言输出理论，语言输出建立在“信息输入+信息加工+认知能力”的基础上的，它比语言输入的难度要高。作为语言交际过程的终端，语言输出决定着双方理解、交际能否成功进行。因此，如何有效地建立积极的语言信息输出机制就非常关键。教师要充分重视学生在英语学习中的主体意识和自主意识，通过听力测试、学生对话、口语描述等活动提高语言输出的质量。教师应了解自己的教学对象，针对所教学生实际情况进行课堂教学设计和规划。根据学生的需要和具体情况调整教学任务，使其更加符合语言学习的规律，切实提高语言教学的效率，从而促成师生、生生之间的沟通和理解。

（三）“学伴用随”原则

王初明（2009）提出“学伴用随”原则，即语言学习过程中的语境关联“学相伴、用相随”（Learn together，Use together）。其核心理念基于 4 个影响语言学习的关键变量（交际意图、互动协同、语境相伴、理解与产出相结合），是外语教学和学习的普适原则。王初明（2016）认为，教学中要落实“学伴用随”原则，应将语言理解与语言产出紧密结合。语言理解体现在语言输入（听、读），而语言产出体现在语言输出（说、写）。“学伴用随”是在理解语言输入的过程中学习语言，语言产出则是输入之后的学用结合。在英语教学中，教师应在语言输入后创设有效情境，让学生输出语言，检验并巩固输入。

（四）循序渐进原则

英语听力能力的提高是一个缓慢的过程，不可一蹴而就。教师在对学生进行初级训练时，在诵读上尽量选择一些吐字清晰、语速稍慢、连读较少的材料，在内容上以生活会话、社会热点、新闻事件、故事梗概为主，最好是语音语调真切自然、符合说英语的人的自然交际场景。尤其值得注意的是，“讲得快”并不意味着“说得好”，意群、节奏、语调对听力训练不可忽视。兼具输入与输出技能并重的听力，可以先从听词，然后再到句子、语篇。听说并重、先慢后快、先易后难是听力能力提高的基本路径。教师要根据语言教学规律，采用由浅入深，持续改进的方法。学生只有持之以恒，循序渐进，才能取得较好的效果。

四、教学方法

（一）精泛结合

听力实际上是辨音的过程。精听与泛听的结合有助于提高学生的听力能力。精听，就是把听力材料听到极致，既要坚持每天听针对性比较强的课文，又要扩大材料的范围，要反复地听直到完全听清楚、听懂每一句话、每一个词，最好是边听边写。如果遇到实在不懂的地方，应做记号标明，等全部听完再与原文对照，搞清楚问题出在何处。在精听中，学生应当把握信号词和特殊的信号词，因为信号词的正确定位可以帮助学生有效定位答案，从而提高听力效果。特殊信号词指在听力材料中起到连接作用的关键词等，如 Although the room is big，it is quiet airless. “although” 是特殊信号词，它考查的是后一句的内容，although 后面的不是考点。学生平时进行听力训练时，要有意识地培养对信号词和特殊信号词的敏感性，培养良好的语感从而捕捉正确的答案。除坚持精听外，还应做大量的泛听练习。

泛听的目的是让学生接触更多类型和风格的英语环境，重点在于提高英语听觉的敏感性，检验自己的听力能力。泛听只需掌握大意，不必了解细节。首先，泛听的数量要多。课堂上进行泛听训练的时间非常有限。课后学生应坚持每天或隔天进行一次泛听训练，每次时间约 30 分钟为宜。泛听的遍数由材料难度和学生个人水平决定，一般不要超过 3 遍。其次，泛听材料的内容要广。与英语课文配套的材料应为泛听的首选内容。也可以通过看英文电影、听英文广播、收看英文电视节目等形式进行泛听训练。再次，各种英语发音应兼收并蓄，以便熟悉英语国家人士的语音、语调等。此外，应有意识地选择有各种人物如老人、小孩等出现的听力材料，尽量熟悉各种语音信号。泛听有助于增强英语语感，提升抓要点和领会大意的能力。

（二）听说结合

听是语言习得的第一步，而说是建筑于听的能力之上。良好的语音、词汇、语法知识有助于促进学生的听力能力。在听力教学中，学生难以区分 thirteen 与 thirty、heat 与 hit，是因为分辨不出长短音。教师在课文教学中可以有意识地对长句、难句或含有复杂语法结构、特殊语言表达习惯等知识点进行分析讲解，让学生反复诵读形成语感，为学生听力理解扫清障碍。如人教版英语（2019 版）必修一 Unit 4 Reading and Thinking 部分的课文 *The Night the Earth didn't Sleep* 中的句子 “The number of the people who were killed or badly injured in the quake was more than 400，000”，学生要理解这句话应熟悉 “The number of ... is ...” 这一句型，在复述时才能得心应 “口”。教师可以把每单元的对话、课文录音作为学生的听说教材，以听促说、以说促听，增强学生的听力应用能力。

听力理解不是被动的过程，而是一个积极的、创造性的思维过程。学生对听力材料的理解要通过观察他们对所听材料的反应来判断。检查学生的反应情况可以是书面的（听力题），也可以是口头的。教师可让学生复述所听材料或关键语句，这有助于学生对听力材料的理解。作为输入的“听”和输出的“说”，两者紧密相关、相互促进。在训练听力时结合说的训练，能使学生看到听的效果。听说结合可以采用“2R法”（Repeat and Retell）。重复（Repeat）是学生对听力材料中与题目相关的关键句子反复听，以锻炼学生敏锐地捕捉信息点的能力和反应速度。重述（Retell）是教师引导学生用自己的话重述所听内容，把听懂的内容能说出来，以帮助学生对听力材料的通篇理解，这样不仅锻炼听力，对口语也有巨大的帮助。

（三）任务型听

听力训练的特点在于时空的限定性，信息接受的被动性和材料内容的保密性。任务学习法的理论框架包括前期任务（Per-task）、任务环（Task-cycle）和语言点（Language Focus）三个部分。在前期任务阶段，教师向学生介绍主题和任务，给予学生足够思考的时间。在这个阶段，教师应提前激活学生已有的知识，让新知识与旧知识建立相关的联系，以便学生正确理解和熟知听力内容。学生可以快速浏览文本材料，找出微观的背景知识，建立信息框架，弄清文本的类型、结构及大意；可以根据标题等信息对问题进行预猜；可以通过主题句、关键词和信号词对文本材料进行预判。

在任务环阶段，学生运用已有的语言知识完成交际任务。任务环由任务（Task）、构想（Planning）和汇报（Report）三个部分组成。听力教学旨在帮助学生提高语言信息的接受和理解能力，而理解和表达则是交际的两个方面。听力教学的主要任务是让学生在听懂的基础上以听促说、以说促听。在这个阶段，可分为听前问答、听后解释、听后回答、听后讨论四个环节。在听前，教师可设计一些问题（链），让学生在听前进行思考、预猜、讨论，激发学生的想象力。在听后，教师不对材料中较难的词、短语、句子等做讲解，而要求学生根据上下文进行有根据的猜测、判断、解释，以检测学生的听力能力，培养其用英语进行描述、解释的能力；学生根据材料内容回答教师的提问，与同伴互相提问及回答，回答练习题；教师让学生基于听力材料进行分析、阐述，引发学生讨论、思考以深化对听力内容和文本的理解，培养用英语讲英语的能力。

在语言点阶段，学生能够进一步巩固和掌握所学的语言内容。通过听力训练，学生能够将文本材料与实际生活、情感世界与自己的学习经验相联系，营造情趣共际的教学情境，构筑师生、生生对话平台，让学生亲历知识的“生产过程”。教师以学习活动为线索设计问题链，让学生在解决问题的过程中激发创造力，从中获得所思、所得、所悟的成就感。最为重要和最高的境界是，学生能够在听力理解中将自己置身于情境之中，在听懂文本材料的基础上能够用英语进行复述、描述、叙述。

需要注意的是，任务型听力如果把听力练习简单地过程化会让学生感到厌倦。只有将听的练习设计成较为真实的活动，才能取得良好的效果。教师在设计时要根据循序渐进的原则，从简单的句子开始，逐渐过渡到较长的句子或短文。对于高中阶段的听力教学训练，教师可设计一些难度较大、真实性强的任务型活动，诸如致欢迎辞、接打急救电话、约会、求职面试等情境性活动。

（四）过程性听

英语听力课堂教学一般包括听前（Pre-listening）、听中（While-listening）和听后（Post-listening）三个环节。在这三个环节中，教师可针对不同的教学目标、教学内容、听力材料等，设计多种活动，使听力教学达到最佳效果。在 Pre-listening 环节，首先，教师应善于利用问题、图片、实物、情景、游戏等进行巧妙地导入，以引发学生听的动机。其次，教师可以对背景知识做简单的介绍，对影响学生听力理解的关键词做解释，对听力内容进行预测，也可以做一些听力技巧的指导等。最后，教师要明确提出听力任务，通过任务活动，让学生在心理上处于听的期待状态，以便将注意力集中到“听”上。这样，在听之前学生有了目标与侧重点，就能做到有的放矢，增强听力材料的可理解性，有助于提高听的效果。

听中环节，既是听力教学的关键，也是教师最难控制的阶段，因为学生需要高度集中注意力处理相应的语言信息。教师要精心设计任务，达到既完成听力教学任务，又注重学生听力技能和策略培养的教学目标。在设计任务时，教师要根据学生的实际水平与预设目标设计分层次的活动。如在处理一篇听力材料时，教师可首先设计一些听一遍内容就能直接从听力材料中找出答案的简答性问题，然后通过精听运用“5W”问题模式概括听力材料，最后针对文本的主题思想或作者的观点和态度等设计需要学生进行思维判断的综合性问题。在这个环节中，教师设计的活动应有助于培养学生对英语语调、语气、背景等非语言信息的理解能力，培养听力过程中的信息筛选、记忆、联想、推测、归纳、概括等能力。

听后环节，主要是对听力教学的提升，提高听、说、写的能力，这是《普通高中英语课程标准》的重要理念。基于这种理念，教师在最后环节，要依据听力材料内容设计出说、写的任务。教师可通过学生应用所学知识和技能评估听力效果，通过完成多项选择题、回答问题、做笔记并填充缺失的信息、听写、做出决定等方式，评估学生是否听懂了相关信息。在这个环节，教师还应要求学生习得语言和文化信息，并通过说、读、写等运用语言就有关话题联系个人实际表达自己的想法（刘道义，2018）。

第二节　口语教学

一、相关知识

语言是人际交流的工具，是文化的重要组成部分。语言主要分为口头语和书面语，首先是有声语言。口语是第一性的，是一种谈话的方式，是在某一情景中使用的言语变体。简言之，口语是由说话者通过已知信息，再组织语音、词汇、语法构成句子，用于某一特定情景的交流与互动，表达说话者的立场、态度。就语言形式而言，英语书面语主要包括读和写，口语则主要包括听和说。英语口语十分强调听和说的行为，所以有了"口语听说"的叫法。"口语"指的是"说"（Speaking）的技巧，本文口语教学侧重于"说"的技巧的培养。Rivers（1978）认为，在语言的听说读写四种表达方式中，说的时间占比为 30%，听的时间占比为 45%。可见，听说在教学中的占比最大。英语是世界通用语言，也是国际官方语言之一，已成为人类生活各个领域使用最广泛的语言。事实上，比起当众用英语口语表达自己的观点，中国学生更倾向于使用英语书写的方式。语言能力是英语核心素养的首要维度。英语是一门实践性很强的语言学科，学习英语的最终目的是在交际中运用英语。因此，英语教学的最终目的就是要培养学生运用英语交际的能力。

英语口语是一项重要且实用的技能，但在我国外语教学中却偏重知识记忆而忽视对学生思维和创造力的培养。口语教学强调在真实语境中得体使用语言，目前的学校教育难以做到完全脱离课堂的时空限制。口语已成为中学外语课程标准中必不可少的内容。国家英语标准就指出，英语课程的学习是一个"提高语言实际运用的过程"，而口语表达是"语言实际运用"的重要内容。义务教育英语新课程标准颁布以来，口语被提高到了非常重要的位置。英语课程标准（2011 年版）指出，终结性评价"包括口语、听力、阅读、写作和语言知识运用等部分"，其中"口试要重点考查学生的口头表达能力和交际策略的运用"。高中英语课程标准（2017 年版）指出，"普通高中英语课程以英语学科核心素养为目标"（教育部，2018），并对学生语言能力、文化意识、思维品质和学习能力的发展提出了明确要求。英语口语能力是英语语言能力的重要方面，口语交际能力的培养是英语学习的重要目的。英语口语教学一直被认为是非常重要但又难以解决的课题（腾云，2010）。

二、理论基础

（一）格式塔理论

格式塔意为“能动的整体”，其核心是整体论。格式塔心理学认为，心理现象最基本的特征是意识经验中显现的结构性或整体性；整体不等于部分之和，意识经验不等于感觉总和，思维也不是观念的简单联结；学习的实质在于知觉重组或认知重组——构造完形，学习是由于“完形”（整体）的出现、通过顿悟突然出现的；刺激与反应之间是以意识为中介的，对刺激的直接反应和动作是知觉历程的自然持续，受知觉支配而不受预定联结的支配。格式塔心理学派代表人物皮亚杰认为，学习的实质是构造和组织的一种完形（冯忠良，等，2010），其整体性体现在教师在选择教学内容时，应当考虑知识的相对整体性，选择单元主题或与主题相关的问题提前布置给学生，调动他们的知识经验，以此构建一个综合知识体系，为学生的语言输出环节奠定一个完整的知识体系。

格式塔“整体论”主张，知觉不是一种被动的印象和感觉因素的结合，而是这些元素主动地组织成完整的经验；强调知觉的完整性，强调学习和解决问题的完整性（周琴，2017）。就英语口语教学而言，多数人将目光聚焦于英语口语本身，而忽略了说与听、读、写之间的有机联系，它们四者共同构成一个整体，以致单一的口语教学效果不佳。格式塔学派“整体论”所强调的个体知觉的完整性十分切合外语教学的核心素养，通过语言能力、思维品质、文化品格、学习能力四个方面全面提升与发展。格式塔理论提出“留白”的方式，留给学生思考与转换的空间，让学生通过足够的“读—说、听—说—读、译—说、写—说、看—说”等口语输出，进而提高他们的口语表达能力，培养他们的综合应用能力（黄诗琦，2018）。

（二）情境教学理论

《教育大辞典》对“情境教学”的定义：“教师创设具体生动的知识场景，激起学生主动学习的兴趣、提高教学效率的一种教学方法。”（顾明远，1990）张华（2014）在《课程与教学论》中提出情境教学是“教师人为地创设含有真实问题或真实事件的教学情境，学生在解决问题或探究事件的过程中自主地理解知识或建构意义”。李吉林（2006）指出，情境的“情”是一种主观的动机系统，“境”是客观的环境，强调教师要创设良好的环境，提出了“带入情境、优化情境、运用情境、拓宽情境”的思想。概而言之，情境教学是教师通过人为地“创设”一些具体的“教学情境”，更好地帮助学生进行学习活动的一种教学方法。林崇德和罗良（2007）对情境教学进行了诠释，情境教学强调主观与客观的统一，强调需要、情绪情感的作用，强调形象思维与抽象思维的统一，强调教学中的认知与社会认知的结合，强调大力发展学生的智力，强调语言与思维的辩证关系，强调儿童社会性与道德的培养，强调“播种的快乐”，强调把儿童心理发展年龄特征作为教育工作的出发点，强调全面发展与因材施教统一。

情境教学理论认为知识与活动是不可分割的，学习者在具体情境中通过活动获得知识，即知识具有情境性，学习是情境性的。1921 年，我国现代著名语言学家、外语教育家张士一作《英语教学法》演讲，首次提出“情境”在外语教学上的意义（吴棠，1986）。可以说，“情境教学”是他原创性地提出来的“语言教学的新理论”（张士一，1948）。英语教学应置于具体的语境之中。就其本质而言，英语知识来自学生个人体验，脱离了个人体验，就不能构成对个体来说有用的知识。对于学生而言，如果不能把书面的或讲授的内容内化为自身的理解与认知，这些知识也只能被称为信息。这些脱离了学习情境的信息，学生也许能够死记硬背，却不能灵活运用，难以转化为自己的知识结构体系。针对英语口语教学，教师应尽可能地创设与教学内容相关联的教学情境，贴近学生的日常生活，使他们产生亲切感；教师应充分利用现代多媒体技术创设教学情境，通过图像、文字、声音等多模态，激发学生口头表达的欲望；教师应尽可能地创设相关的活动情境，让学生积极参与到各式教学活动中，激发他们用英语交际的兴趣。尽管在课堂教学中，教师难以创造完全真实的语言学习环境，但是情境教学的仿真性是英语口语教学竭力追求的教学思路，仿真性探索过程或原型式问题解决过程展示了当下英语口语教学范式。所以，教师创设“自然”的教学情境，力争真实性；创设“流畅”的教学情境，注意恰当性；创设“新趣奇”教学情境，注意新异性。

（三）建构主义教学理论

瑞士心理学家皮亚杰最早提出建构主义。建构主义理论提出了一系列独特的知识观、学习观和教学观。建构主义的知识观认为，知识是主观的，是意义建构的过程。皮亚杰认为，所谓建构，指的是结构的发生和转换，只有把人的认知结构放到不断建构的过程中，动态地研究认知结构的发生和转换，才能解决认识论问题。因此，认识不仅具有结构，而且认识的发生是一个由低级到高级不断建构的过程。

建构主义的学习观认为，学习不是简单的信息积累，而是新旧知识经验和冲突以及由此而引发的认知结构的重组。也就是说，学习是由学习者积极主动建构的过程，而不是由教师直接灌输的学习；是根据自己已有的经验为背景，对外部信息进行选择、加工和处理的过程；是在一定的情境即社会文化背景下，借助于其他人（包括教师和教学伙伴）的力量，利用必要的教学资料，通过意义建构的方式而获得的。可见，建构主义强调学生对知识的主动探索、主动发现、主动建构，突出知识创新取向。

建构主义的教学观强调“以学生为中心”，强调学生个体在学习知识中的重要作用，倡导学生的主体性、主动性、发展性。教学模式由学生、教师、教材、教学媒体四要素组成。教学过程的重心是学生，而不是教师。合作学习受到建构主义者的广泛重视。学生是教学活动的积极参与者和知识的积极建构者。教师是学生建构知识的忠实支持者，是学生建构知识的积极帮助者和引导者。在课堂教学中，建构主义十分强调创设教学情境、倡导协作共享、强化对话交流、突出意义建构。

建构主义学派皮亚杰提出“认知发展”、科尔伯格的“认知结构与发展条件”、斯腾伯格和卡茨的“个体的主动性”、维果斯基创立的“文化历史发展理论”以及以维果斯基为首的维列鲁学派的“活动”和“社会交往”为外语尤其是口语教学提供了强有力的理论依据。英语口语教学应从教师中心转向学生中心，从教师的“教”转向学生的“学”，从“传授、讲解”转向“支持、帮助”，从“抽象、应试”转向“情境、交际”，从“背诵对话”到“同伴合作”；应把口语教学和文化教学相结合，使后者成为前者的内容；应建立健全英语口语评测机制，由终结性评价向形成性评价过渡，建立学生口语技能评测档案。

三、教学原则

（一）口语化原则

尽管许多人包括大学生、中学生学习了很多年的英语，但是仍然感到英语口语表达不流畅、不得体。原因在于真实的英语环境仍旧匮乏，学生主要是从书本上学习英语，一味地记忆单词、朗读对话、背诵课文，大脑中存储的是书面英语而非口头用语。事实上，英语口头表达与书面用语存在很大差异。英语口语不仅有各种文体，而且要随意得多、丰富得多，使用场合也各不相同。语言学家认为，任何人在使用语言时都会自觉或不自觉地注意交际场合，注意使用不同的语言表达，否则极易出现词不达意、不明意图的情形。下面举例对比英语书面语（Bookish English）和英语口语（Spoken English）（表 5−1）。

表 5−1　英语书面语和英语口语举例示比

Bookish English	Spoken English
My teacher gave birth to a baby boy.	My teacher had a boy.
Peace is favoured by all the people of the world.	Everyone wants peace.
I beheld a movie recently.	I saw a movie recently.
I had failed to achieve success in my examination.	I'd failed in my exam.
When I heard of her illness, I shed sympathetic tears.	When I heard of her illness, I cried/wept.

再如对 Thank you! 的回答，多数学生会用 Not at all. /That's all right. /You're welcome!其实，在不同的场合，还可以用：No problem.（没事儿。）My pleasure. /It's my pleasure.（乐意效劳。/这是我的荣幸。）Sure/Sure thing.（应该的。）Of course!（没事，这是当然的。）You bet!（当然的；不客气；不用谢！）Anytime.（别客气，随时愿为您效劳。）Happy to help!（很开心能帮到你！）You got it.（你明白的，心照不宣。）Don't mention it.（别和我见外。）No worries.（没问题。）No sweat.（小意思！）

英语口语教学的目的是培养学生掌握使用英语交际的能力，即“能力的交流”或“目的的交流”。根据口语交际的类型及发话和受发话情况，口语交际可分为“独自式”“对白式”。前者是培养说话者“自我表达”的能力和听话者“耐心倾听”的能力，而后者则是关注“能力和目的的交流”。

（二）情境化原则

口语交际教学活动应在具体的交际情境中进行。现行的中学英语口语教学情境除大量中文提示外，交际双方的话语顺序和交际内容毫无创新和拓展，使交际的过程机械化、程式化。教学中，如果有一方的学生偏离平常书本知识内容或顺序，就会出现另一方接不上话或者尴尬的境地。这情形是一种非真实情境或虚假情境、伪情境交际，不能充分发挥和展现学生的交际能力。严格来讲，交际情境指的是交际的地点、时间、场景、交际者、交际者身份及其之间的关系等因素构成的交际环境，这些是交际不可或缺的要素，没有交际环境，交际活动就无从产生。

英语口语教学中，创设交际情境有两种类型：一是课堂情境，二是生活情境。在课堂情境中，教师和学生各自以指导者或学习者的身份出现在课堂，学生及同伴针对某一话题进行交际活动，然后接受教师或同学的评判。对于生活情境，教师将生活“搬进”课堂，或将口语教学生活化，师生不再是指导者或学习者，而是交际者，在接近于生活的情形中进行交际，学习与“生活”融为一体。这就是新课标“具体的交际情境”所指的生活情境，如警察与需要帮助者、店主与购买者、家长与子女对话，或者以“Life needs advertisements”“The importance of protecting the environment”为话题进行讨论。尽管这些是虚拟情境，但却是现实生活的需要，使得本不可能出现的交际活动具有“实际意义”，能够激发学生的交际兴趣。客观上，英语口语教学依然需要课堂情境，但应当创设更多的生活情境，有助于学生在口语教学活动中身临其境，让学生通过“做中学”切实提高口语水平。

（三）思维性原则

根据建构主义理论，教师设计有趣的情境或话题，能够激活学生已有知识（prior knowledge），如语言知识、词块知识、语法知识等，主动联想、激发思考、开启思维。思维品质的培养不仅是英语新课标的要求，也是学生从低级到高级、由浅入深的认知规律。如在讲授人教版高一英语必修二 Unit 2 *The Olympic Games* 时，教师可以奥运会的英文视频导入，包括奥运会的起源和发展，奥运会会旗、会徽、奖牌，奥运火炬接力，以及不同奥运会运动项目的设置等。教师先让学生观看视频，以“5W”方式记录重要信息，然后基于视频内容进行提问，以检测学生的注意力、记忆力、表达力。然后，教师以“What is your favorite sport? Why?”为话题，要求学生同伴进行限时讨论，训练学生的识记、理解、应用等低阶思维。

由于奥运会具有多种类型、多个项目、不同规则，教师在此基础上进一步给出话题：If you were the headmaster of your school，what event would you like most to have at your school? Why? 这就需要学生结合自己的学校及兴趣进行深入讨论。学生不仅需要具备语言知识、体育知识等外显能力，还需要具有比较、推断、归纳、概括等有关逻辑性的、内在的思维活动，这一系列指向思维品质培养的语言活动，使学生的逻辑思维得以提升。事实上，教师通过奥运会视频情境以“听”促“说”，引导学生质疑、反思、探究，在提高英语口语表达的同时培养了分析、推理、评价等技能，促进了学生批判性思维的发展。

（四）纠错的原则

英语学习是一个循序渐进的过程，学习过程中出现错误难以避免。尤其是在英语口语教学中，由于口语对话的随机性、情境性、突发性，以及口语练习者的个体差异性，口语表达中的错误率远远高于书面作业中的错误率。对于学生在外语学习中出现的口语错误是否需要纠正，有两种普遍的观点：行为主义观点和认知主义观点。行为主义观点强调语言表达准确性（奉行“有错必纠”），而认知主义观点则强调语言表达的流利性（错误会逐渐消失）。针对教师是否对学生的语言错误进行纠错，英国语言学家 Corder（1973）对失误（Mistake）（具有偶然性）和偏误（Error）（具有系统性）进行了区分。前者往往是学习者缺乏操练或失误所致，犯错误者能够意识到“错误”，必要时可以自己修正错误。后者属于语言能力的错误，往往重复出现，犯错误者也意识不到所犯的错误。

在英语教学中，语言纠错行为蕴含了无数的教育机智，需要教师掌握一定的纠错原则。教师纠错的目的是反馈正确的语言信息，激发学生英语学习的积极性和自信心。在我国，由于缺乏足够的语言习得环境，学生在社会中运用外语的机会极其有限，所以口语纠错是必不可少的。纠错是教师的一门艺术，既不能教条地有错必纠，也不能有错不纠。教师对学生英语口语纠错应讲究策略和方法。

激励性纠错：纠错不等于批判，也不等于一次性评价，更不能讽刺挖苦和体罚学生。

灵活性纠错：口语纠错不同于写作纠错，具有及时性、情境性，做到灵活处理错误。

系统性纠错：口语纠错要遵从系统性原则，要随时随地做好总结分析，要让学生知道错在何处。

差异性纠错：教师纠错时要针对学生个体差异因材施教，充分考虑学生的情感和心理接受度。

适时性纠错：学生犯同样的错误，有的适合在课堂上纠正，有的则适合在课下纠正。

启发性纠错：教师不能为纠错而纠错，应引导学生去发现、分析、纠正错误，树立内化错误的意识。

四、教学方法

（一）课前活动

尽管我国的外语尤其是英语教育取得前所未有的成就，但绝大多数学校因缺乏英语师资，高考和中考测试主要以阅读、写作为主，所以评价学生英语口语表达的机制尚未成熟。从总体来看，我国学生的英语口语表达能力不强是一个不争的事实。在英语课堂教学中，运用 Morning Report 和 Daily Report 是提高学生外语素养的有效方法之一，对培养和提高学生的语言能力、学习能力等核心素养起着重要作用。

Morning Report 指在英语早读课上或英语课前 5 分钟左右的时间，学生轮流用英语做口头报告。Morning Report 应体现“学生中心、产出导向、持续改进”的理念。Morning Report 面向全体同学，每次报告人数以一人为宜。报告内容由学生自定，可谈论重大新闻、理想信念、校园生活、英语学习、风土人情、环境保护、励志成才等学生喜闻乐见的话题。Morning Report 符合任务型语言教学的观点，在活动中广泛使用语言才能掌握这门语言，这不是单纯训练语言技能和学习语言知识就能实现的，在活动中广泛使用语言有助于学生检验和修正（Nunan，2011）。Morning Report 是一个在信息输入基础上进行理解、选择、提炼、内化、表达、交流的语言能力创生过程，贯穿了语言学习真实性、实用性、趣味性的原则，与 Krashen 的输入假设（Input Hypothesis）、可理解性输入（Comprehensible Input）、输入量（Intake）及 Swain 的输出假设（Output Hypothesis）具有一致性。学生在 Morning Report 活动中锻炼了克服困难的意志和与同伴合作学习的能力，虽然 Morning Report 只有几分钟的时间，但是学生要面向全班同学，能够极大地调动其积极性、求知欲，而且还能提高其英语写作水平。

Daily Report 是班级值日生在英语课前到讲台上，面向全班同学用英语讲述长约 5 分钟的语言实践活动。Daily Report 活动形式多样，可以分为事先准备和即兴演讲两种。Daily Report 体现“学生中心”的任务型教学原则。Daily Report 从话题设计、报告形式、课堂组织、内容呈现、活动评价等多个方面，将建构主义“情境、协作、会话、意义建构”四要素进行有效整合。学生立足教材、依据题材、活用体裁，从日常生活、校园生活、社会热点等选择和确定相关话题，收集材料、提取信息、加工整理，再利用语言知识进行表达，最后得到师生共同评价，达成主动的语言习得能力。Daily Report 的优点在于每个学生都有上台用英语呈现的机会。话题由学生自选自定，让学生根据已有的英语水平和知识结构，有话想说、有话可说、有话能说，充分展示自己的英语表达能力。Daily Report 有助于学生提前准备、自我演练、反复修正、不断提升自己的口语表达能力，有助于学生将自由选题与课文选题有机结合，有助于相互借鉴、共同提高、勇于创新、不断超越。

（二）课中活动

1. 个人陈述

个人陈述是最常见的课堂口语活动。需要注意的是，这个看似简单的活动，在实际课堂中经常会出问题（赵斌芬，2020）。一是学生无话可说；二是学生所说内容不是教师所期望的，或者英语口语好的个别学生“把持”课堂。因此，教师在备课时应充分考虑以下几个方面的问题：根据单元主题设计有意义的话题，有效激发学生的表达欲望；话题应涵盖学生已有的语言知识或语言技能，有助于提升学生的思维品质；把握话题的难度，确保大部分学生能有话可说。如在讲授人教版高中英语必修一 Unit 5 Nelson Mandela（曼德拉）的故事之后，教师可以将 Please give a comment on Nelson Mandela，concerning his characters，beliefs，achievements，etc. 作为话题，让学生用自己的话对曼德拉进行评价。学生在对课文进行回溯的基础上，重点对曼德拉的人生经历、政治信仰、成就、品格等进行评述，不仅能对课文进行深度理解，而且能通过文本挖掘要点并进行陈述。

2. 小组讨论

小组讨论作为一种重要的课堂口语活动有着较多优势。Hedge（2002）指出，为了保证小组讨论的效果，教师要明确讨论的目的，给学生提供话题和语言上的支持，分配小组成员的角色和任务，决定小组汇报的形式，鼓励每个小组成员积极地参加讨论。在小组讨论活动中，教师给学生提供模拟的交际语境，学生以此运用引入话题、展开话题，听取不同意见、得出结论等具体交际策略参与活动中。小组讨论不仅能降低学生操练口语的心理焦虑，让学生有更多机会进行自主操练，还能增加小组成员合作交流的机会，提升综合运用语言的能力。如在讲授人教版高中《英语》必修三 Unit 2 *Healthy eating*（健康饮食）时，教师让学生就王鹏和雍慧所开餐馆的风格、菜品、营养、价格等进行讨论，诠释两家餐馆的竞争优势（表 5－2），这样有助于学生将书本知识与生活实际结合，内化所学语言知识，提高口语表达能力。

表 5－2　A Comparison of the Two Restaurants

Restaurants / Items	Wang Peng's	YongHui's
Menu		
Strengths		
Weakness		
Price		
…		

3. 角色扮演

角色扮演是英语口语教学中最常见的课堂教学方式之一。它不仅能够营造一种比较真实的语言教学环境，还可以调动学生学习英语的积极性。在角色扮演中，课堂是学生的舞台，学生变为表演者，而教师退居幕后，成为导演。当然，教师也可以分饰表演中的某个角色。角色扮演既可以在同桌之间，也可以在小组中进行。角色扮演的好处在于学生能够模拟真实的交际语境，根据不同语境和身份选择不同的语言、话语方式等。课堂中，经常使用的对话、分角色朗读、采访等都是角色扮演的不同形式（赵斌芬，2020)。学生在角色扮演中展现的行为方式、方法和态度以及对“剧中人”的内心情感，反映了他们对文本的可理解性输入，以英语口语形式内化于心、外化于行。角色扮演可穿插于课堂当中或课堂的某个时段，可用来导入新课，梳理重难点，使教学过程更加具有趣味性。如在教授人教版高中英语必修五 Unit 3 *Life in the future* 时，教师让六人小组组建一个微论坛，分享公元 3000 年时的生活。六个同学分饰论坛主席、高中生、工人、农民、医生、家庭主妇，每个人根据自己的角色，展开大胆的想象，用英语勾勒一幅未来世界的生活画卷（赵斌芬，2020)。

4. 即兴演讲

即兴演讲是在特定的情境下，自发或被要求立即进行的当众说话，是一种不凭借文稿来表情达意的口语交际活动。“即兴”是学生事先不需要花很多时间、不查阅资料、不做 PPT、不做任何准备，而是随想随说，有感而发的演讲活动。演讲是以学生为主体的一项课堂活动，一般由一个学生上台讲述某个事件或阐述某个观点等，而其他同学为听众，可以在演讲结束时对内容进行提问。即兴演讲并非漫无目的，它是围绕一定的话题尤其是立足教材、课文，让学生表达自己的观点和看法。即兴演讲虽然没有过多准备，但也不是随性的，教师在教学中可以根据课文知识点来为学生提供即兴演讲的“引子”“题目”，让学生有更为宽阔的思维载体。在具体操作时，教师可以准备多个备份话题以便需要演讲的学生临时抽取，然后给出 2～3 分钟时间快速拟定提纲，要求学生在 3 分钟左右即兴发挥。在即兴演讲过程中，教师要引导学生运用发散性思维围绕主题展开，让学生能够形成适合自己的语言表达认知方法。演讲结束，师生可以进行点评或对演讲内容提问，以锻炼演讲者的应变能力。即兴演讲不仅可以让学生有更为丰富的思想观点，而且能够让他们在自我表达中有话可说，真正体现多元化和创新性。

5. 辩论

辩论是一项充满挑战性和趣味性的活动，既是一种口语活动，也是一种论辩活动。从口头表达能力来讲，辩论无疑是较高层次的语言实践活动。在英语课堂中，辩论不仅能激活学生的词汇量，更能增强学生的口语流利度，还能培养学生的批判性思维和合作与竞争意识。辩论的自由度较大，发言时间可长可短，无论以小组或者是班级为单位组织辩论，都能提高英语课堂语言知识运用和语言表达的水平与能力，营造良好的语言氛围，培养学生用英语学英语（Learning English through English）的能力。需要注意的是，教师组织学生开展辩论活动，应从学生的知识基础、话题选择、辩论要求三个方面综合考虑，最好能提前一周给学生话题，以便辩论双方能收集资料、准备论据、彩排路演，尤其是准备相关的词汇及术语表达。辩论不在于双方的输赢，而在于培养学生大胆表达、勇于阐释自己见解的能力。值得注意的是，控辩双方应认真倾听他人的陈述，尽可能分享或支持同一方的观点，保持谦逊的态度但以理服人，避免重复己方他人已述观点。此外，辩论对主持人（Chair Person）开场、对控辩双方的约束、总结报告及英语口语水平等都具有很高的要求。

（三）课后活动

1. 英语角

口语教学最为突出的特点是互动性强，应围绕"教师—学生、学生—学生"之间的互动进行。但因其覆盖面小、互动不充分、"说"的机会不足等问题，致使我国英语口语教学效果不佳。"英语角"活动能够较好地解决这一问题。长期以来，人们习惯于将"英语角"归于外语教学第二课堂，作为口语教学的重要补充。"英语角"活动可以在校内，也可以利用早读时间在教室内进行，是一个自由的、宽松的或有组织的，以英语学习为目的的交流平台。在"英语角"，教师可以给予某一话题或某些话题范围，鼓励学生自由走动，寻找交际对象。在"英语角"，学生没有上课的压力，很自然地受到自由闲谈场面的感染，谈论的是与他们相关的或者是感兴趣的话题，他们的积极性和创造性被充分地发挥。学生把在课堂上所学的知识，但是没有机会说出的话语趁此"释放出来"，不断地交谈交流，产生强烈地想说话的愿望，越说越想说，越说越努力去说。在"英语角"，每位同学都有独立展示自我的机会，在轻松、自然的环境中运用口语进行交谈，既提高了英语口语的交际能力，又培养了主动学习的能力。

2. "互联网+"

"互联网+"与口语教学有机结合能够弥补传统课堂的不足，提升英语口语教学效果。教师可在课堂以外利用互联网设计"以学生为导向"的辅助性英语口语活动，以增强学生的参与感，更大限度地调动学生的积极性。因为网络资源整合了大量优秀教学内容和方法，能够弥补教师自身教学方法的不足，使口语练习更灵活多样。从学生角度看，利用网络进行英语口语训练，能够减轻他们的心理压力，能更好地释放性情，培养口语交流的自信心。而且，课外口语活动可以差异化设计不同的难度，以供学生根据自身需要进行选择，有利于不同英语水平的学生得到充分锻炼和提高。随着互联网的普遍使用，特别是无线网络的快速发展，以手机为代表的移动终端设备凭借其便携性和普及性，使学生可以利用任何可能的时间进行碎片化学习，也正迅速发展为一种不可多得的英语口语学习工具（王帆秋，2017）。一些关于英语学习的手机 APP 出现在教学中，如"英语趣配音""英语流利说"等，为当今的学生提供了语言学习的广阔平台（张洁，2018）。"英语趣配音"软件给学生一种"Talking"的感受，经常举办一些全国性的口语比赛。

第三节　阅读教学

一、相关知识

阅读作为英语学习的一项主要技能，是语言输入和获取信息的基本途径之一，是中学英语教学的重点和难点。阅读是读者与作者非面对面思想与语言之间的双向互动和间接对话，是一个“正在理解”与“已经理解”的思维过程与呈现结果。在这个互动过程中，作者的思想通过语言符号传递给读者，读者则借助于一定的阅读技巧与策略及已有的背景知识对语言符号进行信息的预测、处理，加以理解、接受，建构起与主题相关的图式，然后作出信息理解中的各种假设（戴军熔，2012）。换言之，阅读是理解和吸收书面信息的手段，阅读的目的是获取信息，因而阅读的过程实质上就是获取信息的过程。阅读教学是英语课程工具性与人文性高度结合的体现，其目标定位是：获取文本信息，培养阅读技能，学习语言知识，发展思维能力，拓展文化视野，培育思想品格，提升人文素养等（张献臣，2018）。阅读的过程与正确回答问题同样重要。教师不只是给学生提供阅读文章，然后提出需要回答的问题，更重要的是设计阅读任务。阅读任务应既让学生因正确回答问题而有所收获，又因在阅读过程中付出了努力而有所收获（Clark，Siberstein，1979）。英语阅读文本是英语学科核心素养的主要载体，英语阅读教学作为英语学习的主要途径、掌握英语的重要手段，在发展学生英语核心素养的过程中起着至关重要的作用。

阅读既是学生语言输入和积累的主要来源，也是听说写译至关重要的环节。“英语阅读是英语课程体系的核心元素，直接影响着英语学习者整体英语水平。”（王蔷，陈则航，2016）但现实英语阅读教学中存在教师过度关注碎片化语言，忽视文本主题意义主线的提炼（程晓堂，2018）。多数教师对文本的解读不到位，主要关注的是文章结构、细节信息及简单的推理，将大部分时间花在词汇、短语、句型的学习上，学生并没有从阅读中提升深层次阅读思维能力，没有真正实现新课标“英语阅读教学的真正目的是提高学生语言综合运用能力”。这些问题在很大程度上降低了学生的阅读动机及主动阅读的意识和能力，造成学生不喜欢阅读、不会阅读、不敢阅读的现象。词不离句、句不离篇是语言教学的共识和规律。语篇教学是阅读教学的关键和目标，因为语篇承载着语言知识和文化知识，传递文化内涵、价值取向和思维方式。英语课程标准（2017 年版）指出，“研读语篇就是对语篇的主题、内容、文体结构、语言特点、作者观点等进行深入解读”。

二、理论基础

（一）语篇分析理论

高中英语课程标准（2017 年版）指出，语篇是表达意义的语言单位，包括口头语篇和书面语篇。美国结构主义语言学家 Harris（1952）首次提出“Discourse”（语篇）的概念。美国话语分析学者 Stubbs（1983）在《语篇分析》（*Discourse Analysis*）中使用的“Discourse”与“Text”在内涵上没有本质区别，都是“语言结构”。英国应用语言学家 Cook（1989）认为，语篇是具有功能性和能够表达完整意义的语言。英国著名语言学家 Halliday（1994）认为，语篇可以是用于交际的语言，也可以是一个语义单位。Van Dijk（1977）将语篇定义为在文本中结构化的语言整体，包括语言使用、信息传达以及社会交际等。美国语言学家 Brown 和 Yule（1983）则认为，语篇是一个过程，可以在不同语境中通过使用词语、短语或句子来表达情绪。我国语言学家胡壮麟（2001）将语篇定义为，一种不受语法制约、在特定环境中能够完整表达一定意义的语言。由此可见，在语境中能够发挥一定功能的语段，都可以被视为语篇。

Harris（1952）的《语篇分析》（*Discourse Analysis*）引发了语篇分析理论。Halliday 和 Hasan 的论著《英语的衔接》（*Cohesion in English*）（1976）则丰富了语篇分析理论。语篇在宏观结构层面包括语篇类型、语篇组织、语篇格式，而在微观结构囊括语篇衔接、语篇连贯以及句子之间的衔接连贯等。我国语言学家黄国文（2001）提出，语篇教学应当从篇章层次、句子层次以及词汇层次三个方面来分析篇章的内容及结构。语篇知识在英语理解与表达过程中具有重要作用。语篇知识的掌握能帮助读者理解、分析文本结构，迅速把握文本主旨和段落大意，并能识别文本内在衔接和连贯的手段及其使用的意义（Oxford & Scarcella，2003）。了解语篇知识在于知晓语篇是如何表达意义的，以及语篇是如何使用的。语篇教学离不开情景语境、语言语境和文化语境，情景语境变化而产生的语言变化形式称为语域（Register），由语场（Field）、语旨（Tenor）、语式（Mode）三个变量共同决定。因此，在语篇教学中，What 指语篇的主题和内容是什么；Why 指语篇的深层含义是什么，即作者的意图、情感态度、价值取向；How 是语篇具有什么样的文体特征和内容结构及语言特点，即作者为了表达主题意义选择了什么样的文体形式、语篇结构、修辞手段（李敏，2020）。

（二）图式理论

“图式理论”的提出最早可追溯至哲学家康德（Kant）。康德认为，对于任何一个个体来说，他接受的新的信息和概念是不存在任何价值的，但是，如果这些信息和概念与人类当前的知识建立起新的联系，那么就变得有意义。英国心理学家 Bartlett（1932）得到的研究结论是，从本质角度而言，图式其实就是记忆方法。“图式”（Schema）一词最早由 Barlett（1932）在心理学领域使用，指“将过去的反应或经验有机地组织起来”，后由 Rumelhalt（1980）在讨论背景知识对阅读理解作用时引入阅读理解之中，将图式定义为“一种用来表示记忆中存储的遗传概念的数据结构”。瑞士著名心理学家和哲学家皮亚杰（1969）在其开创的发生认识论中，也提到图式（Schema）、同化（Assimilation）、顺应（Accommodation）、平衡（Equilibration），这些概念集中反映了皮亚杰的发展认识论原理。Cook（1989）提出，在人们的大脑中，现存的机制或者背景知识都叫作“图式”。20 世纪 60 年代以来，英语阅读理论受到了心理语言学，尤其是吉德曼（Goodman）（1967）阅读心理语言学模式，即“图式理论”（Schema Theory）的影响。Carrell（1984）认为，在英语阅读教学中主要有三种图式发挥作用，分别为内容图式、形式图式和语言图式，可以帮助学生更好地理解和积累语言，对英语阅读教学的质量提升有着重要的作用。

自 20 世纪 80 年代传入我国以来，图式理论已在外语教学研究方面有着广泛应用。图式理论强调交互阅读模式的全面性以及语言图式、内容图式、结构图式的多样性（Cohen，2003）。基于对阅读过程本质来看，有三种解释阅读和理解过程的阅读模式：自下而上模式（Bottom-up Model）、自上而下模式（Top-down Model）和交互作用模式（Interactive Model）。在这三种模式中，自下而上模式（传统理论）强调文本的编码；自上而下模式（认知观）强调背景知识在解释书面文本中的作用；而交互作用模式（现代理论）强调阅读理解是语言知识、背景知识、认知能力、阅读技能和阅读策略等多种因素综合作用的结果，其中语言知识是阅读的基础。王笑滢和赵连杰（2021）在中国知网上，选择时间范围从 1991 年到 2019 年，用关键词“图式理论”“英语阅读”进行精确检索，绘制了“图式理论”可视化共现知识图谱（图 5−3）。研究表明，基于图式理论的高中英语阅读研究是学术界热点。

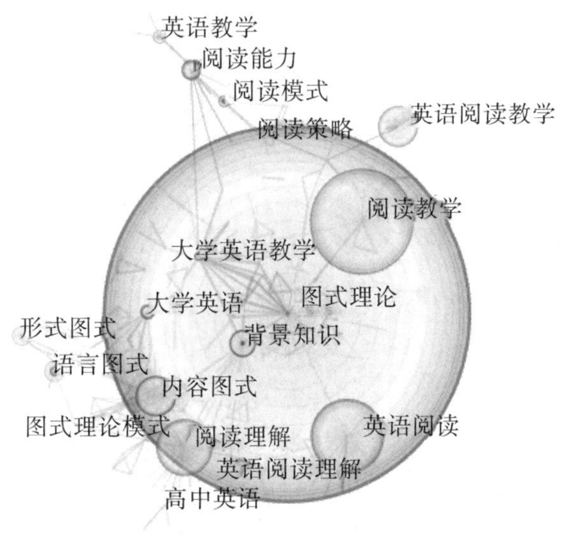

图 5−3　“图式理论”可视化共现知识图谱

（三）支架式教学理论

支架式教学理论是源于建构主义学习理论发展而来的一种教学理论。建构主义学习理论的核心是 20 世纪 30 年代初，苏联心理学家维果斯基（Vygotsky）提出的“最近发展区”（Zone of Proximal Development，ZPD）理论。他认为，学生的发展有两种水平：一种是现有（能达到的、解决问题的）水平，另一种是可能的（通过教学所获得的、潜力的）发展水平，而两者之间的差异就是“最近发展区”（图 5－4）。他提出“良好的教学应走在发展前面”的著名论断，即教师应为学生提供带有难度的内容，调动学生的积极性，以发挥其潜能。美国心理学家 Bruner（1978）将维果斯基思想中的“支架式教学”定义为“概念框架”的隐喻，将概念框架作为学习过程中的一个支架。支架式教学指教师引导学生进行知识学习并为其提供有效的帮助和支持（支架），使学生能够顺利建构并掌握所学的知识，最终促使他们进行更高层次的认知活动。在课堂教学中，学习支架包括知识支架、认知技能支架、情感支架、情境支架、评价支架等。Hayward 和 Orlando（1979）运用完形填空法区分了两种理解监控倾向，一是利用前文推断理解的 RT（Running Text）策略，二是依据后文信息获取意义的 ST（Subsequent Text）策略。

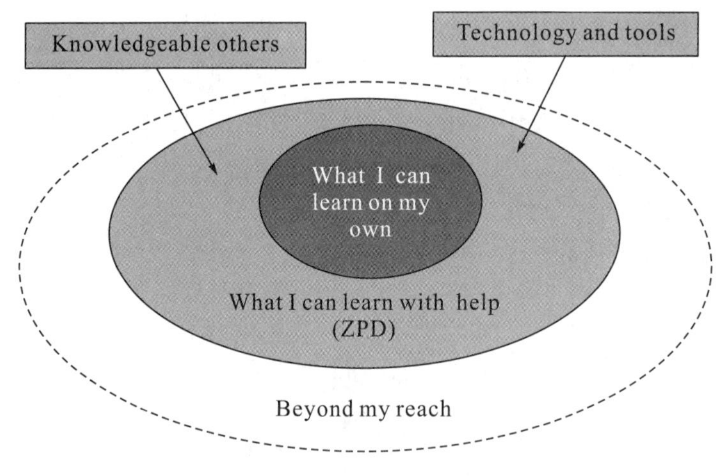

图 5－4　维果斯基“最近发展区”

高中英语课程标准（2017 年版）对高中英语课程内容进行了新界定，包含主题语境、语篇类型、语言知识、文化知识、语言技能和学习策略六个要素，主题语境被列为课程内容六要素之首。在阅读教学中，教师应摆脱以语言点为主的阅读教学模式，摒弃碎片化、表面化的传统教学范式，培养学生深度阅读的思维能力，要把阅读材料中的主题意义、文化价值、文本特征和语言特点进行系统化设计。支架式教学法能够帮助学生提高阅读理解中运用阅读策略与技巧的能力。首先，教师要为学生创设阅读学习情境，为其提供阅读支架引导，有针对性地提出问题，引领他们进行合作阅读探究。其次，教师将阅读难点进行分割，指导学生在合作阅读的基础上，由易到难开展阅读活动形成自主探究的能力，通过完成阅读任务达到系统化的教学目标。最后，学生要能够进行个人或小组的自主性学习，通过学生自评、互评以及教师点评等多种评价方式对学生的阅读学习效果进行综合性评价，实现真正意义上学以致用的教学目标。支架式教学理论的最终目标是学生在支架被撤出后仍然能够高效完成学习任务。

三、教学原则

（一）整体性原则

语篇整体教学法将阅读教学看作一个整体，其教学流程是“整体→部分→整体”（Whole 1→Part→Whole 2）。教师在讲授语言知识的同时，将语用知识、认知知识、文化背景等传授给学生，培养他们的语言交流能力。教师通过“列表法、跳读法、略读法”等方法将课文整体呈现给学生，帮助他们掌握文本的篇章结构，快速浏览并捕捉重要的语言线索，了解文本的中心思想，然后分段找出中心思想（Main Ideas）和重要信息，对文本进行表层理解（Literal Comprehension）。学生在此基础上理解作者的写作意图和立场，对文本进行深层理解（Inferential Comprehension），然后根据作者所表达的内容，说出自己的看法、观点，再进行评价性理解（Critical Comprehension）。学生在这个过程中把语言知识转化为语言技能，通过“整体理解（Whole 1）→局部加工（Part）→回归整体（Whole 2）”过程，学生头脑中后一个“整体（Whole 2）”已经超越了原文本的“整体（Whole 1）”，这不仅是“文本内容输入→阅读理解加工→学生语料输入”的信息加工过程，也是语篇分析理论在阅读教学中的高阶思维体现。

（二）目标性原则

每一个英语阅读教学单元，都对应着不同的教学目标，也设置了不同层次的重点与难点。教师首先要立足文本解读，设定阅读教学目标。文本阅读是阅读教学的开始，有怎样的解读，就有怎样的教学定位。如果文本解读不深、不准、不精、不细，再好的阅读教学方法也将成为徒劳。因此，教师可以将“阅读什么、怎么阅读、读会什么”三层教学框架嵌入教学过程。“阅读什么”是教师依据教学目标，设计阅读任务，以目标驱动深度阅读；“怎么阅读”根据学生实际，选择多元化阅读方法，以方法支撑深度阅读；“读会什么”是教师以标准统领阅读，促进学生英语语言及文化的深度学习。针对学生差异化的需要，教师以教学目标为中心，结合教学内容和学生学情，基于学生需求设定教学过程，为学生的探究学习提供必要的“支架”。教师在深入分析阅读文本的基础上，抓住阅读教学的重点和难点，勾画出教学过程中可能存在的障碍，设计有针对性的先行组织策略，以期优质高效地达成预期教学目标。

（三）趣味性原则

阅读是读者通过语篇与作者相互作用的交际行为。读者的心态对阅读具有重要的影响，而阅读的兴趣直接影响着读者阅读能力的提高。阅读兴趣高，阅读动机就强，就会变成一种内在需求，而持之以恒的阅读是培养良好的阅读习惯、提高阅读能力的根本保证。兴趣是经过后天培养发展起来的，因此教师应特别关注学生阅读兴趣的培养。英语阅读是知识性与趣味性的统一。在阅读教学中，教师不仅要挑选出难度适中、符合学生兴趣且与学生生活实际有密切联系的阅读材料，也要尽量减少枯燥乏味或不必要的课堂教学活动，注意阅读教学形式和内容的适当变换。教师在讲授人教版高中英语必修三 Unit 1 *Festival around the World* 阅读教学时，以“Talk about the Chinese Spring festivals and social customs at festivals”为题，按照 Festivals，Date，How people Celebrate，culture connotation and social function 等要素，与现实生活相联系，与个人经验相勾连，有利于贴近学生、引发共鸣。

（四）思想性原则

“立德树人”是学校教育的根本任务，也是各学科教学的共同任务。英语教学以及其他学科教学都是相对独立又紧密联系的有机整体。如果将英语阅读教学与思想道德教育融为一体，学生就会在阅读文本中潜移默化地得到思想的洗礼。一方面，教师应以整体思维看待和处理英语阅读教学中的实际问题，这是客观要求所致。另一方面，英语阅读教学涉及诸多具体问题，这又是其内在需求所致。教师在英语阅读教学中应贯彻“融知识传授、能力培养、智力发展、思想道德情操陶冶于一体”的辩证教学观。在进行阅读任务设计时，教师要把思想性放在首位，应在分析学生的英语学习情况、学习兴趣、爱好和特长的基础上，依据教材文本设计和安排任务。如有的文章涉及环保问题，教师应让学生联系生活实际，提出自己的观点和措施，做好调查。如有的文章主题关于中国文化，教师应巧妙地引入“文化自信”的思想教育。在传授知识、发展能力的同时，教师对学生进行德育内容的渗透，让学生在阅读教学中获取“思政元素”，能够让他们在思想上得到良好的熏陶。

四、教学方法

（一）语篇分析教学法

语篇以特有的内在逻辑结构、文体特征和语言形式组织信息、呈现信息、服务主题意义的表达。教师应帮助学生树立语篇意识、掌握语篇知识、培养语篇能力，打破碎片化的阅读教学模式，跳出孤立语言知识的束缚，养成从语篇连贯的视角解读文本。如人教版英语九年级全一册 Unit 11 Section B 阅读教学 *The Winning Team*。该文讲述了小男孩 Peter 输球后非常自责，但他在父亲的鼓励、开导和队友的理解下，走出阴影、重拾信心的故事。全文一共 11 个段落，分为三个部分。其中，第 1 段为第一部分，讲述了 Peter 输球后在回家路上的心理活动；第 2 至 6 段为第二部分，描述了 Peter 到家后与父亲的对话以及父亲对他的劝导和建议；第 7 至 11 段为第三部分，叙述了 Peter 与队友的坦诚交流以及队友的理解和支持。教师用思维导图的形式可以帮助学生从宏观上把握整个语篇结构（图 5-5）。

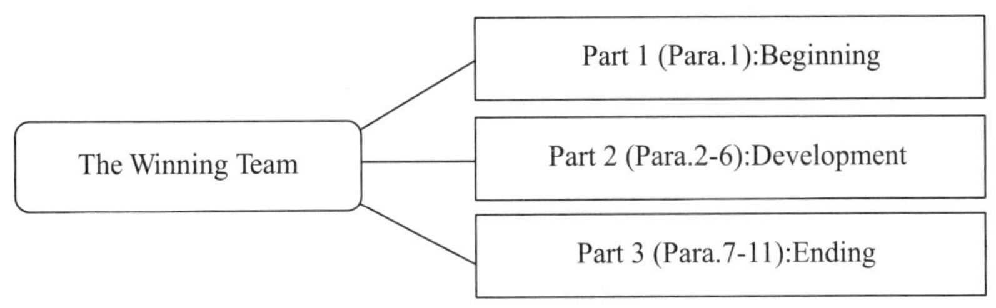

图 5-5　语篇结构图示

语篇除结构框架外，常用连贯与衔接等手段，以及照应、替代、省略、排比等语法手段。连贯在语篇中起着语义的关联作用，存在于语篇的底层，是语篇的无形网络。衔接在语篇中具有表达意图的贯通作用和结构的黏着性作用，存在于语篇的顶层，是语篇的有形网络。替代是一种较为罕见的语篇连接方法，如名词性替代、动词性替代、小句子替代，被替代的成分在语篇中都可找到相应的内容。替代既起到语义上的联结作用，又确保语篇本身的连接性。如牛津高中英语模块十 Unit 2 的 Reading 部分有语段：Cities are more exciting. The rent is high，but it's a great place to meet people and find entertainment. Cities have theaters，museums and big sporting events，but small towns have none of these. 句中 these 替代上句中的"theaters，museums and big sporting events"，既避免了语言的重复，起到连接上下文的作用，又与转折连词 but 和上下文形成对比，突出大城市的优势，回应年轻人定居大城市的原因，并与主题句"Cities are more exciting."相呼应。

（二）支架式教学法

支架式教学包括搭脚手架、进入情境、独立探索、协作学习、效果评价五个环节。搭脚手架要求教师以即将学习的主题为核心，帮助学生在最近发展区内理解相关的预备知识；进入情境即教师通过问题、范例等方式引起学生注意，将其带入与阅读主题相关的情境；独立探索即学生经过教师的适当启发和引导，逐步分析并解决问题；协作学习包括师生合作和生生合作，通过双方的协商与互动，对所学知识得出正确合理的认知，完成对知识的建构；效果评价中要关注是否完成本课的学习目标，要采用多种评价方式对学生的学习效果进行综合性衡量。

第一步：搭脚手架，课前备课

教师作为"支架"搭建者，应制订学生学习目标，提出问题、任务，给出框架让学生课前预习。这一阶段，教师重点应为学生提供语境支架，帮助他们扫清词汇障碍，通过上下文语境猜测词义，为阅读文本内容搭建知识支架。

第二步：进入情境，设立问题

教师在阅读教学活动中设立问题，把学生引入情境。学生以问题为导向进行阅读，增强阅读的目的性和有效性。“问题链”被认为是有效的阅读教学策略。教师根据教学内容和教学目标，结合学生已知和未知的知识，将问题按照一定的逻辑分解成一系列指向明确、相互独立又相互关联的问题群。如在讲授牛津高中英语模块十 Unit 3 Reading *Aids today* 第一课 News Special 时，教师围绕 What is the type of this passage? What are the textual features? 两个问题，给出以下问题链。

What is the event in the first paragraph?

What is the last paragraph about?

Is it all about Ajani and his family?

Why does the writer start the passage with the death of Ajani's mother?

第三步：独立探索，细节引导

英语阅读教学的核心在于培养学生学会独立探索的能力。教师在搭建支架启发引导学生进入情境之后，应逐渐放手让学生在文本中去发现问题，找寻问题的答案，提高自主学习能力。在讲授外研版高中英语（新标准）必修 5 Module 6 阅读部分 *Saving the Antelopes* 时，教师应提前预设段落主旨的框架，让学生速读文本完成段落大意的搭配（图 5－6）。在该环节，教师为学生提供信息支架，使学生通过略读获取文本大意的能力得到锻炼，为之后细节阅读环节奠定基础（周杰，2018）。

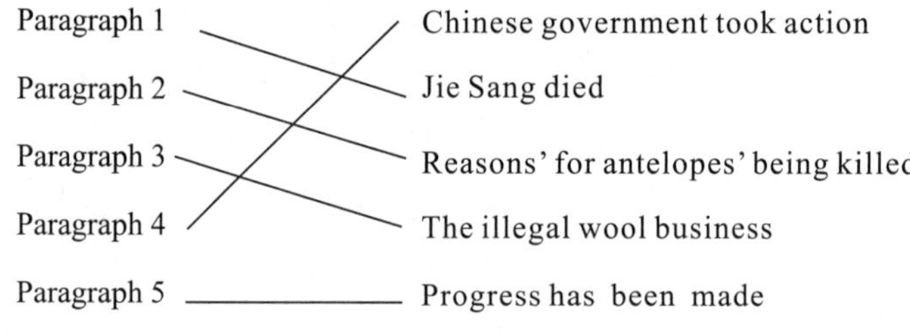

图 5－6　Saving the Antelopes 段落大意

第四步：协作学习，发散思维

教师在学生完成段落大意的搭配，基本掌握整篇文章内容，初步构建学习支架基础上，应主动退出阅读教学主导地位。教师让学生开展小组协商和讨论，给他们发散思维的时空，最终达到对文本全面、正确的理解并熟练掌握。这一阶段，教师可以将信息要点归纳成思维导图，学生参照思维导图的提示进行课文复述（图 5－7）（周杰，2018）。

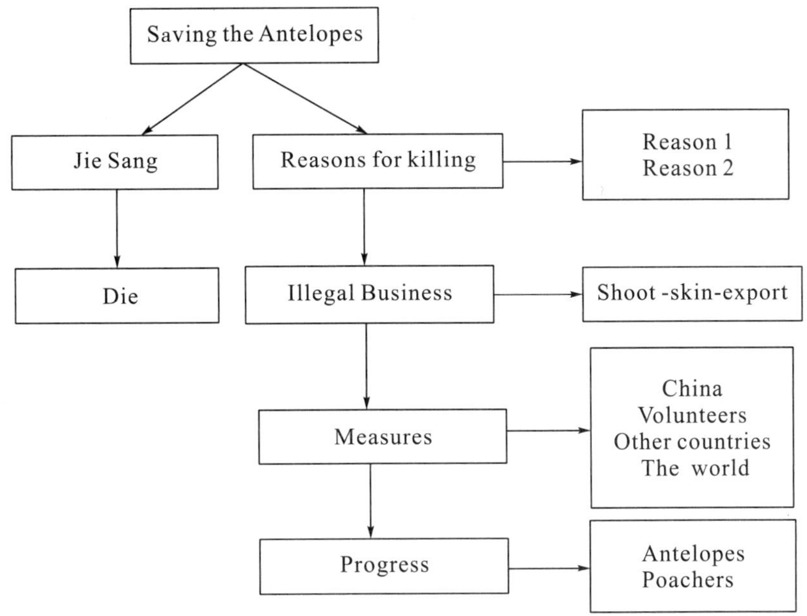

图 5－7　Saving the Antelopes 思维导图

第五步：效果评价，验证成果

效果评价包括学生个人自我评价、小组成员之间互评、教师对学生的评价。评价内容应聚焦自主学习能力、小组协作能力、最终学习成果。教师可以制作阅读评价表，涵盖表达能力、阅读能力、探究能力、合作能力，为学生自我检测阅读能力提供有效的评价支架（表 5－3）。

表 5－3　学生自我评价表

Evaluation Items	Evaluation Contents	Evaluation Drees		
		Excellent 3 points	Good 2 points	General 1 point
Expression	I can express myself freely when talking about the topic.			
Reading	I can find out the main idea and get the detailed information correctly.			
Exploration	I can think of effective ways to solve the problems based on the context on my own.			
Cooperation	I can get along well with my teammates in my group.			

（三）PWP 阅读教学模式

PWP 教学模式源于任务型教学法，倡导以语言运用能力为目的的语言知识教学。任务要以意义为中心，能刺激学习者运用目标语；任务由系列活动组成，并且有明确的结果；任务评价既要以任务完成，又要以语言的使用为标准。PWP 阅读教学模式（表 5—4）可以分为三个阶段。

表 5—4 PWP 阅读教学模式

PWP	Activities	Request
Pre-reading	Reviewing the previous classes	consolidating what students had learned
	Predicting	predicting based on the title, vocabulary & the T/F questions
	Setting the scene	building up schema
While-reading	Individual work	skimming
	Pair work	scanning
	Group work	careful reading
	Individual work	self-check
Post-reading	Reviewing the text & phrases	reading exercises
		comprehension
	Go beyond the text	social interaction
		application

读前活动（Pre-reading）：阅读前的核心任务是为阅读做准备。读前准备主要包括背景图式的激活、话题的导入、任务的介绍、兴趣的激发和语言、策略准备或者进行语言的准备。

读中活动（While-reading）：读中教学是阅读教学的核心。读中活动包括从具体信息的识别到推理能力的培养，再到各种逻辑关系、篇章结构的分析。学生需要完成阅读能力中的知识层面、理解层面、分析层面以及阅读策略。读中活动应有层次性，从知识到领会，从分析到评价。

读后活动（Post-reading）：读后活动侧重知识的应用和综合。读后活动重在分析学生阅读的完成情况、阅读过程中的表现及后续活动。学生应联系实际，运用阅读中获取的信息、感知的词汇和句法、认知的策略或所理解的文化。

这三个阶段是一个灵活的和个性化的操作流程。各个子任务连接到一起，从整体上构成一个任务环（Task circle），各个子任务应相互关联，相互衔接，其排列应具有梯度性、渐进性，由易到难、前后相连、层层深入，形成由初级任务到高级任务和由高级任务涵盖初级任务的循环。

（四）主题意义教学法

英语课程标准（2017年版）倡导基于主题意义探究的英语教学，主张以主题意义统揽教学内容和教学活动。在英语阅读教学中，主题意义探究是学生基于对某一主题原有的认识，运用语言技能，在与文本、教师以及同伴进行互动的过程中，获取、梳理、整合围绕该主题的语言知识和文化知识，对主题的内涵、意义形成更加清晰、全面、辩证的认识，进而重构主题概念的过程（李宝荣，2021）。基于主题意义的语篇解读，教师应明确“解读什么”（What）、“怎么解读”（How）。聚焦主题意义探究的英语阅读教学不仅有助于教师脱离主题语境割裂地教学词汇、语法知识，而且有利于学生建构语篇组织和运用语言的能力。如人教版高中英语必修一 Unit 3 阅读教学部分，语篇标题 *Living Legends* 对文本内容高度提炼。教师可以引导学生思考：谁是当代体育界传奇人物？他们凭什么成为体育界传奇人物？然后，教师运用信息结构图（图5－8）（李敏，2020），厘清知识结构框架，建立文本内容图式，有效培养学生的思维品质和学习能力。

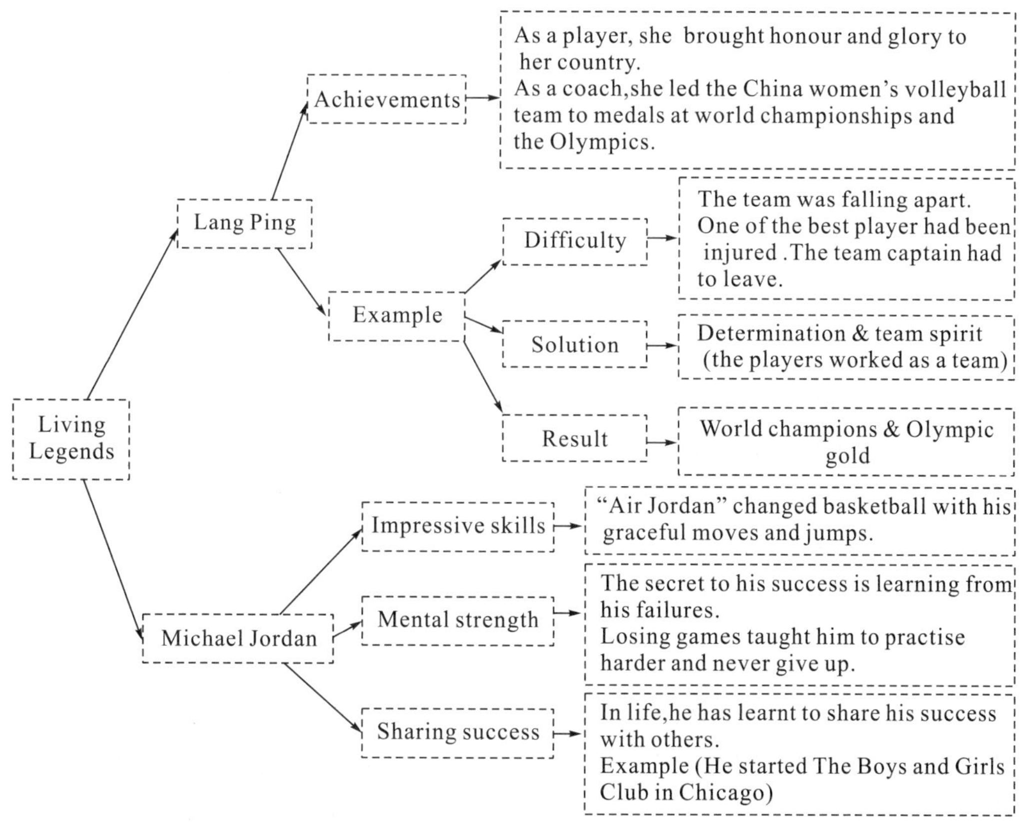

图5－8　Living Legends 知识结构图

该教师抓住语篇的关键内容“成就”“优秀精神品质”从整体上对文本进行分析解

读，对于两个子语篇的段落大意，从传奇人物的事迹中解读核心要义，对语篇细节用知识结构图展示，直观显示语篇的主题意义。

（五）文本重构教学法

文本重构是教师引导学生在语篇理解的基础上，围绕所学语篇文本信息及语言支架展开的形式多样的、后续性的重构性语言输出与输入（王为忠，2018）。文本重构也称文本解构，语篇解构的过程就是语篇重构的过程。从学习心理而言，学生解构语篇，既是发现和领悟语篇的意义的过程，也是凭借自己的认知，建构对语篇的理解的过程，是一种隐性的阅读心理活动。从教学方法来看，语篇重构主要是指显性的学习活动，是基于教材和学生的知识水平对语篇结构进行重组，认识语篇结构与语篇类型之间的关系，增强识别语篇类型的敏感性（杨宇学，2017）。文本重构的基本原则为：主题性原则、巩固性原则、拓展性原则、层次性原则、主体性原则和交际性原则。徐妮蓉（2018）对牛津高中英语模块六 Unit 4 Reading *The UN—bringing Everyone Closer Together* 的教学设计进行重构。

第一次设计如下。

教师先要求学生完成一个关于联合国知识的小测试，然后按照文本的顺序就联合国的功能、工作、志愿者等进行活动设计。

Step Ⅰ：Warming-up

Take a quiz about the UN.

Step Ⅱ：Skimming

Skim for different aspects of the UN covered in the passage.

Step Ⅲ：Detailed reading

Read Para. 4 and Para. 5 and fill in the blanks based on the following questions.

(1) What did Tang Ning do as a Goodwill Ambassador to give help?

(2) What did Tang Ning see in Africa?

(3) What is Tang Ning's attitude to the UN & its work?

Step Ⅳ：Deep thinking

To be a Goodwill Ambassador or a peacekeeping soldier which one would you prefer? Why?

第二次设计如下。

教师首先借助 MV 情境导入联合国的概念。然后，引导学生跟随唐宁了解联合国的相关情况，完成小测试。接着，进行深层次阅读（deep reading），通过探究唐宁对联合国工作的态度、个人素质及写作意图掌握阅读策略。最后，让学生进行深层思考（deep thinking），并借助情境表达观点。

Step Ⅰ：Warming-up

What information do you get from the MV *Tell Me Why*?

Step Ⅱ：Skimming

Skim Tang Ning's speech to know about the UN and then take a quiz.

Step Ⅲ：Deep reading

Read Para. 4 and Para. 5 and discuss the following questions.

（1） What is Tang Ning's attitude to the UN & its work? Find supporting words.

（2） What qualities does Tang Ning possess from the work done by her?

（3） Why is Tang Ning's visit to Africa mentioned?

Step Ⅳ：Deep thinking

（1） To be a Goodwill Ambassador or a peacekeeping soldier which one would you prefer? Why?

（2） What qualities should you have if you want to be one of them?

（3） What benefits will this experience bring to you if you can be one of them?

（4） As a senior high student what can you do now to realize your goal?

改进后的教学设计创造性地整合了教材，把“唐宁的所知、所做、所见、所思”作为串联阅读教学的主线。教学环节相互关联，促使学生积极思考，提升了学生思维的广度和深度。

第四节　写作教学

一、相关知识

写作作为一种重要的语言输出手段，是学生综合语言应用能力的体现。写作的核心是构思，由于其严谨的结构、缜密的逻辑性，能够反映作者的思维品质。英语写作是一种实践性、综合性很强的，兼具语言和思维输出的活动，既是语言知识的综合运用过程，也是语言技能的学习发展过程，还是跨文化交流的重要手段，更是学生持续发展必备的核心素养。英语写作不仅反映学生对词汇、语法等语言知识的掌握，更体现了学生的文字组织能力、语言表达能力、谋篇布局能力，以及对各种文体的掌握能力。在听说读写四项语言技能中，英语写作一直是我国教与学的重点和难点。

优秀的英语作文应当主题突出、思想明确、条理清晰。《普通高等学校招生全国统一考试大纲说明》（教育部考试中心，2017）关于写作的考核目标与要求：根据提示进行书面表达；清楚、连贯地传递信息，表达意思；有效运用所学语言知识。对于英语写作教学，教师和学生应该知晓几个关键问题：谁在写、写给谁，为什么写、先写什么、再写什么，怎样准确传递信息、得体表达思想等，这就是作者应该具有“读者意识”。

长期以来，写作是英语教学中的薄弱环节。一是教师对写作教学不够重视，缺乏有效的写作指导，过度进行机械模仿训练；二是学生在英文写作中存在思路不畅、思想不明、思维缺失的问题（马建锋，2020）。

二、理论基础

（一）元认知理论

美国心理学家 Flavell（1976）提出元认知（Metacognition）概念，指认知主体关于自己认知过程、认知结果以及相关活动的知识，是对认知的认知。Flavell（1979）又将元认知划分为元认知知识、元认知体验，其中元认知知识包括认知主体在认知过程中所获取的知识以及能够控制认知过程的知识。之后，Flavell（1979）进一步将元认知知识划分为个人知识、任务知识、策略知识。元认知体验是指伴随并从属于智力活动有意识的认知或情感体验。O'Malley 和 Chamot（1990）指出，元认知策略是学习者通过计划、监控以及评估等方法，对认知过程进行的调整或对自我进行管理。Devine et al.（1993）研究结果证实，元认知策略与写作成绩之间有一定联系。Kasper（1997）研究结果表明，元认知策略与英语写作成绩之间有显著联系，高水平学习者的元认知水平高于中级水平学习者，二者在策略变量上存在显著差异。Victori（1999）调查结果显示，写作者元认知知识上的差异会引起写作水平的差异。路文军（2006）研究结果显示，元认知策略中事先计划类和选择注意类策略对英语写作成绩影响最大。徐锦芬和唐芳（2007）通过对写作成功者和不成功者的调查发现，写作成功者的“主体”“任务”“策略”等写作元认知知识明显强于写作不成功者，前者在写作策略运用和写作行为上也强于后者。

写作是语言学习的书面应用体现，能够准确地反映出学习者的书面表达能力，是衡量学生语言综合应用能力的重要指标之一。学生应充分应用元认知策略在语言学习中的导向和协调作用。在英语写作教学中，学生的元认知知识越丰富，文本素材积累就越多；元认知策略运用恰当，写作技巧就更加灵活。教师需注重对学生的文体构思、语言使用、篇章检查进行过程指导，激发他们发挥元认知策略。在正式写前阶段，教师应为学生选择多种体裁的英语写作范文，并进行词、句、篇章等结构分析，制订写作计划、写作要求，发布写作任务。在写作阶段，学生基于写作要求、写作材料，进行审题、选材、构建思路、拟定提纲、实施写作等；教师应提醒学生注意写作时间、写作进度。在写作结束后，学生需要分析整篇文本的结构，检查句式和词句的使用，评价写作质量，然后改正错误，完善写作成果；教师在评阅时应根据写作要求对学生的作品做出肯定性的评价，以增强学生元认知写作知识和技巧。教师在讲授外研版高中英语必修一 Unit 4 的写作任务“A Lively City”时，要求学生根据课文主题，知晓写作任务是描述一个最吸引自己的中国城市。学生在审题及确定主题后，列举写作中可能出现的问题，“去过哪些城市→印象最深的城市→城市的特点→独特的文化→概述→总结”，包括写作前的框架构思及上下文的衔接等。

（二）语言模因论

模因（meme）的概念首次出现在英国牛津大学著名动物学家和行为生态学家Dawkins（1976）的自私的基因（*The Extended Selfish Gene*）书中。它基于基因（Gene）一词而来。Meme 源于希腊语，意为“被模仿的东西”。模因论（Memetics）的核心术语是模因。《牛津英文词典》认为，模因是文化的一种要素，以非基因的范式进行传递，例如模仿。英国《韦伯斯特词典》认为，模因是在一种文化中，把一个人的思想行为、方式以及用法传输给另一个人。模因论的基础是模仿，模因的传递、传播以模仿的方式进行。国内语言学界对模因论的研究始于何自然和何雪林（2003）提出的“语言模因论”。基因通过遗传而繁衍，而模因却是通过模仿而传播，是文化的基本单位（何自然，2005）。模因进化的手段之一是借助语言，语言承传的机制是语言模因，语言的交际过程就是语言模因的复制和传播过程。“语言本身就是一种模因，模因也寓于语言之中，任何字、词、短语、句子、段落乃至篇章，要通过模仿得到复制和传播，都有可能成为模因。”（谢朝群，何自然，2005）成功的模因复制具有长久性、多产性、精确性三个特点，它们相辅相成、共同促进模因的传播。模因的传播还应经历同化（Assimilation）、记忆（Repetition）、表达（Expression）、传播（Transmission）四个阶段（Heylighen，1998）。陈新仁等（2013）认为，语言基因的复制和传播特征使我们有理由相信，语言的教学过程就是语言基因复制、传播的过程。因为语言本身就是一种模因，而且模因、语言、文化三者密不可分，互相依赖、互相作用。模因论对英语教学具有很大的启示（何自然，2005）。

语言模因的复制和传播途径及特点为我们重新审视外语教学，特别是英语写作教学提供了新的思路。语言模因根据其复制和传播方式分为基因型模因（Genotype）和表现型模因（Phenotype）两种。基因型模因是内容保持不变，但复制的形式有所不同；信息内容是模仿传播的主体，以各种方式进行自我复制和传播。表现型模因形式保持不变，但复制的内容会发生变化，其传播特征是直接套用或将相同的信息以异型传递。基因型模因学习是写作的初阶任务，有利于帮助学生流利顺畅地表达思维，而表现型模因的学习是写作的中高阶任务，是学生对该模因熟练程度的标记，也是活学活用的典型（汪丽，2017）。一些学者如牛跃辉和孙飞（2007）提出，通过背诵和模仿优秀的文章、词汇、例句等，可以增加语法知识和词汇量，提高口语和书面表达能力。徐芝苹和施丽娜（2014）认为，充分利用英语教材、挖掘优美词语和句型、重新构建语篇结构都是对模因论的有效运用，最终能培养学生的写作技能。占诗雨（2021）将模因论与词块教学相结合，提出夯实学生的词块输入，提高写作输出能力；让学生从已学文本中提取有用词块，开展仿写练习；采取分组教学方式，让学生得出新的模因词块。如人教版高中《英语》必修四 Unit 2 Reading 中的 *A Pioneer for all People* 是介绍杂交水稻之父袁隆平的一篇人物传记。文章共四段，围绕介绍科学家袁隆平而展开。第一段介绍袁隆平的长相和成就，第二段以时间顺序介绍袁隆平的生平事迹，第三段介绍袁隆平的兴趣爱好展现其性格品质，第四段展现袁隆平的梦想。学生可以参照这样的框架结构仿写人物传记，包括人物的概况、外貌、教育、生平和评价等。

（三）深度学习理论

20 世纪 70 年代，“深度学习”（Deep Learning）就被引入教育领域。深度学习是“一种基于理解的学习，是指学习者以高阶思维的发展和实际问题的解决为目标，以整合的知识为内容，积极主动地、批判性地学习新的知识和思想，并将它们融入原有的认知结构，且能将已有的知识迁移到新的情境中的一种学习”（Marton & Saljo，1976）。学习是获取信息的过程，而深度学习则是将所获取信息进行深度加工处理并进行整合的有意义的学习过程。深度学习不是信息的机械记忆与复制，而是在可理解的基础上，对其以批判性的思考方式去吸收。深度学习能够提高学生对知识结构的把握能力，能有效改变思维方式，形成深度思考的习惯，最终掌握知识的深层结构，达成理解知识的最终目标。

学生英语写作能力的培养与深度学习密切相关。在教学设计时，教师应明确告知学生写作任务，设计递进式的写作活动，帮助学生完成写作任务，以此提高他们的写作能力。在语篇构建时，教师应指导学生注重上下文的衔接，篇章的一致性、连贯性、整体性以及思想的表达（栾婷婷，李箭，2019）。PWP 写作教学模式集中体现了学生从浅层学习进入深度学习的教学策略。在 Pre-writing 阶段（低阶思维阶段），教师采取“激趣—复习—联想—操练”的教学策略，实现主题词汇、词块及多种相关句型的表达。在 While-writing 阶段（中阶思维阶段），教师采取“分析文本—厘清思路—构建图式”的教学策略，促进学生建立头脑风暴、建构概念、学会思考。在 Post-writing 阶段（高阶思维阶段），教师采取“小组互批—范文学习—创造完善—教师点评”的教学策略，突出学生的个性化写作和创造性的思维过程。

三、教学原则

（一）注重基础

写作是运用语言文字以记述的方式，反映事物、表达思想、传递知识、实现交流的创造性、思维性过程。作为一个系统过程，写作活动可分为“采集—构思—表述”三个阶段。英语写作要求学生具有良好的英语基本能力、思维能力，才能充分表达自己的思想。英语基本能力包括正确运用基本词汇、语法规则、修辞方法。词汇是文章的基础和基石。教师应注重同义词、近义词、反义词的用法，可以增强英语写作时的修辞效果。句子是文章表达思想的基本单位，教师应加强句型操练、造句练习、句子扩写等，培养学生运用英语进行写作的能力。语篇在文章中具有整体性、衔接性和连贯性的功能作用。教师在阅读和写作教学中应具有整体教学观，突出文章的完整结构、表层结构和深层结构，借鉴文本的框架结构和写作模式。在造句练习时，教师可以与词汇教学、句型教学、语法教学和语篇分析相结合，采用连词成句、仿写扩写等进行融合教学。因此，教师应加强学生常用词汇、短语、句型、语篇的基础训练，通过大量的阅读积累、储备丰富的词汇和习惯用语，丰富英语表达方式，培养英语语篇语感，模塑学生的英语思维。如，Two weeks ago students in Class 7 visited that farm. They saw the farmers. The farmers were planting rice on the farm. The farm was in the country. 教师让学生将句子联成段落：Two weeks ago，students in Class 7 visited that farm in the country. They saw the farmers planting rice on the farm.

（二）合作写作

合作写作有利于激发与调动学生写作的兴趣和积极性，提高他们的自主学习能力、合作参与能力和互动交际能力。其理论基础是 Grice（1975）的合作原则（Cooperative Principle），该原则是基于指导人们的会话技巧而提出的。他认为，在所有的语言交际活动中，未来达到特定的目标，说话人和说话人之间存在着一种默契，一种双方都应遵守的原则，即会话原则。它包括四个准则：数量准则（要把握度、不重复啰嗦）、质量准则（要真实、有据可依）、关联准则（围绕主题、不可偏题）和方式准则（简明扼要、有逻辑性），这些准则同样适用于指导学生的书面表达。合作写作教学可分为写前、写中、写后三个阶段。在写前阶段，教师采用“分成小组—给出题目—小组讨论—发表见解—形成思路—确定内容”的教学流程，激活学生的写作灵感。在写中阶段，教师向学生提出写作要求，按照“分组讨论—挖掘内容—编写提纲—独立写作—初步检查”指导学生完成写作初稿。在写后阶段，教师列出评价标准和修改方法，如文章是否切题、要点是否完整、开头结尾是否点题、内容是否连贯，有无语法错误、有无单词拼写和标点符号错误；让学生两人一组，进行互改互批，学生相互倾听、相互帮助、共同提高；学生课后再修改作文，形成定稿上交。合作写作提高了学生的合作意识，培养了学生的合作精神，增强了学生自主学习能力。

（三）读后续写

Swain 和 Lapkin（1998）认为，二语习得过程其本质是指学习者学会使用非母语语言表达自己思想的过程。读后续写题型是高考英语中新出现的题型，它提供一篇 350 词以内的文本，要求学生根据文本内容、10 个画线词语以及所给的两段的段首句，进行 150 词左右的续写。该方法将阅读理解与写作产出、语言学习与语言运用、内容创造与语言模仿紧密结合。读后续写能够提高学生的阅读能力，提高学生的逻辑创新能力，提高学生的表达能力。Ellis（1994）发现，在续写过程中，为了在话题、思维和用语上与所读文章保持风格和逻辑上的统一，学习者会不断回读短文，引起语言认知，激发认知比较，产生语言协同效应。读后续写的教学设计和教学流程如下。Step 1：Skimming，教师让学生快速浏览文章，了解文章大意。Step 2：Summarizing the main idea，教师让学生概括文本大意，检验学生对文本内容的理解程度。Step 3：Brainstorming，教师让学生立足文本进行讨论交流，分享想法，启迪思维，找出核心信息。Step 4：Classifying key words and phrases，教师让学生在文本中画出关键词，以便嵌入续写的新文本中。Step 5：More reading，教师引导学生回读文本，形成自己的新文本信息。Step 6：Working out an outlining，教师让学生立足文本的核心信息和关键词，预设新文本的语篇框架、衔接与连贯。Step 7：Writing a new paper，学生根据文本概要和提纲，写出符合要求的文章。

（四）文化差异

语言是文化的重要载体，而思维与语言密切相关。学生应具有跨文化意识。如果学生不了解英语国家文化，写出的文章表现为中国式英语（Chinglish）。西方人说话、写文章惯于开门见山，把主题句放在最前面，以引起听者或读者的注意与重视，是一种逆潮式的思维方式，往往是判断或结论在前，事实或描写在后，即重心在前。英美等西方民族对自然持客观尊重的态度，强调对自然的模仿和再现，所以英语重形式、重写实、重理性，用词强调简洁自然。英语句子重“形合”，是主语显著语言（Subject-prominent），主题往往就是句子的主语。汉民族思维偏向形象性、综合思维、重辩证统一、曲线型发展，具有直觉、具体和圆式特点。汉民族在说理论证时倾向主观性的总结和归纳，较多地突出自己的主体性意见。因此，汉语句子重“意合”，是主题显著语言（Topic-prominent），其主题不一定就是句子的主语。英语的篇章行文脉络通常为：语篇主题句（Topic Sentence）、段落主题句（Key Sentence）、支持论点句子（Supporting Sentence）、连接词（Connectors）等。常见的语篇结构：议论文一般采用“问题—原因—方法”结构，说明文一般为“总—分—总”结构，叙述文主要呈现时间（Time）、地点（Place）、人物（Person）、过程（Process）、结果（Result）。学生在学习英语知识的同时，应增加英美国家文化知识，运用所学语言知识和技能吸收英语文化知识，达到运用英语进行交际的目的。

四、教学方法

（一）限时写作

限时写作（Time-controlled Writing）在英语写作教学中具有重要的指导作用。中学英语写作要求具有明确的观点句子、条理清楚、语句通顺、语法正确、上下连贯等。这就需要学生在有限的时间内写出主题明确、要点齐全、结构合理、内容连贯、语言流畅、书写规范的英语短文。限时写作的范畴较广，成果写作法（Product-writing）要求学生预先形成想法，利用规定的框架写作。过程写作法（Process-writing）关注写作中意义的建构，突出同伴互助作用，强调提纲、写作、修改的过程。控制性写作（Controlled writing）是学生根据教师提供的范文，在仿写时对选词、造句、结构、文体等方面予以控制。指导性写作（Guided writing）是通过“热身—模仿写作—扩展想法—引导写作”培养学生的创造性思维能力。

限时写作的要领是“要点+结构+逻辑+语法+亮点”。要点即文章的中心，应体现在主题句中，因为段落的灵魂在主题句，起到统领全文的作用。结构通常采用“三段论”，这种“观点—要点—总结”逻辑结构清晰，让人一目了然。逻辑主要是连接词的运用，这些词体现了文章的思路，可以用 first、second、third、finally 或 first of all、in addition、moreover 等表递进，用 in a word、to sum up、in conclusion 等表总结，用 but、yet、however 等表转折。语法反映了学生的英语基本能力，影响着文章的质量和水平，包括词汇、时态等的运用。亮点至关重要，尤其是词汇的多元化、词块的运用、句型的精彩。在写作教学中，教师应着重强化学生的写作构思、谋篇布局和表达能力，学生在构思时首先应具有“读者意识”（罗明礼，2011）。

（二）延时写作

延时写作（Delayed writing）是与限时写作相对而言的，指延长写作时间，把写作扩展为一个时间段而不是限定在一个较短的时间范围内。开放性写作（Open-ended writing）属于延时写作范畴。延时写作以写作驱动语言学习，提升写作能力和综合语言能力，对学生的观察力、想象力和发散性思维、分析判断等能力提出了较高的要求。教师布置写作任务后，要为学生留足必要的、充足的语言输入时间，让学生有充分的时间进行写前准备、写中构思、写后修改。延时写作的理论基于 Krashen（1982）和 Swain（1985）的输入和输出假设，既以输出为驱动力，又以输出为目的。输入是完成写作任务的促成手段，而不是单纯地增加接受性知识和理解能力。学生要成功完成教师布置的写作任务，需要认真学习输入材料，从中获得必要的帮助。延时写作包括自主选题、逆向设计、窄式阅读、过程写作四个基本步骤。

自主选题是学生主动将日常生活中的所见所闻作为写作题材，用英语撰写日记、游记、周记、观后感等，提升学生的英语写作能力。逆向设计是学生确立写作话题后，教师即呈现写作目标和评价标准，使其知晓现有水平和目标之间的差距，引起认知冲突，进一步激发写作驱动力。窄式阅读是学生通过同一风格、同一主题或某位作家的全部作品来提高阅读能力的策略（Krashen，1981），不断重复接触相似文本中的体裁、话题、词汇、句式，促进写作能力的提高（张念武，2018）。过程写作是在学生写作话题的确立、写作标准的呈现和窄式阅读完成之后，教师拟定写作评价标准，引导学生自主写作，采用教师评价、学生互评、学生自评，选出优秀作品进行分享。

（三）概要写作

概要写作（Summary Writing）是一种控制性的作文形式，是一种对原文的语篇内容、结构和逻辑进行高度浓缩并加工成语义连贯的短文。概要写作是新高考改革后的新题型，要求学生将一篇 350 词左右的原文简明扼要地缩写成 60 词左右的内容概要。概要写作特别强调思维能力的提升，要求学生着力提升语篇分析能力和语篇要点概括能力，分析文本信息的重要性和相关性，运用概要性的语言进行浓缩式的概括提炼，形成不加主观评论和解释的短文。概要写作是学生对语言材料吸收、存储、内化整理和表达的思维加工过程，能够考查学生概括文章主旨大意和准确获取关键词的能力，考查学生用简约化的语言概述文章重要信息的能力，考查学生把握文章整体结构框架的能力，考查学生语言能力和思维品质的核心素养。

概要写作可以通过定位主题句、利用关键词、缩写简单文本、改写复杂文本四个阶段循序渐进地训练，提升学生的文本阅读能力、逻辑思维能力和语言表达能力。定位主题句有助于学生把握文本的重要内容，梳理文本的框架结构，从宏观上整体理解文本。利用关键词是学生勾画除文本的核心词汇或关键词，结合标题或主题信息，用一句或几句话进行概括。缩写简单文本是学生找准、找全要点，厘清要点间的逻辑关系，用自己的语言对要点进行转述。改写复杂文本要求学生在对文本框架进行分析的同时，快速找全、找准要点，厘清要点间关系的基础上，用较为丰富的语言准确地转述要点及其关系。教师在讲授人教版高中英语必修 1 Unit 2 *The Road to Modern English* 一文时，可以引导学生抓住时间的关键词，如 AD 450 and 800 → AD 800 and 1150 → 1600 → 1620 → 18th century → 19th century → today → future，以事件发展历史、演变过程对课文进行缩写。

第六章 英语素养培育

第一节 学科教学素养

英语学科教学素养是英语教师的必备素养。英语教师需要有教育学、心理学的理论素养，知晓教育、教学理论并具有教学方法和学习策略的知识，知道如何教学（教学知识）。

教师应能理解和运用课程标准进行教学，培养学生英语核心素养，即语言能力、学习能力、思维品质和文化品格。英语教师应了解国内外外语教学法流派知识，如听说法、认知法、情境法、交际教学法、任务型语言教学及后方法时代教学策略。教师应知晓二语（外语）习得理论，如学得与习得、输入与输出假设，情感过滤假设等理论，关注学生的情感态度与价值观，关注文化教学，培养学生的跨文化交际意识、合作学习意识及自主学习意识。

教育部于2012年正式公布了中国教师的专业标准，标准的颁布和实施进一步规范和确立了教师应具备的基本能力素养，有利于促进中国教师队伍的规范和整体能力的提升，教师专业标准主要包括教师的专业理念与师德、专业知识和专业能力，同时不同级别的教师队伍也存在着不同的素养标准。教师知识主要包括以下几方面的知识：

学科教学法知识（Pedagogical Content Knowledge，PCK），涉及学科知识的重新组织与加工，并根据教学情境的需要进行传输与呈现，也包括对课堂突发事件的处理、对具体教学活动的设计安排等。

1986年，舒尔曼（Shulman）对教师的知识分类进行了研究，提出了7种类型的知识，即一般教学知识、关于学生的知识、学科知识、教学内容知识、其他内容知识、关于课程的知识以及教育目标的知识（李海峰，2013）。

当代，随着信息技术的迅猛发展，技术性知识成为教师必备的重要知识，目前教师的知识结构总结为以下知识：

（1）学科知识（Subject Matter Knowledge，SMK），主要包括所教学科有关的概念、理论、观念、组织框架等。

（2）一般教学知识（General Pedagogical Knowledge，GPK），包括教师对教学实

践、过程、程序、策略以及教与学的方法的认识，也包括关于教学目标、教学评价以及对学习过程的认识。

（3）课程知识（Curriculum Knowledge，CK），不仅指课程材料的使用、编排，而且还包含一定的课程理论知识，如课程内容、课程设计、课程实施及课程评价等。

（4）学科教学法知识（PCK），涉及学科知识的重新组织与加工，并根据教学情境的需要进行传输与呈现，也包括对课堂突发事件的处理、对具体教学活动的设计安排等。

（5）关于学生的知识（Knowledge of Learners），包括学习者特征、已有知识基础、兴趣爱好以及对学生学习中的困难或错误的诊断、评价、分析与纠正等。

（6）教师自我知识（Knowledge of Self，SK），包括教师对自我能力的认识与反思等。

（7）教育情境知识（Knowledge of Educational Contexts），包括学校所在的环境资源、政策文化等方面。

（8）技术性知识（Technological Knowledge，TK），关于传统技术与现代技术的本体知识及操作方面的知识。

（9）整合技术的学科教学知识（TPACK），代表着教师能够根据具体教学情境，综合考虑学科知识、教学方法和技术知识，设计恰当的教学方案，即把技术转化为解决学科教学问题方案的知识。

在教育信息化领域，2012 年颁布的《教育信息化十年发展规划（2011—2020）年》明确指出要推进信息技术与教学融合，促进教师专业化发展。

其中 Shulman（1986）提出了研究教师知识和教师发展最具影响力的理论框架之一 ——学科内容知识与教学法知识（Pedagogical Content Knowledge，PCK）相整合的教师知识结构模型。Koehler 与 Mishra（2005）正式使用这一概念，将技术知识纳入教师知识结构之中，提出了整合技术的教师知识框架（Technological Pedagogical and Content Knowledge，TPACK）（图 6−1）。TPACK 涉及教学法、学科内容和技术三种要素知识，但并不是这三种知识的简单叠加，而是需要教师在教学过程中依靠自身认知的灵活性去解决问题，积累 TPACK 知识。

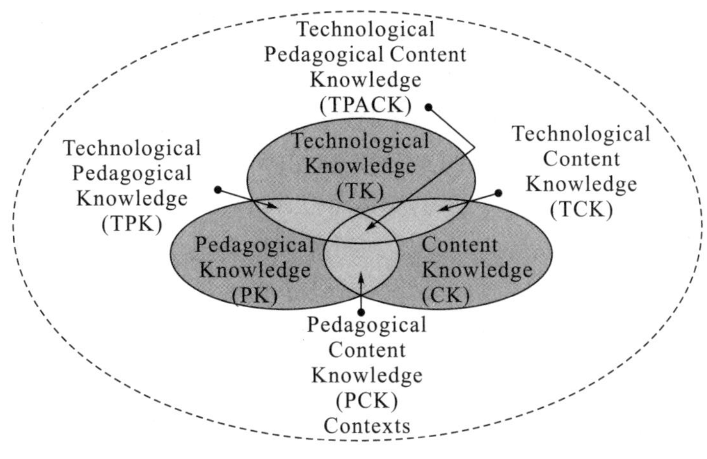

图 6－1　TPACK 各成分的交互关系

教师要具有整合学科教学法知识的素养。这需要教师既有坚实的学科知识基础，又具有丰富的教学法知识，与此同时教师也会在多媒体中挑选最优工具，针对所教知识匹配最优的技术与学科教学法知识。

能胜任教育教学的教师，其合理的知识结构应具备三方面的知识，即学科知识（也称本体性知识）、条件知识和实践性知识。英语教师应具备的学科教学素养包括对英语语言知识、文化的理解，对外语教学理论、国内外外语教学方法的熟悉和运用，结合英语课程标准要求，培养学生核心素养的理念，运用正确的英语教学策略和方法。在教学中体现英语教学的工具性和人文性，实现培养学生的英语综合运用能力这一目标。

学科知识方面，要求教师既要熟悉、理解所教学科的知识及与其他学科的联系，还要具备向学生传授学科知识的教学方法知识。条件性知识，即教育教学中所运用的教育学与心理学的知识，教学评价、教学方法与策略等知识。实践性知识，即教师在实际教学过程中所具有的课堂情境知识，这类知识大多来源于实践，是教师经验的积累和总结。

英语师范生是未来的语言教师。就英语的学科与专业特性，以及信息技术对教育的影响，英语师范专业素养赋予了 TPACK 新的内涵，对于信息时代外语教师的可持续发展和更好地回答“怎么培养人”具有十分重要的意义。

第二节　教学能力素养

一、教学能力

教学能力素养是英语教师的核心素养之一。教学能力是指教师为达到教学目标、顺利从事教学活动所表现的一种行为特征。由一般能力和特殊能力组成。一般能力指教学活动中所表现的认知能力，如了解学生学习情况和个性特点的观察能力；预测学生发展动态的思维能力等。特殊能力指教师从事具体教学活动的专门能力，如把握教材、运用教法的能力；深入浅出的语言表达能力；教学的组织管理能力；完成某一学科领域教学活动所必备的能力。研究表明：教师的表达能力、组织能力、诊断学生学习困难的能力以及他们行为的条理性、系统性、合理性与教学效果有关（顾明远，1998）。

英语教师的教学能力主要指英语学科教学设计能力和教学实施能力。此两项能力是英语教学能力素养的核心要素。教师资格考试对师范生的教学能力要求（高中）：能够根据英语学科特点，针对高中学生的认知特点、语言水平和学习需要选择并设计合理的教学内容，形成完整合理的教学方案。理解高中英语课堂教学实施的基本原则和方法，具备实施语言课堂教学的基本能力；能够根据教学设计，结合教学实际情况，采用恰当的教学手段，引导学生进行有效学习。对初中英语教师的要求：了解分析学生学习需求的基本方法，能根据学生已有的知识水平和学习经验，准确说明所选内容与学生已学知识的联系。了解学习内容的选择与分析学生的基本方法，能根据学生的认知特征和课程标准确定教学目标、教学重点和难点。掌握教案设计的要求、方法和技巧，能恰当地描述教学目标、选择教学方法、合理安排教学过程，在规定的时间完成教学设计。在教学实施方面：了解教学情境创设，指导学生掌握学习方法和策略，掌握教学组织形式和策略，了解课堂总结的方法，能运用现代技术进行教学。

二、教学分析

教学设计的前提是教学分析，通常包括教材分析、学情分析、教学目标、教学策略、教学方法、教学媒体、教学资源几个部分。

（一）教材分析

教师首先要对所授课的教学内容进行分析，熟悉和了解内容，了解单元、章节知识的内在联系及逻辑体系，确定教学的重点和难点，才能更好地预测学生学习可能出现的学习难点，提出预设性的解决办法。

（二）学情分析

教师应对学生认知水平、已有知识和经验有所了解，如初中学生和高中学生的认知水平有差异，同一个班级不同学生个体的认知水平存在差异；应对学生的学习动机、情感态度、自信心等方面进行了解。

（三）教学目标

教师基于教材分析和学情分析，要确定本课的教学总体目标，以及知识、能力、思维品质、情感态度、文化意识等方面的具体目标。教学目标的确定需要基于课程标准，围绕培养学生的核心素养，注意目标的具体性、可测性。

（四）教学策略

教师要对学生习惯性的学习方法和策略有所了解，分析学生在具体教学内容时可能采用的学习方法与策略，以便确定有效的教学方式。

（五）教学方法

教师要基于教学内容、学情特点、教学目标，运用恰当的教学方法，设计有效的教学活动，以实现教学目标。

（六）教学媒体

教师需要基于教学内容分析运用哪些教学媒体，以便更好地创设教学情境，尤其是情境化、可视化的多模态教学方式。

（七）教学资源

教师要立足教学内容、教学目标及学生实际等，准备丰富的教学资源、教学案例，这些资源是课堂教学材料的有益补充。

三、教学设计

英语教师应该具有教学设计素养和设计的实施能力。教学设计是基于教学分析进行教学过程的设计。教师要知晓教学设计的理念、设计的方法及设计的评价，教师要用学习理论来指导教学设计。图 6-2 展示了基于行为主义与建构主义的设计理念，教学设计基于学生特点，遵循以学生为中心，教师引导的原则。教学最后落脚到学生的产出，即学生的成果表现。英语教学体现在学生的综合语言运用能力上（Ayres，2008）。

Behaviourist Approach

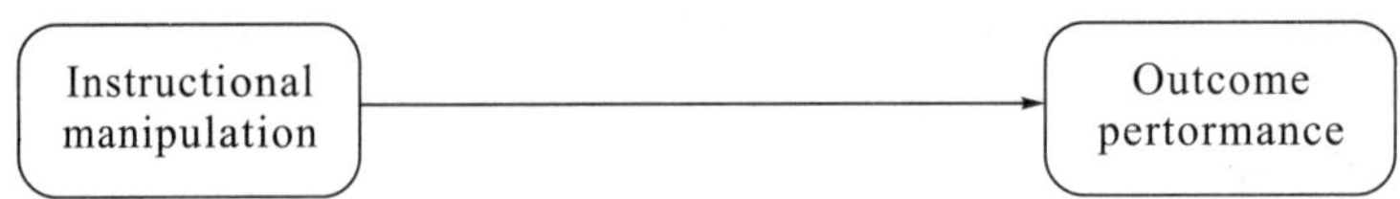

Cognitive Approach

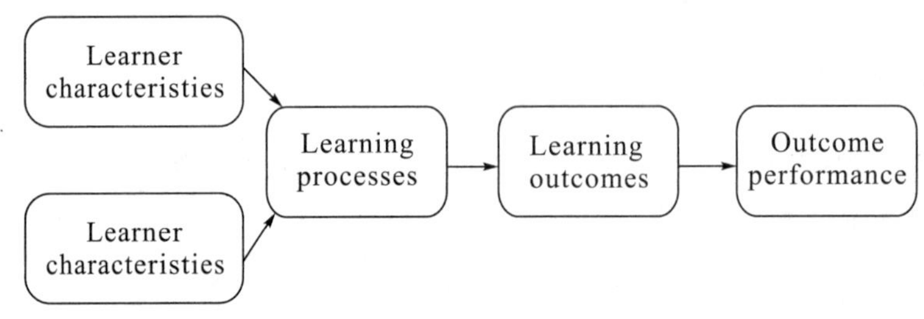

图 6-2　基于行为主义与建构主义的设计理念

教学设计要遵循学习结果可观察、可科学测量原则。教师要注重单元教学设计，尤其是教学目标的设计。教学设计一般包括五个要素，即分析、设计、提高（发展）、实施和评价，如图 6-3 所示。

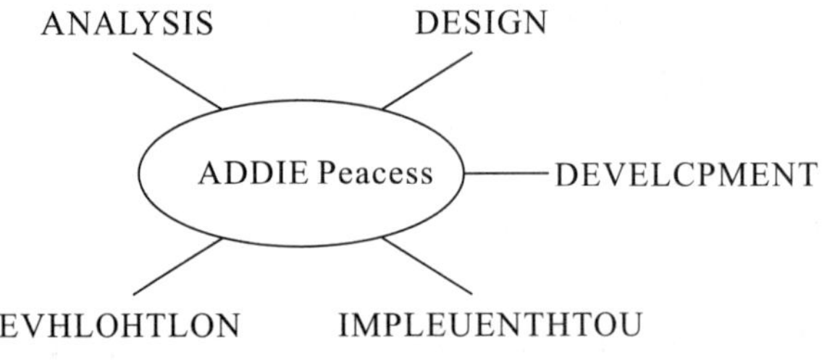

图 6-3　教学设计五个要素

教育部高中英语课程标准（2017 版）提出了关注主题意义，制定指向核心素养发展的单元整体教学目标的教学建议。

设计包含的子成分有：把教程的目标转换成表现性的目标与单元目标，确定单元主题及用于单元的时间，安排单元顺序，确定单元要达到的主要目标，确定单元的课时目标与学习活动，开发出评价已习得内容的具体标准。

教学设计应体现支架式、互惠式和引领式教学。互惠式教学指师生通过对话共同解决学习问题；教师引领式指在教师引导下师生探索问题，并通过对话分享解决问题的策略和方法。教学设计要聚焦教师教什么？怎么教？学生学什么？怎么学？而教师指导学生的学习策略是当今教学要关注的重点问题。如 Relevance 的教学图示（图 6-4），教学设计要把教师的教和学生的学紧密结合起来，达到学习效果最优化。

图 6－4　Relevance 式教学

教学设计不仅要运用现代教育技术、信息技术手段，为学生提供线上线下学习资源，发展学生自主学习的能力，还应让学生学会绘制教学流程图。

“教学流程图”顾名思义是关于教学过程的流程图，它是教师实施教学活动的蓝图，其作用在于：直观地显示出整个课堂活动中各个要素之间的关系、比重，简洁地呈现出教学中的重点、难点，较好地反映教师教学过程设计的逻辑性、层次性。简言之，教学流程图不仅是浓缩了的教学过程，它层次清楚、简明扼要，使学生一目了然，还可以与教学板书紧密结合。教师在讲授外研版高中《英语》必修三 Module 4 *Sandstorms in Asia*（Reading）时，可以采用图 6－5 所示教学流程图（乐山师范学院 2019 级英语 1 班陈禹洁供稿）。

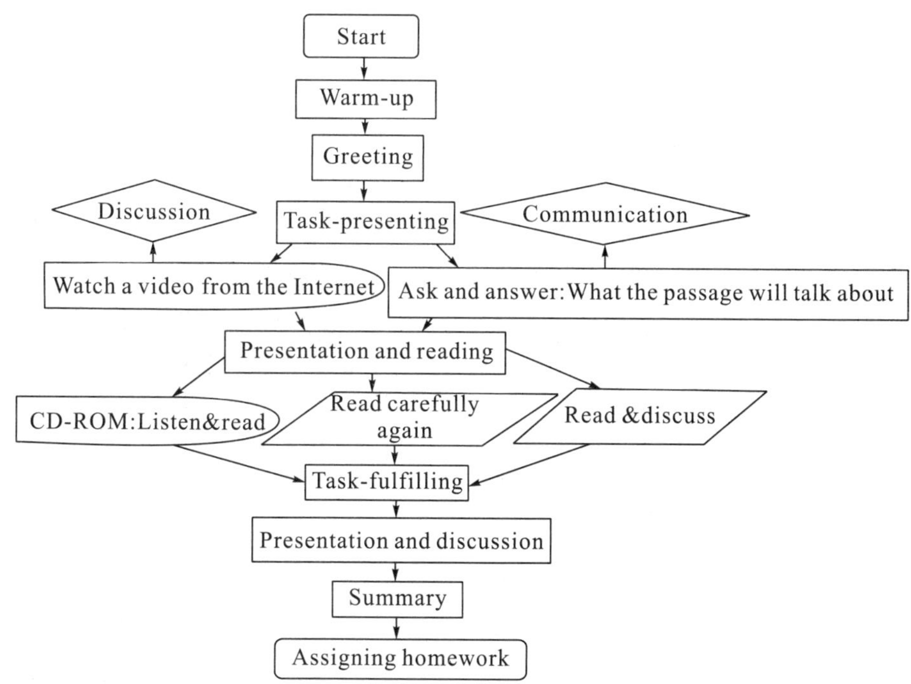

图 6－5　Sandstorms in Asia（Reading）教学设计流程图

教师在讲授外研版高中英语必修三 Unit 1 Knowing me，Knowing you 中 *Absolute Agony* 的课文教学时，可以采用图 6－6 所示教学流程图（乐山师范学院 2020 级英语 3 班吴梦姣供稿）提示自己的教学步骤或环节。

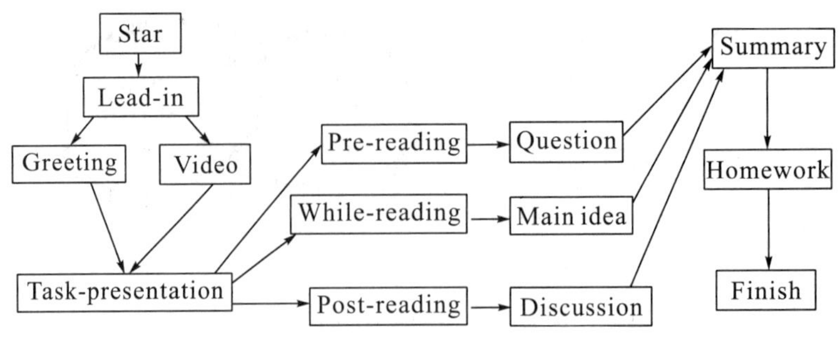

图 6-6 PWP 模式阅读教学设计流程图

四、教学实施

教学实施能力指开展课堂教学的能力，包括开课、上课及结课等完整的课堂教学过程。课堂教学是教师在教学分析和教学设计基础上实施教学的过程；是教学设计动态生成的过程，是基于教学设计，同时也反映了教师在动态生成过程中灵活处理教案的能力，体现教师依据学生反映创造性使用教案的能力。教学实施过程能体现教师的教育机智，关键点在于教师的语言表达能力、情绪控制能力、活动组织能力、对学生学习的评价反馈能力等。

（一）开课（Opening of Lesson）

开课即一节课的开始阶段，也叫导入阶段。教师要启动学生，启动学生的思维，运用活动吸引学生的注意力，引起学生的学习兴趣。根据 ESA 教学模式要求：Engage 的意思是让学生投入学习活动中。奥苏贝尔的意义学习理论认为，有意义学习必须以学习者原有的认知结构为基础，知识学习的迁移是学习发生的重要条件。他的先行组织者策略认为，先于学习任务本身呈现的一种引导性材料是新旧知识之间的桥梁。教师有效的开课技巧和策略是有效课堂的良好开端。英语教学中的导入方式多种多样，教师要基于教学内容、学生已有知识和经验设计导入环节，创设学习新知的情境。如可用复习旧知导入，可用图片、视频、歌曲、故事导入，可用问题、游戏活动等导入新知。

（二）上课（Body of Lesson）

课中作为学习阶段，在英语教学中指学生在教师带领下学习语音、词汇、语法、阅读文章，进行语言的训练巩固和掌握的学习过程。在这个环节中，教师要创设语境，定义概念，运用实例、演示、故事、活动等让学生理解语言、概念，区分语法异同，进行语言的呈现、讲解、训练、巩固、运用的教学活动；有基于主题意义的语篇理解，基于英语核心素养培养的理念；有文化意识的培养，跨文化交际能力的培养；有关注学生的学习动机、自信、价值观等情感态度实施教学。为了达到学生最优学习效果，教师要运用有效的方法和策略，要运用现代教育技术进行教学。教师能掌握教学的组织形式和策略，掌握指导学生的学习方法和策略，目的是实现既定的教学目标。

（三）结课（Closing of Lesson）

结课指教师在一个教学内容结束或一节课的教学任务结束时，有目的地通过归纳总结、重复强调等活动方式，使学生将自己学到的新知识、新技能进行及时巩固，把其纳入原有的认知结构，使学生形成新的完整的认知结构，并为以后的教学做好过渡的一类行为（薛彦华，王慧，2001）。笔者认为，结课是教师用归纳总结、回答学生疑问、布置预习作业等方式结束一个教学内容或一节课的内容；结课环节应回归到学生学习目标的达成上，既是本课的结束，同时又为下一节课做了铺垫。有意义学习是通过新信息与学生认知结构中已有的知识相互作用的结果，导致新旧知识意义的同化。结课在课堂教学中有着重要作用，但是此环节容易被忽视。

在教学实施能力中，教师素养是重要的条件。这些素养包括教师素养，主要指教师的良好的个性品质和人格魅力，具有教育理论知识和教育素养，能处理好师生关系，能很好回应学生提出的问题，满足学生的学习需求；专业知识素养，教师是否具有扎实过硬的英语专业知识；教师能力素养，教师掌控课堂的能力、教育机智等；另外如教师的声音、语言节奏、肢体动作手势、表情、与学生的眼神交流、教师的空间移动都对课堂教学有影响。

教师可以用以下信息来评估课堂教学的质量。

Evaluation checklist

Opening of Lesson

Provides lesson

Context & relevance

Asserts learning goal

Body of Lesson

Defines any terms needed to understand concepts

Uses effective examples，illustrations，anecdotes，etc.

Clearly distinguishes main points from supportive details

Organizes/Sequences information for optimal learning

Offers clear transitions between major points

Stays on topic & achieves stated learning goal

Closing of Lesson

Reasserts learning goal

Offers final thoughts（on implications，previous lesson，future lesson）

Other：

Opening of Lesson

Teacher Presence

Checks & responds to student understanding/needs

Attempts to engage group & individuals as appropriate

Responds well to students' comments/questions

Demonstrates confidence, rapport with students

Verbal & Spatial Behavior

Pacing and articulation

Voice level

Gestures & movement

Eye contact & facial expression

Use of board, other visual aids

Strategic pauses & silences

第三节　教学研究素养

一、教学研究的定义

教学研究旨在解决教学中的实际问题，其根本目的在于提高教师素养、教师实践教学能力和教学质量。教师对教育规律的认识、教育实践水平的提高来自教育教学研究。新课程改革要求教师更新教育观念，转变教育教学行为，教师要做“学者型”“研究型”“创新型”教师。教师的工作是充满智慧的工作，在教育教学中，要坚持“以生为本”，走“全面协调可持续”的育人之道。教师必须对自己的教育教学进行研究，提高自己的师德修养、专业水平、教育教学能力和教育教学艺术，促进教师专业化发展。教育科研是指从教育基础理论出发，针对教育的具体问题或事件，展开研究探索，进行规律总结。教师的研究目的是解决教学实际问题，研究的课题就是教育教学中困扰教师的问题，研究的对象是学生、教师自己和课堂，研究的过程是整个教学过程，研究的成果就是学生的发展、教师的成长、质量的提高。“解决问题”的教学过程就是行动研究的过程，教师的教育研究不能脱离学校。研究的开始先要找问题，问题分析越清晰，表述越具体，越有操作性。针对具体化的问题，基于对原因的分析，进行思考。教师的研究方式是行动研究，即在教学实践中尝试解决问题的方法和策略。这种实践可以是对个案，如一个问题、一个学生、一堂课的研究，也可以是整体的研究，时间可长可短，直到问题解决。

校本研修也称校本研究，是教师最经常、直接和有效的研究途径，主要包含三个方面：一是通过改进实践解决学校实际问题，二是要依靠学校自身的力量解决教育教学问题，三是要充分挖掘和利用学校的资源助推教学质量。校本研修是教师以学校为本、以学生为基础、以教师为主体开展的行动研究。换言之，校本研修是立足于学校实际、为了学生发展、突出教师成长而开展的一种开放式、发展性教研活动。校本研修的方式和模式多种多样，一是以“课例”为载体的教学型教研，围绕如何上好一节课而展开；二是以“课题”为载体的研究型教研，围绕一个科学问题而展开；三是以“学习”为载体的学习型教研，目的是通过学习提高教师的专业素养和教学水平。此外，中学经常性地开展集体备课、同课异构、教学竞赛、“公开课”等教研活动。笔者认为，立足校情、教情和学情的课例研究、微课研究、网络研修能够提升校本化的英语教学理念、方法和策略，有效促进教师或师范生的专业化发展。

二、教学研究的途径

（一）行动研究

行动研究即教师对自己的教学进行研究。教师对自己的课堂进行研究有助于提高教育教学质量。这种植根于自己课堂教学实践的研究也叫“行动研究”。英国学者 John Elliot（1991）指出，行动研究旨在提供和改善社会具体情境中的行动质量，以实践性为研究取向，强调行动研究者为解决自己实践中的问题而进行研究。教学研究可以从课前、课中和课后进行。尤其是课后，教师通过自己的讲授、课堂活动情况和学生所反馈的教学效果，进行认真的剖析和思考，找出教学的不足之处，寻找提高的方法和策略。教师可以通过观看自己上课的录像，对自己的教学与学生的学习进行研究和反思。英语教师可以从英语语言表达、语言知识的传授、课堂教学过程的设计及活动实施、学生的英语语言和听说读写技能的训练效果、学生的英语学习动机、课堂教学目标的达成度等方面进行思考，并在下一次上课中对不足之处进行改进，以此不断提高教学水平。

在高中英语教学中，学生的英语阅读相对分散，而且对英语“整本书”的教学研究和实践并不广泛。教师开展英语“整本书”教学具有一定难度，导致当下高中英语“整本书”阅读教学存在诸多问题：学生英语“整本书”阅读没有目标和计划，没有有效的阅读策略和方法；“整本书”阅读教学在实施的过程中比较随意，阅读效率低，没有成就感，因此感到厌烦；教师缺乏有效的、系统的教学模式，因此常对此不重视，不能给予学生很好的指导。针对这些问题，冯薏璇（2021）进行了三轮行动研究：第一轮确定阅读书目（如黑布林系列分级丛书），制订阅读计划（大致为每个月详读一本书），并将阅读教学计划应用到阅读指导课、阅读研讨课、阅读展示课教学之中。第二轮主要为如何激发学生阅读兴趣和组建“文学圈”阅读模式。第三轮传授阅读方法，建立评价体系。研究者通过对高中英语“整本书”阅读教学行动研究发现，学生对“整本书”阅读的兴致显著提升，学生的阅读技能以及英语素养也大幅提高。

（二）课堂观摩

课堂观摩即教师或实习生对同行、同伴上课的观摩。教师应多观摩同行的课堂，吸取别人的长处，尤其要观摩教学经验丰富的教师课堂。观摩后一同对所观摩的课堂进行讨论，产生思想的碰撞，从对方的课中吸取有益的经验。教师要学会观课的技巧，制订课堂观察量表，提高观课的质量。

英语课堂观察项的设定主要基于交际语言教学理论、交际理论以及语言习得理论的研究成果，研究者可以从宏观视角对课堂活动的交际性进行考察（Spada，1997）。观察者可以根据研究目的对量表进行调整。观察量表中有几个大项即“时间”“活动和片段”“参与者的组织”“内容”“内容控制”“学生状态”和“教辅材料”，每一个大项中又包含若干具体的小项（Spada，1997）。笔者从课程性质维度研制了中学英语课堂观察记录表（表 6-1），有助于较好地观课、评课和议课。

表 6-1　中学英语课堂观察记录表

<table>
<tr><td>授课教师</td><td></td><td>听课班级</td><td></td><td>记录人</td><td></td></tr>
<tr><td>课题名称</td><td colspan="3"></td><td>观察时间</td><td></td></tr>
<tr><td>观察视角</td><td colspan="2">观察点</td><td colspan="2">内容记录</td><td>观察随感</td></tr>
<tr><td rowspan="3">教学目标</td><td colspan="2">预设的学习目标是什么？</td><td colspan="2"></td><td rowspan="3"></td></tr>
<tr><td colspan="2">设定的目标是否符合学生实际？</td><td colspan="2"></td></tr>
<tr><td colspan="2">是否生成了新的学习目标？</td><td colspan="2"></td></tr>
<tr><td rowspan="4">教学内容</td><td colspan="2">教材是如何处理的？</td><td colspan="2"></td><td rowspan="4"></td></tr>
<tr><td colspan="2">课堂中生成了哪些教学内容？</td><td colspan="2"></td></tr>
<tr><td colspan="2">是否凸显了学科的特点、思想、核心素养？</td><td colspan="2"></td></tr>
<tr><td colspan="2">课堂容量是否满足该班不同学生的需求？</td><td colspan="2"></td></tr>
<tr><td rowspan="3">教学实施</td><td colspan="2">预设的教学方法有哪些？</td><td colspan="2"></td><td rowspan="3"></td></tr>
<tr><td colspan="2">有没有关注学生的学习方法指导？</td><td colspan="2"></td></tr>
<tr><td colspan="2">创设了怎样的教学情境？</td><td colspan="2"></td></tr>
<tr><td rowspan="4">教学评价</td><td colspan="2">评价主体是否多元？</td><td colspan="2"></td><td rowspan="4"></td></tr>
<tr><td colspan="2">有效的评价方式有哪些？</td><td colspan="2"></td></tr>
<tr><td colspan="2">是否关注了获取相关的评价信息如表情等？</td><td colspan="2"></td></tr>
<tr><td colspan="2">是否利用所获得的评价信息改进教学？</td><td colspan="2"></td></tr>
</table>

续表

授课教师		听课班级		记录人	
学习资源	预设了哪些教学资源，如音频、视频等？				
	预设的资源是否有助于学习目标的达成？				
	教学中生成了哪些新的资源？				
	向学生推荐的课外资源利用得如何？				

教师能够通过课堂观察量表发现教学中存在的问题。教师要关注课堂教学行为是否有效助力学生学习，有助于学习目标的达成。量表制订完成后，教师要深入课堂进行观察，对收集的数据进行分析，找出课堂教学存在的问题，并思考如何改进，提高教学效果。教师要立足于自身的课堂进行研究和改进教学，彰显教学艺术，提高教与学的质量。

（三）校本研修

1. 课例研究

课例研究源于 20 世纪 60 年代的日本。其研究过程为确定课例需要解决的问题、执行合作设计教案、集体观课、集体反思的循环过程（Stigler & Hiebert，1999）。它是教师以“课”为研究对象，旨在持续不断地提高和改进教学质量。20 世纪 90 年代，课例研究因其显著的教育成就逐渐被很多国家和地区视为改革教学的一种模式，在全世界推广并被广泛用于教学与教师专业发展。因此，课例研究本质上是一种教师反思性实践。

我国的“课例研究”源于顾泠沅教授 2002 年提出的“行动教育”校本教研模式，主要用于教师培训，核心是以课例为载体，强调专业引领和行为跟进。从严格意义上讲，课例研究是 2003 年，在教育部的推动下，作为校本培训形式逐步吸引了广大研究者的注意，其研究内容涵盖教学环节、学习方式、教学知识、学情分析、教学策略等。安桂清（2013）提出，课例研究应树立“以学习为中心”的价值取向，实现由“教”到“学”的重心转移。

课例研究是一种以“课例”为载体的“合作式”教学研究。它是教师们一起对一个特定课例的教学进行探讨，体现在设计、备课、上课、评课等环节之中，具有教学性、研究性和实践性的特点。由此可见，课例研究针对的是某个教学问题，而非某节课。它是以问题为导向，既是一种教学研究方式，也是一种教师联合起来计划、观察、分析和提炼真实课堂教学的过程（谌启标，2006）。

近年来，我国学者立足教材进行了课例研究。颜美娟（2017）从教学背景、内容、学情、目标等六方面对北师大版高中英语模块 4 Unit 10 *A Material World* 进行了设计、探究与实践，促进学生思维水平和自主探究能力发展。黄远振和黄睿（2018）以人教版高中英语选修七 Unit 4 Reading *A Letter Home* 为例，构建了“文本—主题—思维”的学思阅读教学课例，发现学思型阅读教学具有可操作性、可模仿性。易素涵和刘敏（2019）将人教版高中英语必修四 Unit 3 *A Taste of English Humour* 采用任务型教学，分为阅读前、中、后三个阶段，并进行了两轮课例研究，提出有效教学设计的关键点在于：明确课型、减少无关导入、把握学情、注重输出。杨文彬（2020）基于英语学习活动观，以人教版高中英语选修 8 Unit 5 Reading *A Visit to the Zhoukoudian Caves* 为例，引导学生基于文本、深入文本、再超越文本进行阅读课例探究。

2. 微课研究

"微课"（Micro-lecture）最早由美国北爱荷华大学 LeRoy A. McGrew 教授（1993）所提出的 60 秒课程（60-Second Course）和英国纳皮尔大学 T. P. Kee（1995）提出的一分钟演讲（The One Minute Lecture）。国内"微课"最初由广东省的胡铁生老师于 2011 年引入，包含与该教学主题相关的教学设计、素材课件、教学反思、练习测试及学生反馈、教师点评等教学支持资源。它们以一定的结构关系和呈现方式共同营造了一个半结构化、主题突出的资源单元应用"生态环境"（胡铁生，2011）。胡铁生等学者（2013）将"微课"定义为：主要是以微型教学视频作为主要载体，针对某个学科知识点（重点、难点、疑点、考点等）或教学环节（学习活动、主题、实验、任务等）而设计开发的一种情景化、支持多种学习方式的新型在线网络视频课程。

教育信息化推动了微课的发展，促进了与学科教学的融合。微课是教师运用多媒体技术设计一个 5~10 分钟的微型课程。它着重解决一个学习问题，其主题设计、教学方法、课程习题旨在引导学生理解学习主题展开。微课以短小、生动、简练等教学特色受到学生的欢迎。微课作为帮助教师解决教学重难点的新型教学资源，既具有信息时代教育革新的特点，又有帮助教师提升自身技能的作用（谢颖，2018）；不仅能够拓宽校本研修模式，提高教师的研修实效，而且能够解决教育教学的实践问题，还能够补充学校的校本培训资源库建设。

图 6-7 为国内近十年英语微课研究关键词生成的共现图谱，每个圆圈均代表一个关键词，圆圈的面积和关键词字体越大表明关键词和英语微课研究的共现率越高，研究热度也就越高（韩浩，刘俊娟，2020）。图中有四个较大圆圈区域，分别代表有关英语微课研究的四个知识群，从大到小依次是翻转课堂、大学英语、应用和高职英语。这表明高中英语和初中英语在微课方面的相关研究还有很大的空间。

图 6－7　2011—2020 年国内英语微课研究关键词共现图谱

3. 网络研修

“互联网＋教育”作为教育信息化发展的新形态，对教与学及其教学组织模态产生了巨大冲击，给教育理念、教学模式和教学方法带来极大的影响。在“互联网＋教育”的环境下，教师应该要具备互联网思维，运用相关信息技术，改革课堂教学模式，改进课堂教学方法，提升课堂信息化教学专业技能（席燕，王月香，2014）。教师作为教学主体，未来教育面临的最大挑战不是技术，不是资源，而是教师素质。这就给师范生今后的从师任教带来巨大的挑战，因此必须加强高师院校师范生信息技术应用能力的培养。

随着“互联网＋”成为国家战略，百度、阿里巴巴、腾讯（简称 BAT）等互联网布局教育，“互联网＋教育”新生态由此诞生。陈丽等（2016）指出，“互联网＋教育”是以互联网为基础设施和创新要素来构建新的教育生态体系。随着“互联网＋教育”在基础教育的广泛应用，教师改变了传统的教学思维与教学手段，将给中小学课堂教学带来巨大的变化。“互联网＋”已经成为促进我国中小学教育改革与发展的重要推动力（高朝邦，唐毅谦等，2016），将对教学对象、教学目标、教学环境、教学内容、教学模式、教学评价等方面产生越来越大的影响。随着信息技术与教育教学的深度融合，教师应树立终身学习的意识，不断更新自己的知识，掌握新技能，提高教学能力，培养创新能力。

网络与校本研修的融合聚合了校本研修和网络研修的优势，凭借其开放性、便捷性和良好的交互性被广泛应用，成为提高教师教学能力的重要方式。目前，师范生的教育信息技术应用能力与基础教育发展需要还存在较大的差距。无论是高师院校师范生培养，还是基础教育在职教师职后研修，可以基于网络学习社区、专业学习论坛、QQ群、微信群、腾讯会议等社会化软件的教师发展群、专题学习网站、“虚拟教研室”等线上线下开放教育资源等多种形式提升教育教学教研能力。高师院校应走出传统师范教育实地观摩的禁锢，加大力度与基础教育优质基地学校共建共享“远程实景教学”资源中心，为师范生和在职教师提供在线学习、交流、合作、创新、高效的教研平台。

第四节　智慧教育素养

一、智慧型教师的需要

素质教育呼唤智慧型教师。首先，智慧型教师应学习先进教育理论，掌握基本的教育规律，对学生常怀仁爱之心，平等地看待每一个学生，抓住学生的闪光点，充分发挥和调动其主动性、积极性和创造性。其次，教师应具有较高的教育机智和很强的教学能力，有自己的教学主张和独特的教学风格，能在课堂教学中随机应变，自如地解答学生的疑问。再次，教师应树立终身学习的意识，不断提高自己的知识水平，掌握较高的科研理论，具有较强的教研科研能力，特别是具有在教育教学中发现问题的能力，并以此申报课题，设计课题实验方案，进行教研教改，总结经验、提炼成果、提升专业素养，逐渐由学科专业教师转向科研型教师。最后，教师还应走在时代的前列，做一个有创新智慧的老师。

素质教育需要创新型教师。创新教育是素质教育的核心，旨在培养学生创新品质的教育，是创新精神、创新能力和创新人格的有机统一体。创新是一个民族发展不竭的动力，作为教师不但要有创新精神、创新意识，还要有创新思维、创新能力，并在自己的教育教学实践中不断发现新问题，探索新途径，提出新观点，总结新经验，取得新成果。一个具有创新素质的教师才能培养出具有创新素养的学生。在开展创新教育中，学校必须把培养教师的创新素质放在首位，为教师创新素质的形成创设民主宽松环境和氛围。创新型教师应当善于吸收、善于转化、善于创新，应当具有深厚的教育理论知识的积淀，能够将理论与学科特点和学生实际相结合，把理论学科化、具体化、操作化，在吸收和借鉴的基础上有所发现、有所改进、有所创造。实践证明，一个思想保守的教师很难培养学生的创新意识。教师只有走出一条自主创新之路，才能培养出真正适应未来发展的创新型人才。

二、教师胜任力

“胜任力”一词最早由哈佛大学教授戴维·麦克利兰提出，指在特定的工作中能够将成绩突出者与工作普通者区分开的个人特征。20 世纪 90 年代，我国学者在管理领域内关注胜任力，对其进行一定的理论研究和实践探索，建立了一些相应的胜任力模型。有学者认为，教师胜任力是教师在日常教育教学工作中表现出来的，并且能够区分优秀教师与普通教师的一种个体潜在特征；也有学者认为，教师胜任力是教师个体所具有的、与教育教学工作有关的专业知识、技能与价值观（盛艳燕，2017）。当前，中小学初任教师在胜任力方面存在诸多问题，主要体现为：专业知识与教学技能不够扎实；职业价值观不明确，没能形成正确的职业理念；部分教师在教学过程中表现出消极、被动的态度，其应变与问题解决能力较低（孔敏，2019）。

国内关于教师胜任力的研究内容在丰富和发展，且随着研究情境的改变有了新的拓展。研究表明，从传统的胜任力内涵研究逐渐细化为包括岗位胜任力、教学胜任力、教师胜任力、教学能力及临床胜任力等新的内涵界定研究（图 6—8）。研究内容在新的实践情境下出现新的侧重及发展，从传统一概而论的研究现象转变为包括研究实践胜任力、在线教学胜任力等方向的多元化发展。结合后疫情时代的发展背景，未来我国的教学胜任力研究发展方向可能变为双线混融教学胜任力、情境教学胜任力、实践教学胜任力三大研究方向（刘庆红，2022）。

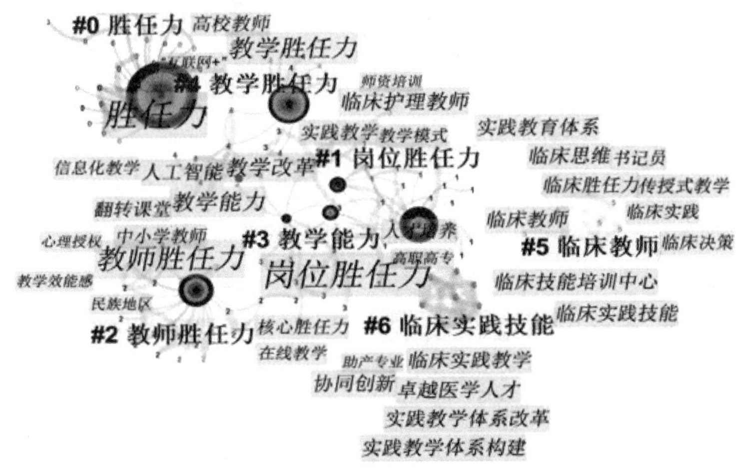

图 6—8　国内 2016—2020 年教师胜任力 Term-Keyword 混合网络图谱

教师胜任力还体现为智慧教育和对学生的生涯指导。智慧教育对于教师的学科知识、教学技能、教学反馈以及互动能力等提出了更高的要求。教师的胜任能力不再局限于学科知识和教学技能，还必须增强教育技术应用能力、课堂组织能力、创新思维能力等。随着新高考改革的推进、高中育人方式的变革，学生对课程的“选择权”，要实现高中教育基础性之外的学生个性化、差异化发展，就要求教师具有对学生个别化生涯规划、学业指导的能力，这是新时代教育变革赋予中学教师的新角色与新职责（万恒，王芳，2021）。

三、课堂领导力

领导力顾名思义是领导者的能力，是“领”与“导”能力的总和。“领”指引领和指引，“导”是控制和疏通。领导力主要来自两个方面：一是权力性影响力，二是非权力性影响力。前者的影响力与职位有关，而后者与职位无关，它取决于领导者的综合素质，是品质、能力、知识、感情等的综合反映和体现。可见，领导力是领导者在特定的情境中，吸引和影响被领导者与利益相关者并持续实现群体和组织目标的能力（龙君伟，陈盼，2010）。

课堂是学校育人的主场所，这就为教师课堂领导提供了可能。需要指出的是，领导和领导力是有区别的，领导是“一种过程”，而领导力是“一种能力或能力体系”（龙君伟，陈盼，2010）。作为基础教育一线教师，更偏向于“非权力性要素”的影响。教师课堂领导力是一种综合性的领导力，是教师在教育教学过程中依靠其专业权、知识、能力、情感等多种要素，通过与学生的互动而产生的一种综合性的影响力（管银花，2017）。由此可见，教师课堂领导力是教师对课堂主导和驾驭的能力，体现为课堂教学的前瞻力、感召力、决断力、影响力和控制力，其核心是影响、引领学生和完成“教”“学”目标的能力。

新手教师和教育实习“准教师”课堂领导力不足是一个值得深入思考的问题。由于认可度和教学成效等原因，作为新手教师或教育实习生，他们的课堂影响力和感召力普遍较低，弱化现象比较明显。总体上，他们对课堂发展进程缺少前瞻，对课堂气氛营造缺少感召，对学生心理情绪缺乏影响，对课堂突发事件缺乏决断，对课堂生成情境缺乏掌控（李健，陈琳琳，2021）；对学生的自主学习策略的培养和引领明显不足（王彩琴，2015）。研究表明，高中英语教师课堂领导力偏弱，主要原因在于他们缺乏机会提升自身的英语水平（管银花，2017）。

教师课堂领导力的提升要通过“教”“学”共同目标的实现才能得以体现。教师应激发学生的学习兴趣，增强学生的学习动机，促进学生的学习策略，才能提高教师自身的课堂影响力。教师只有充分满足学生的成就需要，才能激励学生热爱学习，从而提高教师对学生的感召力。英语教师的课堂领导力唯有在教学中通过自身扎实的英语专业知识、流利的口语、精湛的教学技能、高尚的师德情操，影响并带动学生一起努力才能实现。

王彩琴教授（2015）就课堂领导力在讲授新目标英语八年级（上）第十单元 What are you going to be when you grow up? 时进行过实验。本课的教学重点是用 be going to 表达个人将来的意愿和计划，学习和掌握相关的词汇。研究者首先明确语言目标为“人生规划能力的培养”，其次确定课堂活动重点为“合理设计未来的生活和学习计划”，然后确定课堂学习活动主线为“基于个人实际情况，选择高中就读学校，展望大学理想专业”。本节课教学的主要句型：What are you going to be when ...? I'm going to ... 研究者先与学生分享教学目标：①Learn to make plans（about life & learning）；②Learn to share（the happiness in life & learning with friends）；③Learn to analyze and understand（one's interest and advantages）. 然后，通过“选择高中就读学校”和“大学理想专业”，借助“分享梦想”主题开展词汇学习和运用练习。这就较好地将课程思政与英语教学有机结合、巧妙融合。可见，课堂领导力是一门艺术，展示了教师的教育机智，体现了教师的综合素养能力。

第七章　英语思维塑造

第一节　跨文化意识

一、跨文化的内涵

英语课程标准（2022 年版）对文化知识的描述：文化知识既包括饮食、服饰、建筑、交通，以及相关发明与创造等物质文化的知识，也包括哲学、科学、历史、语言、文学、艺术、教育，以及价值观、道德修养、审美情趣、劳动意识、社会规约和风俗习惯等非物质文化的知识。文化知识的学习不限于了解和记忆具体的知识点，更重要的是发现、判断其背后的态度和价值观。关于文化知识的三级具体要求如下。

（1）世界主要国家待人接物的基本礼仪和方式，体现文化的传承和人与人之间的相互尊重；

（2）具有优秀品格的中外代表人物及其行为事迹；

（3）中外优秀艺术家及其代表作品，以及作品中的寓意；

（4）中外优秀科学家，其主要贡献及具有的人文精神和科学精神；

（5）中外主要节日的名称、庆典习俗、典型活动、历史渊源；

（6）中外餐桌礼仪，典型饮食及其文化寓意；

（7）世界主要国家的名称、基本信息（如首都、地理位置、主要语言、气候特征等）、社会发展，以及重要标志物的地点、特征和象征意义；

（8）中外名人的生平事迹和名言，以及其中蕴含的人生哲理；

（9）不同文化背景下，人们关于生命安全与健康的态度和观念；

（10）不同文化背景下，人们的理财观念和方式及其带来的影响；

（11）中外大型体育赛事的项目名称、事实信息、历史发展、优秀人物及其传递的体育精神；

（12）不同文化背景下，人们的劳动实践和劳动精神；

（13）不同国家青少年的学习和生活方式。

二、文化意识及培育

文化意识指对中外文化的理解和对优秀文化的鉴赏，是学生在新时代表现出的跨文化认知、态度和行为选择。英语课程标准（2017 年版）的文化意识目标：获得文化知识，理解文化内涵，比较文化异同，汲取文化精华，形成正确的价值观，坚定文化自信，形成自尊、自信、自强的良好品格，具备一定的跨文化沟通和传播中华文化的能力。

文化意识体现英语学科核心素养的价值取向，文化意识的培育有助于学生增强国家认同和家国情怀。因此，在英语学科教学中，通过提升中学生的文化意识，落实“立德树人”十分必要。培育文化意识，能够了解不同国家的优秀文明成果，比较中外文化的异同，发展跨文化沟通与交流的能力，形成健康向上的审美情趣和正确的价值观；加深对中华文化的理解和认同，树立国际视野，坚定文化自信［《义务教育英语课程标准（2022 年版）》］。

英语课程标准（2022 年版）对文化意识的学段（7～9 年级/三级）目标就“比较与判断”进行了规约：能初步理解人类命运共同体和全人类共同价值的概念；能通过简短语篇获取、归纳中外文化信息，认识不同文化，尊重文化的多样性和差异性，并在理解和比较的基础上作出自己的判断；能用所学语言描述文化现象与文化差异，表达自己的价值取向，认同中华文化；树立国际视野，具有比较、判断文化异同的基本能力。

在“调适与沟通”方面，学生能认识到有效开展跨文化沟通与交流的重要性；对具有文化多样性的活动和事物持开放心态；了解不同国家人们待人接物的基本礼仪、礼貌和交际方式；能初步了解英语的语用特征，选择恰当的交际策略；能意识到错误并进行适当的纠正；在人际交往中，学会处理面对陌生文化可能产生的焦虑情绪，增强跨文化沟通与交流的自信心；初步具备用英语进行跨文化沟通与交流的能力。

在“感悟与内化”方面，学生能理解与感悟中外优秀文化的内涵；领会所学简短语篇蕴含的人文精神、科学精神和劳动价值，感悟诚实、友善等中外社会生活中的传统美德；能自尊自爱，正确认识自我，关爱他人，尊重他人，有社会责任感；能欣赏、鉴别美好事物，形成健康的审美情趣；具有国家认同感和文化自信，有正确的价值观和积极向上的情感态度；有自信自强的良好品格，做到内化于心、外化于行。

教师应当结合教学内容，引导学生关注语言和语用中的文化因素，了解中外文化的异同，逐步增强学生对不同文化的理解，为开展跨文化交际做准备。教师应根据学生的语言水平、认知能力和生活经验，创设尽可能真实的跨文化交际情境，让学生在体验跨文化交际的过程中，逐步形成跨文化交际能力。

教师可以通过阅读教学让学生学习国外文化知识，理解文化内涵，比较文化异同，汲取文化营养，形成跨文化意识，在这一过程中逐步形成跨文化交际意识和能力。在学习外国文化的同时，要加深对中华文化的了解和认同，重视中华优秀文化的传承和弘扬。

文化教学应遵循以下原则（高兰凤，2013）：

整体性原则：将文化融入语言教学，使语言教学、语言技能训练与文化教学相融合；

差异性原则：在文化教学中，通过中外文化的差异对比分析，理解外国文化，同时珍惜中华文化；

实用性原则：教学中不应单纯关注考试，而要结合学生的日常交际及未来职业规划，使学生产生学习兴趣。

趣味性原则：在教学中教师可以运用视频、图片等可视化手段创设情境。如在学习介绍西方餐桌礼仪文本时，教师可借助餐桌物品摆放图片或视频等给学生直观感受；在学习外国身势语时可借助肢体语言或电影片段等让学生易于理解不同的身势语所表达的意思。

在词汇教学中，教师要注重中西文化差异，尊崇文化习俗的不同，切不可望文生义，尤其要了解英语国家的文化特征，才能提高英语使用的得体性。比如 dragon（龙）在汉语中是吉祥动物，中国人将自己说成“龙的传人”，还有“望子成龙”的说法。但是在英语中，龙则是一种凶猛的怪物，常被看成是邪恶的象征。因此，根据英美文化的背景知识，亚洲四小龙就不能说 Asian Four Dragons，而应译成 The Four Asian Tigers。

值得注意的是，传统文化彰显一个国家的人文底蕴。中华民族优秀传统文化在英语教学中具备不可替代的育人功能，将我国优秀传统文化融入英语教学可以更好地避免教育观念偏颇等现象。文化形成的背后有着深厚的社会历史，学生基于优秀传统文化进行英语语言学习，不仅有利于提升自己从不同的维度看待问题的能力，还能够从客观理性的视角审视事物的发展与文化的差异性。

第二节　跨学科意识

一、跨学科教学的内涵

（一）跨学科教学的含义

跨学科教学指综合运用两种或两种以上的学科知识，对一个共同“教学任务”进行加工和教学，使学生形成对某一问题的综合理解。美国心理学家加德纳的多元智能理论认为，教学应注重培养学生的多元智能，教育者应打破固有的学科界限，将学科知识进行有机整合，有侧重、有计划地开展教学活动，为学生建构多元知识能力图谱。

新课程改革的一个显著特点是突破学科本位。核心素养打破了以单学科知识和能力为主导的局限，旨在培养学生向跨学科能力、综合运用能力过渡。新课改背景下，课程的综合化为构建知识综合化教学铺平了道路，学科教学应努力促进知识的交融与渗透。教师树立跨学科教学意识应自觉、有机地整合其他学科，交叉渗透相关知识点，建构综合知识和能力网络。新课改要求教师将促进学生终身发展作为根本目标，这也为教师进行跨学科教学奠定了理论基础和应遵循的基本原则。

（二）跨学科教学的需要

跨学科意识是中学英语教师应该具备的基本素养。教育部（2019）提出立足全面发展育人目标，构建“核心价值、学科素养、关键能力、必备知识”的高考考查内容体系。阅读理解、语言运用、写作是高考考题的重要组成部分。内容涉及的主题语篇涵盖人与自我、人与社会、人与自然。教师以主题为引领，以语篇为依托，培养学生通过阅读深度探究文章主题意义，拓展语篇主题和语篇类型。英语教学应体现对学生德智体美劳五育发展的引领作用。教师应引导学生建立跨学科意识，把学生所学习的政治、经济、文化艺术、自然环境与保护、旅游、物理、化学、信息技术等知识与英语学习和运用结合起来，以英语为载体，准确理解文本主题意义、语篇类型，发展学生语言综合运用能力。

英语是文化与信息的重要载体。任何教材都有一定的局限性，在英语教学中进行跨学科知识的渗透，不仅能够弥补教材知识的不足，还能激发学生学习的积极性。多学科渗透英语教学运用其他学科的知识为英语教学服务，而且跨越了学科界限，提升了学生的英语运用能力，拓宽了学生的知识面，提高了他们的综合能力。事实上，教材的更新速度远远赶不上社会生活和时代发展。英语教学如果不贴近现实生活，不紧跟社会发展中出现的新事物、新技术、新动态，就谈不上学生对知识的实践应用，也不可能适时培养学生的创新精神和创造能力。

由此可见，英语跨学科教学既能够培养学生学习的兴趣，还能够提高他们的综合素质。跨学科融合摒弃了传统课堂“为学习而学习”的教育模式，使学生能够更加积极地投入英语学习之中，促进学生对其他学科知识的融会贯通，激发他们持续高涨的学习兴趣，有效提升了他们的英语运用能力，增强了他们的学习成就感。

二、英语跨学科教学的探索

（一）与音乐学科的结合

英语尤其是初中英语教学与音乐有机结合，既可以活跃课堂气氛，还可以帮助学生培养良好的乐感，增强英语的语调、语感。将音乐与英语进行融合性的教学设计，不仅能培养学生的审美情趣，降低他们对英语学习的焦虑感，还能唤起他们对英语学科的热爱。如在初中低年级的英语热身教学环节，教师让学生唱英语歌曲，能较快地把学生的注意力集中到学习中来。在歌曲中操练单词、句型、语篇，能够使学生在轻松愉快的氛围中掌握知识和用法。

（二）与美术学科的结合

美术教育与英语学科整合的教学能够创设英语学习情境，让学生在轻松愉快的环境中开展交际活动，获得美的情感和美的享受。如教师在初中英语教学中，在教授颜色的单词时，可以通过不同颜料的混合产生新的颜色，以此引出 orange、purple、green 等英语单词，使学生既了解和运用美术知识，又巩固和掌握了英语单词，培养了创新和创造精神。教师将美术中如简笔画、概念图等知识融入英语教学中，学生不只是享受到视觉美，增长了英语和美术知识，还培养了他们欣赏美的能力以及英语表达能力，寓英语教学于美育教育之中。

（三）与地理学科的结合

英语教材涉及很多政史地的内容。如教师在讲授 The United Kingdom 时，首先设计一项让学生通过网络了解相关信息的任务。然后，教师用多媒体展示有关英国的图片，让学生说出他们所了解的英国概况，如世界位置、组成部分、首都、主要城市、气候特点、农牧业生产、宗教历史、生活习俗等。最后，教师给出 Compare the climate in China with that in the UK，what is the same and what is different? Can you explain the reasons? How do you introduce your hometown to a foreigner? 学生通过这些活动对英国情况了然于胸，为使用英语学习其他国家的地理和历史打下了基础，使学生的学科知识得到拓宽和延伸。学科之间的交叉与融合使学生的思维能力、审美情趣、创新精神等综合素质得到全面发展。

三、跨学科元素的挖掘

中学英语教材中蕴含着丰富的跨学科元素素材。在外研版初中英语八年级（上）Around the world 中，Module 2 介绍了华盛顿特区的情况，Module 3 介绍了马拉松赛的历史由来，Module 4 介绍了世界上最长的铁路，Module 5 是关于希腊的戏院，Module 6 揭示了濒临灭绝的海洋动物蓝鲸的生存现状。这些学习材料主题多样、学科交叉，有地理、体育、建筑、生物等方面的内容，还有数学、物理、化学等方面的主题。因此，学生应把英语语言的学习与其他学科的知识联系起来。这种学习已经超越了英语词汇、语法、篇章结构层面的知识学习，更是建立在人文知识、科学探究、素养培养等基础上的有意义的语言学习活动。通过系统性的跨学科知识学习，学生能够树立积极的情感态度和正确的价值观。

英语新高考涵盖诸多学科，堪称“综合文科”。英语高考试题是核心素养时代的“风向标”，对高中英语教学具有极大的导向作用。近年来，英语高考试题虽然发生了一些变化，但仍然呈现出一些共同点：所有选材与当代社会生活密切相关，体裁有记叙文、说明文、议论文、应用文等；题材涉及故事、人文、科技、社会现象、文化活动等。教师唯有在教学中加强对学生语言基本功的训练和语言运用能力的培养，同时加强学科之间的交叉融合，将不同学科的相关知识与英语教学有机结合，充分发挥英语学科的工具性，才能更好地吸收其他学科的知识，丰富他们英语学习的体验，激发他们学习英语的兴趣。

教师通过设计综合性的教学实践活动，才能落实“学习理解、实践应用、迁移创新”的英语学习活动观。如 2021 年全国高考阅读 A 篇是关于国外旅游的内容，介绍了罗马的四家旅社；阅读 C 篇是关于水禽和湿地保护的内容；阅读 D 篇是关于情商情感态度方面的内容；语法填空是关于黄山旅游的经历；语篇融入了中华文化。因此，培养学生跨学科意识具有十分重要的意义，也是对英语教师的基本素养要求，是发展学生批判性思维的关键方法。

第三节　可视化思维

一、可视化思维的内涵

思维品质体现英语学科核心素养的心智特征，是英语课程目标的创新成分。探索思维品质发展机制和可视化教学策略是当下课堂教学转型的着力点。思维的重要特征是其抽象性，因为人们在对输入的信息进行加工、编码、再构建新的认知结构的思维过程往往不能显性地被人们看见。

可视化思维也称思维可视化（Thinking Visualization），是用图示的方法把知识以形象和直观的方式表观出来，即运用可视化技术，把原本看不见的思维过程呈现出来（刘濯源，2016）。换言之，思维可视化的内容是思维的过程，即将思维的过程可视化（郑鸿颖，2019）。思维可视化是运用一系列图示技术，将本来不可视的思维内容、思考方法、思考路径呈现出来，使抽象的思维变得可视化。这种思维可视化、知识可视化的教学方法可以帮助学生理解抽象的教学内容，有助于学生更好地理解记忆教学内容。

现在有多种可视化手段，如图片、绘画、视频、思维导图、概念图、树状图、流程图、圆圈图等，可以直观、生动地梳理抽象的知识，体现知识之间的逻辑关系，便于学生的理解、运用和掌握，从而提高他们的学习效果。因为可视化教学能够快速引起学生的注意，利用图像、图形与文本的结合，增强了学生的视觉感知能力，使他们能够根据可视化了的知识创建自己的心智图像。

二、英语思维可视化教学

教师运用“思维可视化”教学方法，可以培养学生提炼、概括、分析等逻辑思维能力以及语言表达能力，还可以帮助学生有效地梳理文本的整体框架、理解文章句子间的逻辑关系，促进学生更深层地理解文本内容。可视化教学在英语教学中运用广泛，可运用于语音、词汇、语法、语篇及听说读写语言技能教学中。教师只有具有可视化教学意识，才能促进学生形成可视化思维习惯，有效提高英语教和学的效率。

越来越多的教师在英语阅读教学中运用思维可视化工具作为“支架”，帮助学生构建文本框架体系，引发其深入理解和思考问题，培养其分析、综合和评价的批判性思维品质。教师通过“思维可视化”引领学生完成文本解读，将语言学习变为可视化及结构化的思考和自主探究，从而提高教与学的效能（王颖婷，2020）。

教师在讲授外研版《英语》七年级下册 Module 6 Unit 2 *The London Eye is on Your Right* 的阅读部分时，首先，呈现出伦敦旅游景点地图（图 7－1），用地图引导学生了解伦敦几个重要的景点。然后，教师用大量的图片展示伦敦的地标建筑，如伦敦眼（London Eye）、大本钟（Big Ben）、塔桥（Tower Bridge）、大英博物馆（British Museum）、泰晤士河（Thames River）等。学生在学习如何描述方位、地点位置及旅游景点的同时，能够形象化地了解英国首都的城市风貌、特点等。

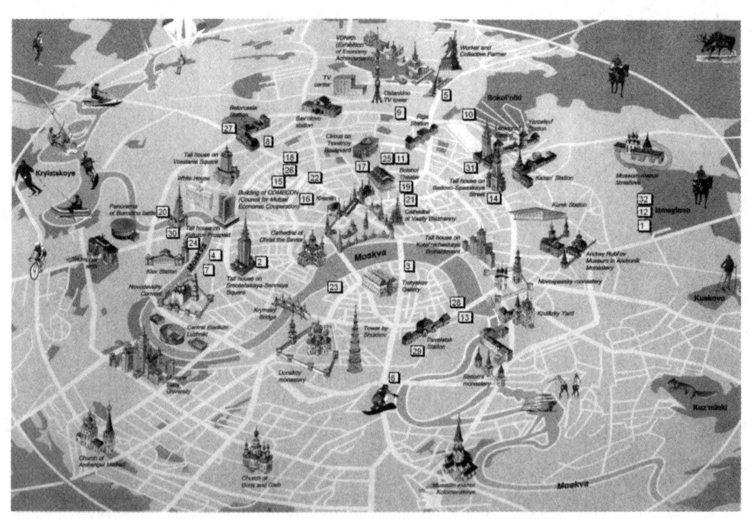

图 7－1　London Tourist Attractions Map

如上教版初中英语八年级（下）Unit 3 *Traditional Skills*，文本以中国传统的一种捕鱼方式为主要内容，讲述了捕鱼人王大民（Wang Damin）利用鸬鹚（Cormorants）捕鱼的传统技术，以及中国传统技术发展所面临的问题。首先，教师以“Do you know anything about Chinese traditional skills? Please list as many names as possible.”提问，对学生已有的相关知识进行前测，了解他们对 Chinese traditional skills 的掌握情况。

然后，教师以 traditional skills 为思维导图中心，对不同类别的 skill 进行甄别，以便学生找出具有中国特色传统技艺特征的技能及英文名称。接着，教师利用 KWL Chart 思维可视化工具将学生已有的知识和将要学习的知识进行连接，引导他们了解文本的主要人物、主要事件、主要活动。在 What I want to know 环节，学生通过对文本的理解，梳理文本框架，筛选出文本的有用信息，完成图表（表 7－1）的基本内容，尤其要对 How 部分进行深化或讨论。最后，教师让学生概述或简述文本信息，以检测学生是否达到 What I learn 的效果。

What I know	What I want to know	What I learn
shadow puppet paper cutting NewYear picture traditional skills dough maker sugar painting	Questions about traditional fishing skills: 1.Who? 2.Where? 3.What? 4.How? 5. … 6. …	1.The process of traditional fishing skill(describe) 2. …

表 7－1　KWL Chart：Traditional skills

利用图形 KWL Chart 思维可视化，使用半固定模式目的是在教学中体现分层教学。基础较好的学生通过阅读不仅能获得关键信息，还能根据自己的理解和思考提出问题。基础较弱的学生完成教师给出的表格的基础信息，即可获知文本大意（张放，2021）。

第四节　批判性思维

一、批判性思维的内涵

思维是人类所具有的高级认知活动，是对新输入信息与脑内储存知识经验进行一系列复杂的心智操作过程。思维分为低阶和高阶两种形式。高阶思维指在较高认知层次上的思维活动或认知能力，是处理复杂问题和事情应具备的思维能力，表现为问题求解、决策、批判性思维和创造性思维。布鲁姆的学习层次论包括识记、理解、运用、分析、评价、创造六个层次，后三个为高阶思维。简言之，分析判断、抽象概括、逻辑推理、辩证思维和批判性思维属于高阶思维。

批判性思维（Critical Thinking）源于希腊文 kriticos（辨明或判断的能力）和

kriterion（标准），属于哲学领域范畴，主要指人们对事物采取批判性的态度，抓住重点、分清主次。要具备批判性思维能力，就应学会对事物进行质疑、分析、推理和评价。批判性思维能力能够让人们在学习知识的过程中，善于发现问题或提出问题，并在分析问题的基础上，形成自己独到的见解。Scriven 和 Paul（1992）将批判性思维定义为智力的训练过程，这个过程积极地、熟练地、灵巧地应用、分析、综合或评价由观察、实验、反省、推理、交流中获得的信息，并用这种思维指导信念和行动。

批判性思维属于理性思维，通过一定的标准评价思维，进而改善思维，是为决定相信什么或做什么而进行的合理的、反省的思维，具有合理的信念和行为。因此，批判性思维是建设性的。批判性思维也并非仅仅是一种否定性思维，它还具有创造性和建设性，能够对一件事情给出更多可选择的解释，思考研究结果的意义，并能运用所获得的新知识来解决社会和个人问题（郝向利，2012）。

值得注意的是，“批判性思维”与“批判思维”是两个不同的概念，前者重在突出思维特点和思维过程，而后者是一种思维模式，受个人成长环境影响较大，随个人动机而变化。批判性思维的落脚点是批判性，是提出质疑、探索求证、加以评断的过程，核心是重视理性思考，找到合乎逻辑和经验的说法。批判性思维不是培养学生遇到问题就采取怀疑的态度，而是要培养学生独立思考的能力，培养审慎、严谨、客观的学习态度，养成一种质疑、论证、求真的品格（张爽，杨继红，金海明，2021）。

二、英语批判性思维的培养

（一）文化的批判性吸收

文化意识是英语学科的核心素养之一，包括对中外文化的理解和优秀文化的认同，使学生在全球化背景下表现出的跨文化认知、态度和行为取向。文化意识蕴含六个方面：文化获取、文化比较、文化交流、文化理解与自信、文化价值观和文化传播。一个国家的语言是对这个国家文化最好的诠释。通过学习英语，我们了解的是英语国家的文化，包含物质文化和精神文化。因此，学英语不仅是学一门语言，更是学一种文化、一种思维方式。

语言是文化的组成部分，也是文化的载体。语言与文化相互依赖、相互影响。任何语言都是某种文化的反映，语言具有深厚的文化内涵。语言可以反映一个民族的特征，包括其历史、文化背景，人们的思维模式、社会行为和方式。文化是一种历史现象，每个社会都有与其相适应的文化。可见，文化渗透于社会的各个方面。中华民族的伟大复兴就是中华文化的复兴。文化崛起的背后是一个国家主流核心价值观的培育和长期国家文化意识的积淀（付大安，李奕，2013）。

许国璋教授曾经说过：我教学生从来不以教会几句英语或教会一种本事为目标，而是要教怎样做人。英语教育是用英语来学习文化、认识世界、培养心智的，而不是英语教学。英语教育中文化教学的主要目标在于让学生通过培养文化意识、积累文化知识，达到文化理解，使跨文化交际的教学与语言技能培养同步进行，以真正发挥语言表达思维、交流情感的功能。因此，英语学习不仅是一种语言技能的学习，更是对英语文化的学习。所以，教师培养学生的跨文化意识，不仅要批判性地吸收目标语国家文化，还应弘扬本国的优秀传统文化，培养学生具备用英语讲好中国故事的能力。

（二）辩论式阅读

阅读是英语教学的重要组成部分，要求学生具有很好的英语基础。在英语教学中，教师要重视阅读教学，采取多种教学方式来激发和保持学生的英语学习热情，促进学生思维的发展，并养成良好的阅读习惯，提升学生的核心素养（张爽，杨继红，金海明，2021）。如何培养学生的批判性思维能力，提高学生的思辨能力，是英语教学的重要课题。教师在英语阅读教学中要融入批判性思维，帮助学生更好地理解阅读内容，使学生能够从多方面、多角度去分析问题，提升自主学习的能力，构建一个高效的英语教学课堂。教师在讲授人教版高中英语必修二 Unit 2 *The Olympic Games* 时，引导学生质疑和思考“The 2008 Olympics will be held in Beijing，China”的时态问题。学生如果没有注意到文章开头的语境，就难以理解已经过去的事实为什么用将来时态。这就给学生留下一个思辨的空间。

批判性思维作为创新思维的基础，是学生终身发展所必需的关键品格和核心能力，成为落实英语学科核心素质培养的关键。辩论能够将批判性思维具象化。辩论作为最早的教育方法，被古希腊哲学家广泛采用。亚里士多德认为，辩论使我们看到一个问题的两个方面，通过对两个方面的论辩，问题的不同角度都会暴露出来（郑晓辉，孙继先，1994）。辩论式的阅读教学可以使单向的知识传授变成双向的交流，让教师的“权威”接受学生的挑战，从而在阅读过程中得出经过质问和辩护的结论。辩论式教学不仅能够对文本中的主张做出“准确”的判断，更能使学生在阅读过程中的思考变得更具影响力和张力。教师在讲授外研版高中英语 Book 5 Module 1 *Reading English around the World* 时，可以将 Is it necessary to study English or NOT？作为辩题，要求学生收集材料展开辩论。

在辩论结束之后，教师基于学生的控辩情况，引导学生进一步升华主题，指出控辩双方在辩论过程中的优点与不足，综合双方的独到之处，形成相对全面、合理、科学的观点，并与教材中的相关知识进行联系，加深学生的理解和记忆。教师还可以让学生根据双方的辩论内容完成课后作业，因为现在不少的作文题材就是辩论式的。另外，高考中的任务型阅读填空较多体现了辩论式阅读。

（三）批判性思维写作

英语课程标准（2017 年版）旨在发展学生的语言能力、文化意识、思维品质和学习能力等英语学科核心素养。学生思维品质是指在逻辑性、批判性、创新性等方面所表现的能力和水平，体现了英语学科核心素养的心智特征。思维品质的发展不仅能够促进学科核心素养的落实，还有助于提升学生分析和解决问题的能力。思维品质能够在语言学习中得到发展，思维发展有助于语言的进步，做到有理有据、有条理地表达观点；逐步发展逻辑思维、辩证思维和创新思维，使思维体现一定的敏捷性、灵活性、创造性、批判性和深刻性。批判性思维是高阶思维的重要组成部分，包括技能和倾向两个维度。因此，批判性思维的培养可以实现学生思维品质的发展。"写作"作为基本语言能力之一，要求学生在常见的具体语境中整合性地运用已有语言知识，理解书面语篇所表达的意义，识别其恰当表意所采用的手段，有效地使用书面语表达意义（谭凤，2018）。

依据英语教学中培养批判性思维的重要性和可行性，新课标分别设定了必修、选择性必修等三个课程类别的培养目标："提取、分析主要信息观点，批判性地审视语篇内容；预测、识别、区分、分析和概括语篇中的主要观点事实，批判性地审视语篇涉及的文化；辨别、推理语篇隐含观点、阐释和评价语篇反映的情感、态度和价值观，批判性地审视语篇的价值取向、语篇的结构和语篇的连贯性。"（郭彩凤，2018）批判性思维能力体现在三个方面：强烈的问题意识和求知欲、睿智的逻辑推理、反复验证探究和谨慎判断。英语写作不仅要求语言精练准确，还应反映作者的思想观点。因此，学生必须具备较强的表达能力和思维能力，尤其是逻辑性思维、批判性思维、创造性思维以及丰富的想象力。教师在培养学生分析、推理、判断、评价、验证等批判性高阶思维能力的同时，还要促进学生领悟英语写作措辞要领，以备迁移创新，创造性地仿写、改写，达到自由写作的目标。

教师在教授英语写作教学 Shopping in stores or Shopping online 时，应让学生以批判性的观点明确写作的中心和主题，这是对两种购物方式的对比、比较之后的分析、综合判断及选择，具有较强的信息提取、分析判断、推理验证过程，因为这两种方式本身没有"对""错"。首先，教师引导学生写出第一段的主题句 Different people have different ideas about shopping styles. 然后，教师给出三个支撑句 Some people like shopping in stores. → Some people like shopping online. → Others like shopping in stores as well as online. 学生基于不同的理由，分别对两个 Some people 的购物方式进行分述、论证。最后，学生站在中立的立场对两种购物方式的"优""劣"进行概述，得出自己综合的、全面性的观点：It depends on their shopping styles.

第八章　英语教学启迪

第一节　微型课教学

一、微型课含义

微型课也叫微课，微即小的意思，指课的时间长度相对较短，教学容量小的课。聚焦某个知识的讲解或某项技能的训练，是小规模的教学活动。微型课时间一般是 15～20 分钟。它对教学环境、场地等要求不多，能够在有限的时间里，考核众多人员的教学能力。因此目前的师范生教学能力训练、比赛，教师招聘及教师资格考试多采用微课的形式。目前许多一线教师结合自身的微课教学实践对微课进行了研究。王晶（2020）认为，所谓微课，其实是指利用信息技术并且按照不同学习阶段的学生的认知规律来呈现碎片化学习内容、过程以及扩展素材的结构化数字资源。或者说，微课是借助于先进的信息技术，将教学内容进行碎片化呈现的一种结构化数字资源，是基于特定教学理念设计的简短的视频或音频，运用多媒体相关技术，在短短几分钟内将知识进行全面生动的呈现。唐自梅（2020）认为，高中英语教学中，教师利用微课整合各种信息资源，以声像结合、图文并茂的方式展示课堂教学内容，将枯燥的书本语言和英语知识以视频的形式传递给学生，这种绘声绘色的教学方式，极大地激发了学生的学习兴趣，比传统教学方法更有吸引力。

二、微课的作用

（一）训练手段

微课已被广泛用来训练学生的教学技能。Microteaching 为“微型教学”“微格教学”，它是由美国斯坦福大学艾伦（D. Allen）教授等人于 20 世纪 60 年代创立的一种利用现代视听设备（摄像机、录像机等），训练学生掌握某种技能、技巧的小规模教学活动。微格教室是在装有电视摄像、录像系统的特殊教室内，借助摄像机、录像机等媒体，进行技能训练和教学研究的教学环境。现在微课一般用于师范院校的学生和在职教师教学技能训练的模拟教学活动。在20世纪70年代末，微格教学已逐步被一些国家作为培训教师呈现教学技能、教学技巧的一种有效方法而采用。

在英国，90%以上的教师培训院校开设了微格教学课程。这门课一般安排在大学四年级，经过微格教学的学习后再到中学进行教学实习。由于这一训练活动只有很少人参加，时间很短，而且只训练掌握某一教学技能，所以称为微格教学，也叫微型教学。我国在20世纪80年代开始引进这种教学方法。微格教学以教育学、心理学理论为基础，以现代视听技术为手段，对学生和教师进行模拟教学训练。由受训者（人数以10人为宜）用10～15分钟的时间，对某个教学环节，如“组织教学”或“新授课”进行试讲。试讲情况由录像机记录，指导教师和受训者一起观看，共同分析该节课的优缺点。微格教室用于训练学生或在职教师的教学语言、板书、讲解、演示和提问等教师课堂教学技能，用于训练学生或在职教师的导入、呈现、训练、强化、组织、结课的技能。训练后，通过录像回放等发现教学中的不足，从而促使师范生或受训教师进行教学反思和开展行动研究，目的是不断提高教学能力。

（二）选拔手段

微课因其方便、经济等特点，能够在固定的时间段内，用微课进行大规模的人员考核或考试，广泛应用于各类教师的选拔。目前全国性的师范生教师技能大赛如华文杯微格教学比赛、各省的教师资格结构化面试、师范生教学技能大赛等都采用微课的形式，以此对参赛者或受试者进行教学能力评估和甄选。

对教师的选拔或对师范生的训练一般用20分钟左右的时间，包括3分钟说课、10分钟讲课、5分钟回答评委问题的方法考查参赛者的教学能力。教师资格面试采用现场抽取课题，现场备课的形式。20分钟独立备课，5分钟回答问题，10分钟讲课，5分钟就讲课内容进行答辩，通过结构化面试考查应试者职业认同、教师素养、教学设计、教学实施及教学反思等教师能力，考试结果决定应试者是否具备任教资格。

（三）资源载体

微课为学生、教师提供了丰富的学习资源。微课作为一种教学形式已经得到了很大的发展。微课是根据课程标准和教学实践的要求，通过视频并利用在线学习的方式开展教学实践活动，重点进行知识点或教学环节的教学。近年来，随着信息技术日新月异的发展，微课已成为一种网络学习资源，其形式灵活多样，为学习者提供了丰富的学习资源。现在，微课广泛运用于网络教学，如慕课等。微课使教学广泛融入“互联网+”的趋势之中。微课模式的主要承载方式是视频、音频，以课堂教学视频为核心。微课既是传统课程的基础，同时也是对“互联网+”趋势一种很好的利用。微课的知识整合性强，体现了抽象知识学习的复杂性。微课模式将图像、声音和内容整合在一起，使学生更直观地感受到语言交流的优势。微课实现了线上和线下的结合。

三、微课的教学运用

（一）备课

英语微课的教学设计是针对某个知识点或某项技能训练，要求教学相对完整，如有导入、呈现、训练、巩固和产出、结课等环节。备课要求写教学内容、教学目标、教学重难点、教学方法或策略、教学过程、教学活动设计及理据。通常采用的教学模式为3P或PWP等模式。备课要求内容完整、语言简洁、重难点突出、过程完整，体现教什么、怎样教和为什么这样教，预设教学目标的达成情况。微课的备课仍然是备教材、备学生、备教学方法和媒体，是解决教什么、如何教和为什么要这样教的问题，预设教学目标及其应该达成的情况。

（二）上课

英语微课有三大特点，具体如下。

（1）微课的完整性。微课是针对某个知识点或某项技能训练的，教师从开课到结课，把较为完整地知识展示出来，实现具体的教学目标。在英语教学过程中，教师要求用全英语组织教学，从课程的导入、提问、对新知的呈现、训练巩固、对英语知识的运用、小结、布置作业等环节完整地展示出来。在上课过程中还要注意教学评价，反思教学，随时调控教学。微课应有板书设计，应突出知识的重难点及凸显某项技能的训练。

（2）教师的主导性。微课是教师模拟上课，在微型课中，学生活动被省略之后，教师的讲解水平就备受关注。教师语言不仅要生动，富有感染力，还要做到准确、逻辑性强。因此微课实际上展示的是教师的素养和素质。微课要体现教师的主导作用。面试官或观课者通过讲课者微课展示，以此来考核选拔教师。微课应体现教师上课的激情，教师的语言魅力，教师的设计思路、设计理念、组织驾驭课堂及评价和反思能力等。教师要做到“场上无学生，心中有学生”。

（3）微课的答辩。微课是上课而不是说课，要明确微课和说课是两种截然不同的形式。“说课”重点在“说”，说目标、说教法、说流程……是告诉大家准备怎么上，为什么这么上。而微课是上课，从导入到新授，从提问到点拨，从归纳到拓展都要按部就班一一落实，只是比实际上课少了学生的表现。在答辩环节，学生答辩语言应准确、简明、流畅，对问题的要害之处进行深入精要的阐述，保证在有限时间内能够完整回答所问的问题。答辩问题一般都是针对本节微课教学中的重点、难点或存在的问题，在回答评委提问时，注意内容要科学准确，能够抓住要点，层次清楚。

第二节　反思性教学

一、反思性教学的定义

反思性教学是教师对自己的教学进行反思，对教学设计的理念、教学过程的实施、教学目标的达成、学生学习目标的达成等进行思考和改进。国外著名的语言教育学家对反思性教学进行了深入研究。有学者将反思性教学定义为：教师收集自己的教学数据，检查自己的态度、理念、设想，通过分析这些信息获得对自己教学实践的批判性反思（Richards，Lockhart，1996）。

教师发展最重要和最有益的方法路径是思考你所教的每一节课，问自己几个问题：这节课总体上有效吗？学生是如何回应不同的教学活动的？有哪些好的方面？为什么好？我在以后如何做到更好？有哪些弱点？为什么会弱？我如何提高？（Davis & Pearse，2002）美国当代教育家、“反思性教学”思想的重要倡导人唐纳德·舍恩提出“行动中对行动的反思”，包含了两层含义：一是“对行动的反思”；二是“在行动中进行反思”，将思想与行动联系了起来。著名教学家波斯纳曾对教师专业发展提出了“教师成长=经验+反思”的公式化理论，教师的专业成长是基于自身经验基础上的深刻反思。著名教育家杜威最早提出了反思概念，即“反思思维”。他认为，“反思思维就是对某个问题进行反复地、严肃地和持续不断地深思”。“对于任何信念或假设性的知识，按照其所依据的基础和进一步导出的结论，去进行主动的、持续的或周密的思考。”（杜威，2005）

我国的学者对反思性教学运用于实践进行了较深入的研究。陈刚认为，反思性教学，是指教师对自身教学行为以及教学观念进行反思，通过反思对自身教学行为进行评价、分析、研究，并从反思中总结出自身具备的优势和教学方式中存在的不足，并针对不足之处及时做出调整与完善，以期能够提高教学水平的整个过程。反思性教学中所具备的科学性与人文性，有利于促进教师快速落实教学模式的创新，同时还可培养学生创造性思维（陈刚，2019）。反思性教学具有自主性、主动性特征，是教师对自己的教学进行的积极主动的思考和寻求提高教学的有效途径的过程。反思性学习，就是学习者用一种批判的精神，主动、积极、持续不断地观察、回顾、分析自身学习活动的目标、过程及结果，以获得启发，进而不断改进自身的学习方式、方法。图 8－1 为反思性教学图。

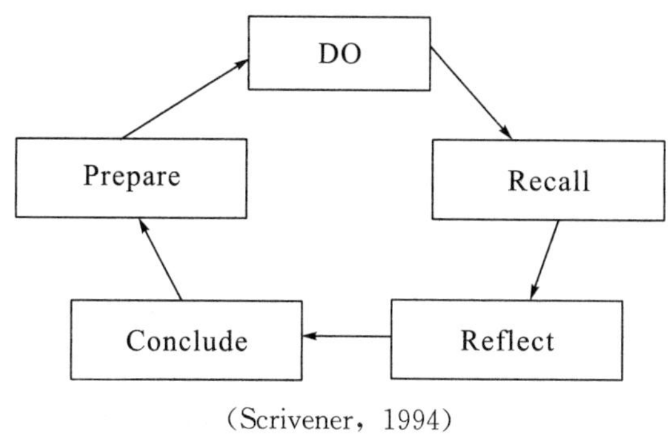

（Scrivener，1994）

图 8−1　反思性教学图

二、反思性教学的途径

反思性教学有很多途径。Donald Schon（1983）认为教师的反思应该体现在课前、课中和课后。Davies（2002）认为写教学日记、录下部分或一节课课后进行分析、读英语教学类书籍、同伴观课等是很好的反思形式。教师要成为批判性的反思型教师，我们应植根教学于更宽泛的文化和社会情境。在反思的过程中，教师的理念应通过教学实践来检验，通过实践验证的教学会导向行动（Richards & Nunan，2000）。即教师的反思是在教学实践中进行的，同时新的理念和方法又需在实践中检验，反思与教师行动研究是密切联系的。最重要的是，教师要树立观察自己的意识，可邀请同行观摩自己的课并与其进行讨论，以此来发现自己的优缺点。

在职教师有以下方法可以促进教师反思意识的形成：①同伴观课和评课；②同课异构校本研修；③坚持写教学反思日志；④听专家报告。这些形式都能促进教师对自己的教学进行反思，从而促进教师的专业发展。英语教师还应多学习国内外教学方法，阅读应用语言学方面的文章，并与自己的教学实际结合起来。对职前师范生来讲有许多反思方式：①微格教学。进行微课录像观摩，邀请同学观摩和讨论；②课堂展示。通过课堂试讲试教，进行自评、同伴和老师几级评价，采取 2+2 模式，即对授课者指出两条优点和两条缺点，这种方式有效促进了师生、生生互动和互帮互学，对试讲者发现自身存在的问题和反思问题，找到解决问题的办法大有裨益。③各种形式的慕课、微课学习。④撰写教学日志，如试讲后的反思，教学设计后的反思日志等。⑤在真实教学场景中学习，如教学见习和教学实习。这是最能锻炼职前师范生的教育教学能力的途径。师范生在实践中持续不断地反思自己的教育教学，在实践中提升和完善自己的教学。这些方式有助于提升师范生的教学实践能力。

三、反思内容

（一）教师的教学

英语教师反思教学设计、教学理念、教学方法、教学过程、教学效果、教学目标的达成等，即针对教学设计的完整性，教学理念的新颖性，教学方法的恰当、多元，教学目标的达成情况等进行反思。教师可以基于教学内容对教学过程的主要环节进行评价，如开课、教学流程、结课、教师素养、教师言语、课堂教学行为等，还应反思课堂实施效果以及如何改进提高课堂质量。

（二）学生的学习

教学反思既要求教师"学会教学"，又要求教师教会学生"学会学习"、全面发展，树立终身学习的意识。教师的教学反思可以从学生学习兴趣、学习热情、学习投入程度、学习策略的使用、学习效果、学习目标的达成等情况来思考。通过学生课堂表现和作业情况思考：学生已经达成了哪些目标？学生还未达成哪些目标？教师要采取的提高措施有哪些？

第三节　指导性教学

近年来，我校英语专业师范生参加了省级、国家级师范生教学技能大赛、华文杯微格教学竞赛，获得了优异的成绩。作者将获奖者的教学设计进行整理，供师范生学习和研究，以期从中获得有益的经验，从而提高自己的教学设计能力。

案例 1：Why don't You Talk to Your Parents?

所用教材：人教版英语，八年级下册

版　　次：人民教育出版社，2013 年 10 月

1. 教材分析

本节课是人教版八年级下册 Unit 4 Section A 的阅读部分，话题为"Talking about problems and giving advice"。本课是听说部分的拓展和延伸。阅读材料是学生 Sad and Thirteen 向学校指导老师 Mr. Hunt 咨询家庭生活问题而写的信以及 Mr. Hunt 针对他的问题的回信。文章结构清晰，无大量生词，具有很强的人文性和教育意义。

2. 学情分析

本节课的话题紧贴学生实际生活，在学本课之前学生已学习了相关词汇和句型，具备讲出自己的问题以及给别人提供建议的能力，同时比较了解书信的特点，这有利于他们对文章的理解。

3. 教学目标

（1）知识目标

学生能识记并运用这些词、词组、句型：

Words：relation，communication，argue，

Phrase：get on with.

Sentence pattern：Why don't you ... /You should ... /Maybe you could ...

（2）能力目标

The students will be able to：

• Use the picture to identify new vocabulary.

• Use the skimming to read for the general meaning that is Sad and Thirteen can't get on with his family.

• Use the scanning to read for the details.

• Use the target language to have a discussion.

（3）情感态度价值目标

Students will find the best way to get on well with their family so that they can have a harmonious family，then they can study and grow up in a more suitable environment.

The students will be able to：

• Use the skimming to read for the general meaning.

• Use the scanning to read for the details.

• Use the target language to have a discussion. Why don't you ...

You should ... /Maybe you could ...

4. 教学方法

任务型教学法、情境教学法。

5. 教学媒体

图片、多媒体、板书。

6. 教学过程

详见表 8-1。

表 8—1 教学过程

教学环节	教师行为	学生行为	设计意图
Pre-reading	1. Present Ss some pictures of urban main characters from an educational programme X-change and talk about the problems between them and their families. 2. Present the new words and phrases, such as argue, relation, get on with ...	1. Talk about the problems. 2. Read the new words.	1. 贴近学生生活，激发学生兴趣，引入话题。 2. 接触和理解新词汇、短语。通过反复实践，强化巩固并内化新词汇和书信
While-reading	Tell Ss to read the article in 3A quickly and try to find the answers to these questions: What's Sad and Thirteen's problem?	1. Skimming for the main idea. 2. Scanning for detailed information about their doing and thinking. 3. Let Ss work in groups to read the article again to find answers to fill in the chart. 4. Ask Ss to read the article carefully and fill in the blanks.	
Post-reading	1. Ask the Ss to work in pairs to discuss how they get on with their family, and give some advice. 2. If we get on well with our family, we will study and grow up well.	1. Let students have a discussion by using the target language to talk about problems and give advice. 2. Think about what I sum up and prepare to write a letter to their parents after class.	用所学的知识与技能，培养学生的交际能力。

7. 设计理念与思路

本节课是人教版初中英语八年级下册 Unit 4 Section A 的阅读部分。本课的主题是“Talking about problems and giving advice”，课文是两封书信阅读材料。在本节课中，学生将进一步学习略读和寻读的阅读技巧，学会正确处理与家人的情感问题。

本节课主要采用强调过程与结果并重的任务型教学法和情景教学法。本节课在利用图片以及借用学生的生活经验的背景下，设计的教学过程包括任务前、任务中及任务后三个逐步递进的环节。

在任务前，用变形计城市主人公的家庭情感问题自然过渡到“Talking about your family problems”这一话题；在呈现阶段，主要利用图片向学生呈现本节课的目标词汇并让学生预测文章内容。在任务中，设计了三个具有层次性的活动：寻读书信里的要素，找出信息细节，完成内容填空。在任务后，由于学生已经反复熟读了文章，掌握了文章的内容，首先请学生分组用所学的新词与句型讨论各自与家人的相处方式，然后再给别人提供怎样与家人和谐相处的建议。学生讨论完后，做一个比较完善的总结，即：

只有和家人和谐相处了，我们学生才能够拥有一个更良好的学习和成长环境，我们每一个小家庭和谐了，整个大家庭才会和谐，这个社会才会和谐，社会和谐后就会促进我们国家的发展与繁荣。最后要求学生课下给自己的父母写一封信，信里写出自己现在与家人存在哪些问题，并提出以后要怎么与家人和谐相处。

8. 板书设计

Unit 4 Why don't You Talk to Your Parents? Section A Reading Words：argue，relation，communication. Phrases：get on with. Sentence patterns：Why don't you ... / You should ... / Maybe you could ...

9. 导师评析

本课是听说部分的拓展和延伸。阅读材料是学生 Sad and Thirteen 向学校指导老师 Mr. Hunt 咨询家庭生活问题而写的信以及 Mr. Hunt 针对他的问题的回信。本课主题为人与社会的阅读教学，聚焦家庭关系和家庭问题。谈论家庭问题，给出解决家庭问题或矛盾的建议，对发展学生良好的情感态度具有重要意义。

本课设计体现阅读教学自上而下的设计模式，结合学生的已有知识和经验，注重培养学生的阅读策略和技巧，采用情境教学和任务型教学，开展讨论。本课设计体现了学生在活动中运用英语语言知识“做事”，培养学生的思维品质，提高学生的语言表达能力，增强学生的合作学习意识。

本课设计过程完整，用视频和问题导入，能激发学生学习兴趣；用图片呈现目标词汇，能够增强词汇的学习效果。在阅读阶段，设计了逐步递进的三个层次的活动，从知识的学习、信息的获取和处理到主题意义的理解，运用话题讨论学生情感的升华。学生通过本课学习，培养正确的家庭观念、和谐社会的观念，达到了“通过语言知识的学习培育人”的功能。

获奖者：乐山师范学院外国语学院 2012 级英语 8 班　张雪

获奖等级：2015 年四川省师范生教学能力大赛二等奖（英语学科第一名）

指导教师：罗明礼

案例 2：I'll Help to Clean the City Parks

所用教材：人教版英语，八年级下册

版　　次：人民教育出版社，2013 年 10 月

1. 教材分析

本课选自人教版英语八年级下册 Unit 2 I'll Help to Clean up the City Parks. 本单元主要谈论志愿活动并倡导志愿者活动。Section B 的课文，为本单元第二篇阅读，课

文话题为“I'll send you a photo of Lucky”，是残疾人 Ben Smith 写给志愿者 Miss Li 的一封感谢信。他在信中介绍了自己的故事，表达了感激之情并反映了志愿者给他的生活所带来的改变。在语言能力方面，重点训练学生略读和寻读的技能和策略。本课是整个单元的升华，体现志愿者的工作价值，在我国教育中具有很强的现实意义，体现了英语教学的人文性。

2. 学情分析

通过本单元 Section A 的学习，学生基本掌握了描述志愿活动的相关词汇和句型，如 volunteer，I'll help to ...，能够围绕志愿话题活动进行交流；学生能结合自己帮助他人和受助于他人的经历，理解课文，并引起情感的共鸣。

3. 教学目标

在学完本课之后，学生能够：

（1）在实际语境中学会运用新词汇，如 be unable to do，volunteer at，thanks for doing ...；并熟练运用过去时。

（2）运用略读（Skimming）技巧，找出信中主要人物并理解文章大意。

（3）运用寻读（Scanning）技巧，找出 Ben 的困难和 Lucky 如何改变他的生活。

（4）通过阅读和讨论，树立感恩他人，乐于助人的意识。

4. 教学重难点

（1）熟练运用一般过去时。（重点）

（2）运用阅读技巧略读和寻读理解课文信息。（重点）

（3）使用本课所学词汇和句型，谈论自己的受助经历以及愿意从事的志愿者工作（难点）。

5. 教学方法

情景教学法（Situational Language Teaching）、任务型教学法（Task-Based Language Teaching）

6. 教学媒体

PPT、教学视频等多媒体。

7. 教学过程

Step 1 Warm-up

Show some pictures and ask some questions

What are the problems with them?

【设计说明】呈现图片，提出问题，引发学生思考，导入话题。

Step 2 Pre-reading

Learn some new words by showing pictures: blind, deaf, be unable to use hands and be unable to walk ...

【设计说明】呈现与残疾人相关的图片，引导学生在情景中学习新词汇。

Step 3 While-reading

Let students understand the text by using some strategies：

（1）Skimming：Read for the main idea.

Let the students read the letter quickly and find out who the main characters are and the main idea of the passage.

（2）Scanning：Read for the details.

Let students understand what exactly happened to Ben before and after he received help.

Try to understand Ben's feelings after he got the dog.

Answer some questions according to the text.

【设计说明】在循序渐进的活动中逐步理解文章内容。

Step 4 Post-reading

（1）Ask students to have a discussion：Who would you like to give thanks to? Why?

（2）Encourage students to give thanks by offering help to others.

【设计说明】运用所学的知识与技能，培养学生的综合语言运用能力；将课文内容与自身的实际生活相联系，增强感恩他人、帮助他人和服务社会的意识。

Step 5 Assignment

The students are required to write a thank-you letter.

【设计说明】灵活运用已学知识，读写结合，提高学生的写作能力。

8. 板书设计

Unit 2 I'll Send You a Photo of Lucky

use arms or legs to answer a phone call.

be unable to do

open or close the door

carry things

9. 设计理念与思路

本节课重视语言学习的实践性和应用性的教学原则，强调语言教学人文性与工具性有机结合的教学理念。

本节课主要采用强调过程与结果并重的任务型教学法，在循序渐进的语言实践活动中实现教学目标。同时利用课文具有教育意义的教学内容，增强学生帮助他人、感恩他人的意识。

本节课的教学过程主要包括任务前、任务中及任务后三个逐步递进的环节，帮助学生获取信息，处理信息，培养学生的寻读技巧。在任务前，利用图片，以问题为驱动，启发学生思考；在任务中，通过“预测”“略读”“寻读”等活动，帮助学生熟悉文章内容；在任务后，设计了讨论的活动环节，目的是运用并拓展延伸本节课所学的知识；最后，引导学生对受助于他人的经历和帮助他人的意愿进行思考讨论，增强学生的感恩意识，鼓励他们从事力所能及的志愿活动，目的是培养学生感恩他人、帮助他人的情感态度。

10. 导师评析

本课选自人教版英语八年级下册 Unit 2 *I'll Help to Clean up the City Parks*. 本单元主要谈论志愿活动并倡导志愿者活动。Section B 的课文，是本单元第二篇阅读，课文话题为“I'll send you a photo of Lucky”，是残疾人 Ben Smith 写给志愿者 Miss Li 的一封感谢信，他在信中介绍了自己的故事，表达了感激之情并反映了志愿者给他的生活所带来的改变。

本课主题为人与社会的阅读教学，聚焦志愿者服务。主题为帮助他人，关爱他人，尤其是关爱残障人士，体现了良好的个人品德和乐于助人的社会风尚。

本课设计体现了阅读教学自上而下的设计模式，结合学生已有的知识和经验，在教学设计中培养学生的阅读策略和技巧，采用任务型教学，学生在用所学语言做事中巩固所学的语言知识，发展学生的语言技能。设计者把阅读教学与听说教学相结合，让学生开展话题讨论，在运用语言知识的过程中掌握语言，体现了新课程标准的要求。

本课设计了多个层次的活动，体现了英语阅读的整体教学观。在阅读阶段，从知识的学习、信息的获取和处理到主题意义的理解、运用话题讨论到学生情感的升华，尤其是结合学生到边远地区做教学志愿者的视频，把本课的人文性和教育意义推向了高潮。教师通过本课的教学，能达到育人的目的。

本课设计体现了我国传统的乐于助人的精神。通过教学设计，培养学生思维品质，提高学生的语言表达能力；通过讨论，培养学生的合作学习意识，通过学习，培养学生正确的价值观。本课达到了通过语言知识的学习培育人的作用。

获奖者：乐山师范学院外国语学院 2013 级英语 4 班　曾晨
获奖等级：2016 年四川省师范生教学能力大赛一等奖（英语学科第一名）
指导教师：刘丽平

案例3：A Trip Along the Three Gorges

教学基本信息	
教材分析	本课选自外研版高中《英语》必修4 Module 5 A Trip Along the Three Gorges，主要从旅游观光的角度介绍我国著名的长江三峡的地理、历史等文化信息，使学生了解美丽神奇的三峡景色和它的历史变迁，拓展学生的人文素养。Introduction部分为Module 5的学习热身，学习plateau，plain，cliffs，peak，valley等词汇以及长江与三峡的文化背景知识。 本课时所涉及的文本为Module 5中的阅读文章*A Trip Along the Three Gorges*。该材料摘选自Peter Hessler所撰写的*River Town*，记叙了他和同事Adam乘坐“江油号”游览长江三峡的旅行经历（What）。该语篇以游记的形式，按时间、路线展开叙述（How），通过作者Hessler与同事的旅行见闻，介绍了外国人眼中长江三峡的自然美与人文美（Why）。
学情分析	授课对象为高一下学期学生，他们熟悉游记的语篇结构与文本特征，在阅读中能抓住主要信息，但是部分学生的口语表达有待提高。大部分学生热爱旅游，但尚未有去长江三峡旅游的经历，通过本文的学习，学生能够了解长江三峡的自然美与人文美，增进对祖国大好河山的热爱之情，并有助于建立“中国文化走出去”的思想意识。
教学目标	学生能够： • 找出作者游览之处，并通过绘制地图，了解长江三峡的地理位置。 • 获取并梳理三峡之旅的事实性信息，如见闻、风景与感受。 • 推断并概括外国人眼中长江三峡自然美和人文美的典型特征。 • 通过小组合作，运用所学语言，围绕自然、文化和历史向外国人介绍当今的长江三峡。
能力目标	• 使用巧妙设问，从已知到未知自然过渡，促使学生形成认知期待。 • 针对教学目标，进行有针对性与条理性的提问，激发学生思考。 • 注重多样化的提问，如认知记忆性、推理性、创造性与评价性提问。
教学重点	能基于所读内容，推断与概括外国人眼中长江三峡自然美和人文美的典型特征。
教学难点	通过小组合作，运用所学语言，围绕自然、文化和历史向外国人介绍当今的长江三峡。

教学过程			
教学环节	教师行为	预设学生行为	教学设计意图
Lead-in (1 min)	Introducing the topic. Present the teacher's WeChat Moments and introduce the topic by talking about the places the teacher visited. • Where did I go? • What did my WeChat Moments show?	Join in the talk and know today's topic.	结合微信朋友圈提问，引出话题，激发学生兴趣。

续表

教学过程			
教学环节	教师行为	预设学生行为	教学设计意图
Pre-reading (7 mins)	Learning some new words & background information. Present pictures to introduce some new words and get the Ss to know some background information by asking the questions: What is a gorge? What are the three gorges? Which is the longest one? Ask the Ss to review the basic elements of a travelogue.	1. Learn some words and background information about the Three Gorges. 2. Review the basic elements of a travelogue.	围绕主题创设情境提问，激活文化背景知识，铺垫语言。
While-reading: 1st reading (4 mins)	Reading for general understanding. Ask the Ss to scan the text and answer the following questions: • What is the title? • Who took this trip? • When and where did they start? • How did they took this trip? Ask the Ss to circle the places that Hessler and his colleague went to.	1. Scan the text and answer the questions. 2. Circle the places that Hessler and his colleague went to.	基于游记语篇特征提问，帮助学生快速了解文本基本信息。
While-reading: 2nd reading (4 mins)	Reading for making a route map. Introduce the new activity. T: Just now, we read and circled the places where Peter Hessler and his colleague went. Now, let's work in pairs and label the places on the map. T: Divide the Ss into two groups and ask them to label the places on the simple map.	1. Read the text again. 2. Work in pairs and label the places.	回顾学生利用跳读所找地点，自然过渡到"细读与绘制地图"环节。
While-reading: 3rd reading (6 mins)	Reading for the factual information. Ask the Ss to read and find out what Hessler and his colleague did and saw. T: Hessler and his colleague went to these places, then what did they do and see? T: Ask the Ss to finish TASK 2 in the worksheet.	1. Use scanning to read to find out what Hessler and his colleague did and saw. 2. Fill in the table.	通过提问，激发学生的认知需要，形成学习期待。

续表

教学过程			
教学环节	教师行为	预设学生行为	教学设计意图
While-reading：4th reading (8 mins)	Reading for Hessler's feelings. 1. Ask the Ss read to figure out Hessler's feelings and find out relevant facts to support their opinions. T：Well，we learned that Hessler saw many things along the Three Gorges. Then，how did he feel? How do you know he felt that way? 2. Show facts and relevant pictures and guide the Ss to analyze the facts to figure out Hessler's feelings. Feeling 1 excited (Showing the fact and a picture) • How did he feel? What did he see? Was it beautiful? Feeling 2 appreciative (Showing the fact and a picture) • Why did the writer mention Qu Yuan? • What would Hessler be interested in? Feeling 3 amazed (Showing the fact and a picture) • What do "legends" and "past" refer to? What was Hessler amazed at? Feeling 4 admiring (Showing the fact and a picture) Let's read together and think： • How did Hessler feel? 3. Make a summary. T：Hessler came. He saw，He experienced. He must be deeply impressed by the three gorges：beauty of nature，influence of culture，heritage of history and power of man.	Discuss the feelings of the author with partners and find out the facts in the text. Figure out how Hessler felt according to some facts with the help of the teacher. Know all that Hessler was impressed by.	1. 巧设问题，注重新旧知识的联系与启发性，自然引出新的学习内容。 2. 从作者所做、所见到所感，提出几个具有条理性的问题，有利于学生建构结构化知识。 3. 结合教学目标，基于文本内容，有针对性地提问，引发学生对作者感受的思考。

续表

教学过程			
教学环节	教师行为	预设学生行为	教学设计意图
Post-reading (15 mins)	Introducing the "new" Three Gorges. Set a real situation and then ask the Ss to watch a video and think about the following questions: T: Nowadays, more and more foreigners come to visit the "new" Three Gorges. If you have the opportunity to introduce the brilliant Chinese culture to the foreigners so as to make their trip more meaningful and unforgettable, what will you introduce? And how?	Watch the video and discuss the two questions.	1. 创设与主题意义密切相关的语境，引发学生挖掘文本所承载的文化信息。 2. 巧设"运用型提问"，训练学生学以致用的能力。
	Assignment: Assign the Ss to write a passage to introduce the "new" Three Gorges to foreigners based on your group work. T: How can we get the foreigners to feel the same way about Chinese's culture? So, today's homework for you. You are going to write a passage to introduce the "new" Three Gorges to foreigners based on your group work. Group 1 will introduce topic 1 (beauty of nature) and 2 (influence of culture), Group 2 will introduce topic 3 (heritage of history) and topic 4 (power of man). Also, you can find more detail from the following websites.	Do homework after class.	1. 通过"实践应用"，探讨主题意义，发展思维品质。 2. 整合文本信息，实现"迁移创新"。
板书设计	**Module 5 A Trip Along the Three Gorges** admiring amazed Three Gorges Dam *Fuling* appreciative route excited feelings		

续表

教学过程			
教学环节	教师行为	预设学生行为	教学设计意图
设计思路	依据英语课程标准（2017版）所倡导的英语学习活动观和PWP阅读教学模式，以提高学生语言能力、文化意识、思维品质和学习能力为出发点，本节课设计了具有情境性与层次性的三类活动：学习理解、实践应用与迁移创新。在阅读前，教师设计了两个活动，以帮助学生熟悉相关词汇、激活相关文化背景：(1)展示教师朋友圈，提问“Where did I go? What did my WeChat Moments show?”。(2)结合三峡图片提问：“What is a gorge? What are the three gorges? Which one is the longest?” 在阅读中，学生将使用“略读”“寻读”与“推断”技巧概括、梳理与整合文本信息，形成结构化的知识：(1)浏览全文找出作者所到之处；(2)小组绘制地图，了解三峡的地理信息；(3)快速浏览，获取主要事实性信息（所见、所做）；(4)在教师引导下，学生细读课文，找到相关信息并理解作者旅行中的感受。 在阅读后，学生观看视频，从beauty of nature，influence of culture，heritage of history，power of man四个方面，借助教师提供的参考信息，分小组讨论如何将“新三峡”介绍给外国人。在该环节，教师将以视频和音频辅助教学的方式来帮助学生增强文化自信。 基于“新三峡”的介绍，在家庭作业部分，学生将写一篇介绍“新三峡”的小短文。此活动目的在于帮助学生进一步整合文本信息，实现文本信息的“迁移创新”。		

导师评析：

本课选自外研版高中英语必修4 Module 5 *A Trip Along the Three Gorges*，主要从旅游观光的角度介绍了我国著名的长江三峡的地理、历史等文化信息，使学生了解美丽神奇的三峡景色和它的历史变迁，拓展学生的人文素养。本课时所涉及的文本为阅读文章*A Trip Along the Three Gorges*。该材料摘选自Peter Hessler所撰写的*River Town*，记叙了他和同事Adam乘坐“江油号”游览长江三峡的旅行经历。

本课主题为人与自然，介绍了我国著名的长江三峡。语篇以游记的形式，按时间、路线展开叙述，通过作者Hessler与同事的旅行见闻，介绍了外国人眼中长江三峡的自然美与人文美。

本课设计充分体现了英语学习活动观的理念，即学习理解、实践应用与迁移创新，培养和提高学生语言能力、学习能力、文化意识、思维品质。

本课运用了PWP阅读教学方法，采用了自上而下的教学模式。通过小组绘制地图，了解三峡的地理信息，学生对游记文本有一个直观的了解。本课设计了具有情景性与层次性的三类活动，训练学生“略读”“寻读”及“推断”的技巧，培养学生的思维品质。

学生通过分小组讨论如何将“新三峡”介绍给外国人这一环节，实现了语言的运用与迁移。教师以视频和音频辅助教学的方式在很大程度上调动了学生学习的积极性。话题讨论升华了学生热爱祖国壮美山河的情感态度，增强了学生的文化自信。

本课在活动设计上层层递进，能够结合学生体验和已有知识，运用小组讨论有效培养学生的合作学习意识，小组绘画能培养学生的动手能力。本课教学设计体现了新课程理念，实现了语言教学工具性和人文性的统一。

获奖者：乐山师范学院外国语学院 2015 级英语 1 班　钟正宇

获奖等级：2018 年四川省师范生教学能力大赛一等奖（英语学科第一名）

指导教师：曾正平

案例4：2019年华文杯全国微格教学技能大赛教学设计获奖作品 英语教学设计

授课题目	Unit 11 *Sad Movies Make Me Cry*.	重点展示的教学技能名称	提问技能：学习支架建构技能
所属学段	Middle school	模拟授课年级	Ninth grade，Volume Ⅱ，People's Education Press
教材分析	The teaching material is taken from Unit 11 *Sad Movies Make Me Cry*. Go for It，Book 5. It is a reading lesson of this unit. The notion of this unit is making students talk about how things affect them. This lesson aims to make students understand that objective things will bring us different emotional reactions，we should reasonably adjust our own emotions，transform the negative force into positive force. What's more，after this lesson，students will have the positive attitude to deal with the things and the affairs in their life，which is also one of the most important goals of this book.		
学情分析	The students are from Grade 3 in junior school. As junior school students，through two years' learning，they already have a basic listening and speaking skills. And they already have the ability to analyze and conclude to the reading material. But they still have some difficulties in detail reading. Besides，compared with Grade 1 and Grade 2 students，Grade 3 students are not as active as them，and the atmosphere in class is not active. They are more interested in interesting materials. So I try my best to make them take part in the teaching activities，and to make them feel happy and easier through the cooperation with their classmates. Indeed，these reading activities can improve their reading skills.		
教学目标	By the end of this lesson，students are able to: Knowledge objectives: understand the new words in the text.（feel like，examine，take one's position，be called in，be followed by，fame) Ability objectives: make use of the skimming and scanning to read for the general meaning and the details. cooperate with partners and group members and talk with them confidently. Affective objectives: have the positive attitude to deal with the things and the affairs in their life.		
教学重点	Help students understand this fable clearly with questions and chart，and retell the story with key words.		
教学难点	Guide students to understand that objective things will give them different emotional reactions，they should reasonably adjust their emotions and transform the negative force into positive force.		

续表

教学过程			
时 间	教师行为	预设学生行为	教学设计意图
Stage 1 Warm up/ Lead-in（3 mins）	1. Greet students and ask them if they are happy today. 2. Summarize students' answers and lead in today's topic "happy" by playing a video. 3. Ask students why intelligence not make Patrick Star happy?	1. Greet teacher and answer the question. （the ideal answer is happy) 2. Answer the questions. (the ideal answer is that he lost his best friend)	1. To lead in the topic about "happiness". 2. To create a relaxing class atmosphere by listing some characters they are familiar with. Warm up unhappy
Stage 2 Pre-reading (3 mins)	1. Ask students: "What can make you happy?" 2. Summarize students' answers and show some pictures about the things they will mention: high intelligence, power, money, fame ...	Have a brainstorming work by thinking something they are interested in.	1. To arouse students' interest in today's topic. 2. To carry the foreshadowing for the While-reading part. Brainstorming What can make you happy? Fame

续表

Stage 3 While-reading (18 mins)	Step 1 (Skimming) 1. Ask students to read the story fast and answer these questions. (1) When and where did this story happen? (time and place) (2) What's wrong with the king? (event) (3) How many people are mentioned in this story? (characters) 2. Check the answers and summarize.	1. Read the passage quickly and find out the answers. 2. Check the answers.	1. To develop students' skills of skimming and spotting the needed information. 2. To help students be familiar with the important elements of narrative text, and be able to use it in narrative writing. 3. To help students understand this fable clearly and be able to retell it by using some key words after class. 4. To help students understand the details of this passage. 5. To develop students' thinking ability through reading. How many people are mentioned in this story? king queen doctor prime minister banker singer What does the king behave? symptom (症状) 1.He slpet badly and didn't feel like eating. 2.His face was always pale as chalk. 3.He often cried for no reason.

续表

Stage 3 While-reading (18 mins)	Step 2 (Scanning) 1. Ask students to read the story for the second time and find out the answers to these questions. (1) What does the king behave? (the king's problem) (2) How to treat the illness of the king? (solution) (3) Why power does not make the prime minister happy? (reason) (4) Why does money not make the banker happy? (5) Why does fame not make the singer happy? 2. Check the answers and use some keywords to conclude these questions. 3. Lead students to read the story for the third time and fill in the blanks with some important words from the passage. 4. Lead students to fill a chart about the information to the characters mentioned in this passage. 5. Ask students to have a discussion: why are these characters still unhappy when they have all the things that many normal people pursue?	3. Read the passage for the second time carefully. 4. Check their answers. 5. Read the story carefully and find out more details to fill the blanks. 6. Do a consolidation by filling the chart. 7. Discuss with partners about the question and share their opinions together.	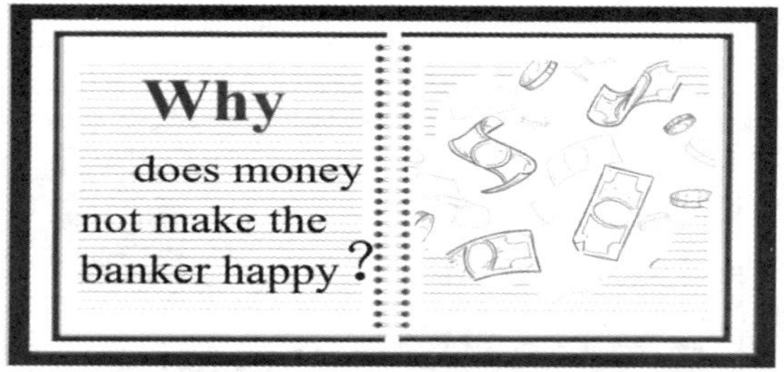 Why does money not make the banker happy? 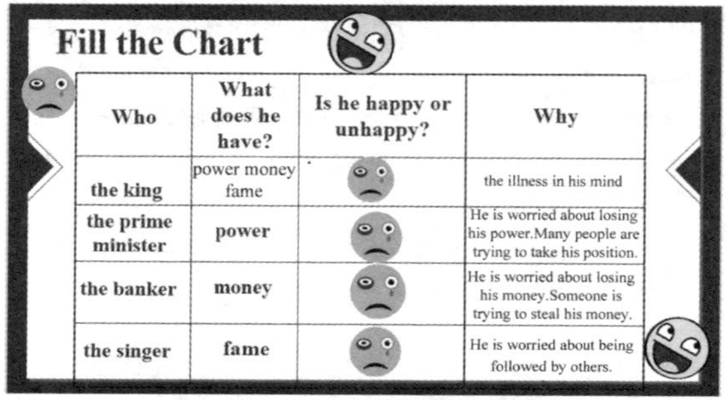 Fill the Chart Who / What does he have? / Is he happy or unhappy? / Why the king / power money fame / unhappy / the illness in his mind the prime minister / power / unhappy / He is worried about losing his power. Many people are trying to take his position. the banker / money / unhappy / He is worried about losing his money. Someone is trying to steal his money. the singer / fame / unhappy / He is worried about being followed by others.  They look at things negatively. Power: help disadvantage groups; Be took place by others fame: make people happy; Be followed by others money: help poor people; Be stolen by others

续表

Stage 4 Post-reading (13mins)	1. Ask students to role play the story in groups. 2. Ask students to retell the story by using the key words and the logical connectors from this text. 3. Lead students to discuss "How to be happy?" and share students' opinions about it in the class.	1. Take part in the role play in groups actively. 2. Use the key words and logical connectors to retell this story. 3. Discuss with partners freely and share their opinions actively.	1. To encourage students to take part in the group work actively. 2. To encourage students to think and share their opinions confidently through today's reading. Role Play Unhappy Worried Examine Has power Has money Has fame Find a happy man Retell the story with the key words time and place event and character the king's problem solution reason One day Then Next Finally How to be happy? 1. Look at things positively. 2.Always appreciate faimily and friends. 3.To be relaxed. 4. Help others. Discussion

续表

Stage 5 Homework (3 mins)	Ask students to write a short passage about what kind of happy man the king will find in three days' time from some aspects like " job, character, living environment".	Take notes of the assignment in the lesson.	To consolidate what we have learned. **Homework** Writing a short passage: what kind of happy man will the king find in three days' time? Objectives 1 job 2 character 3 living environment
板书设计	Blackboard design Unit 11 Sad movies make me cry. What can make you happy? high intelligence power other money fame time place event character the king's problem solution reason		

续表

<table>
<tr><td>设计思路</td><td>The material is taken from Unit 11 Sad Movies Make Me Cry. Go for It, Book 5, and it's a famous fable. The whole passage is easy and interesting. And I design this lesson based on students' basic learning statement. This lesson is aiming to develop students' ability of reading and extracting information by comprehending the passage and answering the questions based on the requirement for English reading and writing lesson of English Curriculum Standard. Meanwhile, this lesson uses PWP reading model initiated by English Curriculum Standard, helping students realize their reading tasks by leading them to feel, experience and practice themselves.
In the part of Lead-in, according to the requirement of New Curriculum Standard that teaching is based on the students-oriented, and students are the main body of the class, I lead in this lesson by creating questions situation. Leading in naturally can arouse the enthusiasm of students sufficiently. What's more, it can help students integrate into the learning atmosphere as soon as possible.
In the part of Pre-reading, I give students some time to have a brainstorming work independently, and to think about something will make them happy. This step can cultivate students' ability of self-thinking. Meanwhile, it can stimulate students' creativity for what they mention will also appear in the text, making them approach to success.
In the part of While-reading, which is the most important part in reading lesson, I use skimming, scanning and detail reading to help students clear the task of each step. At the step of skimming, I set some questions for students as to help them clear the important points of narrative, also make foreshadowing for the following steps. At the step of scanning, which is actually an input part, students should answer some detailed questions. So scanning can train students' careful reading ability. The last step is detailed reading, it can test the students' understanding of the passage by asking students to fill the blanks and fill a chart, and it's also the consolidation to the passage. At last, I use an emotional question to help students transfer from the text to question discussion, which can improve students' language proficiency and can help them use the knowledge learning from the text into real life.
The last part is Post-reading, in this part, I set role play as group work to cultivate students' sense of cooperation and competition. At the same time, based on the requirement of English Curriculum Standard to pay attention to students' morality and personality development, I set a question "How to be happy?" for students, leading them to think and give their advice. This step can not only enrich students' knowledge, but lead them to form a correct view of life and values, and to become an optimistic and active teenager.</td></tr>
</table>

导师评析：

该教学设计选自人教版英语九年级全一册 Unit 11 *Sad Movies Make Me Cry*，通过该课的学习，学生能用积极的态度对待生活中发生的事情，能正确处理一些事件，养成积极乐观的态度。

在导入阶段，结合学生实际，用问题引领学生思考。首先，提出问题：什么能够使你快乐（What can make you happy）。然后，综合学生回答并对回答进行评价。在阅读阶段，使用了自上而下的阅读模式，学生整体感知文本，用一连串的问题考查学生获取文本信息的能力，即对故事的时间、人物、事件等的捕捉能力。在第二遍阅读中使用问题链，探寻不同人物的情感态度及其原因。学生对此联系实际展开讨论，如何采用积极的态度对待生活中的一系列事情，对如何做一个快乐的人提供了一些建议。通过话题讨论等活动，培养学生小组合作学习意识，培养合作精神，互帮互相，能很好带动基础薄弱的学生学习。该课的设计能够培养学生的批判性思维品质。设计者用图片吸引学生注意，激发学生学习的兴趣。本课的板书设计得很好，用直观形象的思维导图和轴线图启发学生思考和归纳，使本课的设计思路清晰。作业设计为写作教学，这样很好地结合了阅读教学和写作教学，达到以读促写的目的。

获奖者：乐山师范学院外国语学院 2016 级英语 2 班　申洁

获奖等级：2019 年华文杯全国微格教学竞赛一等奖

指导教师：刘丽平

参考文献

Asher J. The Learning Strategy of the Total Physical Response：A Review [J]. The Modern Language Journal，1966 (2)：79—84.

Bartlett F. C. Remembering [M]. New York：Cambridge University Press，1932.

Bell D. Method and Post-method：Are They Really so Incompatible? TESOL Quarterly，2003 (2)：325—336.

Bialystok E. A Theoretical Model of Second Language Learning. [J] Modern Language Journal，1978 (28)：69—83.

Biemiller A. Oral Comprehension Sets the Ceiling on Reading Comprehension. [J] American Educator，2003 (1)：23—44.

Bock K，Levelt W. Language Production：Grammatical Encoding [C]. M Gernsbacher M A. (ed.)，Handbook of Psycholinguistics [M]. San Diego：Academic Press，1994.

Breen M P. Authenticity in the Language Classroom [J]. Applied Linguistics，1985 (6)：60—70.

Brooks N. Language and Language Learning [M] (2nd ed). New York：Harcourt，Brace & World，Inc.，1964.

Brown G，Yule G. Discourse Analysis [M]. Cambridge：Cambridge University Press，1983.

Brown H D. Principles of Language Learning and Teaching [M]. (4th ed.) New York：Longman，2000.

Bruner J S. From Communication to Language：A Psychological Perspective [J]. Cognition，1975 (3)：255—287.

Bruner J S. The Role of Dialogue in Language Acquisition [C]. Sinclair A，Jarvelle R J，Levelt W J M. (eds). The Child's Concept of Language [M]. New York：Springer—Verlag，1978.

Canale M，Swain M. Theoretical Bases of Communicative Approaches to Second Language Teaching and Testing [J]. Applied Linguistics，1980 (1)：1—47.

Candlin C. N. Towards Task—based Language Learning [C]. In Candlin C N，Murphy D F. (eds). Language Learning Tasks [M]. London：Prentice Hall，1987.

Carrell P L. Evidence of a Formal Schema in Second Language Comprehension [J], Language Learning, 1984 (34): 87—112.

Carroll D. Psychology of Language [M]. 北京：外语教学与研究出版社，2000.

Chomsky N. Syntactic Structures [M]. The Hague: Mouton, 1957.

Clark H H, Haviland E. Comprehension and the Given-new Contract [A]. Freedle R O. (ed). Discourse Comprehension and Production [C]. Norwood, NJ: Ablex, 1977.

Clarke M A, Silberstein S. Toward a Realization of Psycholinguistic Principles in the ESL Reading Class. Mackay R, Barkman B, Jordan R. (eds), Reading in a Second Language [M]. Rowley, Mass.: Newbury House, 1979.

Cohen A. Methodology in TESOL: A Book of Readings [M]. Beijing: Foreign Language Teaching and Research Press, 2003.

Collins A M, Loftus, E. F. A Spreading Activation Theory of Semantic Processing [J]. Psychological Review, 1975 (82): 407—428.

Collins A M, Quillian M R. Retrieval Time from Semantic Memory [J]. Journal of Verbal Learning and Verbal Behavior, 1969 (8): 240—247.

Cook G. Discourse [M]. Oxford: Oxford University Press, 1989.

Corder S P. Introducing Applied Linguistics [M]. Harmondsworth: Penguin Books, 1973.

Croft W, Cruse D A. Cognitive Linguistics [M]. Cambridge: Cambridge University Press, 2004.

Croft W. Radical Construction Grammar-syntactic Theory in Typological Perspective [M]. Oxford: Oxford University Press, 2001.

Cromley J G. Reading Achievement and Science Proficiency: International Comparisons from the Programme on International Student Assessment. [J] Reading Psychology, 2009 (2): 89—118.

Cunningsworth A. Choosing Your Course Book [M]. Oxford: Macmillan Heinemann, 1990.

Davis P, Pearse E. Success in English Teaching [M]. Shanghai: Shanghai Foreign Language Education Press, 2002.

Dawkins R. The Selfish Gene [M]. Oxford: Oxford University Press, 1976.

Dell G S. A Spreading Activation Theory of Retrieval in Sentence Production [J]. Psychological Review, 1986 (3): 283—321.

Devine J, Railey K, Boshoff P. The Implications of Cognitive Models in L1 and L2 Writing [J]. Journal of Second Language Writing, 1993 (2): 203—225.

Di Vesta F J, Hayward K G, Orlando V. Developmental Trends in Monitoring

Text for Comprehension [J]. Child Development，1979 (1)：97—105.

Diller K. The Language Teaching Controversity [M]. Massachusettes：Newbury House，1978.

Docking R. Compentency-based Curricula—the Big Picture [J]. Prospect，1994 (2)：8—17.

Ellar S，Lingard B. The OECD and the Expansion of PISA：New Global Modes of Governance in Education [J]. British Educational Research Journal，2013 (6)：917—936.

Elliott J. Action Research for Educational Change [M]. Milton Keynes and Philadelphia：Open University Press，1991.

Ellis R. Implicit/Explicit Knowledge and Language Pedagogy [J]. TESOL Quarterly，1994 (1)：166—172.

Ellis R. Task-based Language Learning and Teaching [M]. Oxford：Oxford University Press，2003.

Ellis R. Understanding Second Language Acquisition [M]. Oxford：Oxford University Press，1985.

European Council. Lisbon European Council 23 and 24 March 2000 Presidency Conclusions [EB/OL]. (2000—03—24) [2022—07—20]. http：//www. europarl. europa. eu/summits/lis1 _ en. htm.

Fauconnier G Turneer M. The Way We Think：Conceptual Blending and the Mind's Hidden Complexities [M]. New York：Basic Books，2002.

Fauconnier G. Mappings in Thought and Language [M]. Cambridge：Cambridge University Press，1997.

Fauconnier G. Mental Spaces [M]. Cambridge，Mass.：MIT Press，1985.

Fauconnier G. Mental Spaces [M]. New York：Cambridge University Press，1994.

Faure E. Learning to be：The World of Education Today and Tomorrow [M]. Paris：Unesco，1972.

Fillmore C J，Kay P. Construction Grammar [M]. Berkeley：University of California，1993.

Fillmore C J. Frame Semantics [C]. Linguistic Society of Korea (ed) Seoul：Hanshin Publishing Company，1982.

Flavell J H. Meta-cognition and Cognitive Monitoring：A New Area of Cognitive Developmental Inquiry [J]. American Psychologist，1979 (10)：906—911.

Flavell J H. Metacognitive Aspects of Problem Solving [A]. Resnick L B (ed). The Nature of Intelligence [C]. Hillsdale，N J：Erlbaum，1976.

Fromkin V A. The non-anomalous Nature of Anomalous Utterances [J]. Language, 1971 (47): 27—52.

Gardner H. Multiple Intelligences: The Theory and Practice [M]. New York: Basic Books, 1993.

Gattegno C. Teaching Foreign Languages in Schools: The Silent Way [M] (2nd ed). New York: Educational Solutions, 1972.

Goh C M. Teaching Listening in the Language Classroom [M]. Beijing: People's Education Press, 2007.

Goldberg A E. Constructions: A Construction Grammar Approach to Argument Structure [M]. Chicago and London: University of Chicago Press, 1995.

Goldberg A E. Constructions: A New Theoretical Approach to Language [J]. Journal of Foreign Languages, 2003 (3): 1—11.

Goodman K S. Reading: A Psycholinguistic Guessing Game [J]. Journal of Reading Specialist, 1967 (6): 126—135.

Grice H P. Logic and Conversation [C]. Cole P, Morgan J (eds). Syntax and Semantics [M]. New York: Academic Press, 1975.

Halliday M A K, Hasan R. Cohesion in English [M]. London: Longman, 1976.

Halliday M A K. An Introduction to Functional Grammar (2nd ed) [M]. London: Edward Arnold, 1994.

Halliday M A K. Categories of the Theory of Grammar [J]. Word, 1961 (17): 241—292.

Halliday M A K. Language as Social Semiotic: The Social Interpretation of Language and Meaning [M]. London: Edward Arnold, 1978.

Halliday M A K. Learning How to Mean: Explorations in the Development of Language [M]. London: Edward Arnold, 1975.

Harmer J. How to Teach English [M]. Harlow: Longman, 1998.

Harris Z. Discourse Analysis [J]. Language, 1952 (28): 1—30.

Hedge T. Teaching and Learning in the Language Classroom [M]. 上海：上海外语教育出版社，2002.

Heylighen F F. What Makes a Meme Successful? [C]. Proceedings of the 15th International Congress on Cybernetics, 1998.

Hulstijn J. Implicit and Incidental Second Language Learning: Experiments in the Processing of Natural and Partly Artificial Input [C]. Dechert H W, Raupach M. Interlingual processes, Tubingen: Gunter Narr Verlag, 1989.

Jakimik J, Glenberg A. Verbal Learning Meets Psycholinguistics: Modality Effects in the Comprehension of Anaphora [J]. Journal of Memory and Language,

1990 (5): 582—590.

Kasper L F. Assessing the Meta-cognitive Growth of ESL Students Writers [J]. TESL—EJ, 1997 (1): 1—20.

Kay P, McDaniel C K. The Linguistic Significance of the Meanings of Basic Color Terms [J]. Language, 1978 (3): 610—646.

Kee T P. The One Minute Lecture [J]. Education in Chemistry, 1995 (32): 100—101.

Koehler M J, Mishra P. What Happens When Teachers Design Educational Technology? The Development of Technological Pedagogical Content Knowledge [J]. Journal of Educational Computing Research, 2005 (2): 131—152.

Krashen S D, Terrel T D. The Natural Approach: Language Acquisition in the Classroom [M]. New York: Pergamon Press, 1983.

Krashen S D, Terrel T D. The Natural Approach [M]. Hayward, CA: The Alemany Press, 1983.

Krashen S D. Principles and Practices in Second Language Acquisition [M]. Oxford: Pergamon, 1982.

Krashen S D. Second Language Acquisition and Second Language Learning [M]. New York: Pergamon Press, 1981.

Krashen S D. The Input Hypothesis Model of L2 Learning and Production [M]. New York: Longman, 1982.

Krashen S D. The Input Hypothesis: Issues and Implications [M]. London: Longman, 1985.

Kumaravadivelu B A Post-method Perspective on English Language Teaching [J]. World Englishes, 2003 (22): 539—550.

Kumaravadivelu B. TESOL Methods: Changing Tracks, Challenging Trends [J]. TESOL Quarteerly, 2006 (40): 59—81.

Kumaravadivelu B. The Post-method Condition: (E) merging Strategies for Second/Foreign Language Teaching [J]. TESOL Quarterly, 1994 (1): 27—48.

Kumaravadivelu B. Toward a Post-method Pedagogy [J]. TESOL Quarterly, 2001 (35): 537—559.

Lakoff G. Women, Fire, and Dangerous Things: What Categories Reveal about the Mind [M]. Chicago and London: University of Chicago Press, 1987.

Lamb S. Language and Reality [M]. London: Continuum, 2004.

Lamb S. Pathways Neuro-cognitive Basis Language [M]. Amsterdam: John Benjamins Publishing Corporation, 1999.

Langacker R W. Foundations of Cognitive Grammar: Descriptive Application

[M]. Stanford: Stanford University Press, 1991.

Langacker R W. Foundations of Cognitive Grammar: Theoretical Prerequisites [M]. Stanford: Stanford University Press, 1987a.

Larsen-Freeman D. On the Teaching and Learning of Grammar [A]. //Eckman F R, Highland D, Lee P W, Mileham J, Weber R R. (eds). Second Language Acquisition Theory and Pedagogy [C]. Mahweh, New Jersey: Lawrence Erlbaum Associates, Inc., 1995.

Larsen-Freeman D. Teaching Grammar [A]. Celce-murcia M. (ed). Teaching English as a Second or Foreign Language (3rd ed) [C]. Boston: Heinle & Heinle, 2001.

Leopold L B. Conservation Values, Conservation in Micronesia, National Resources Council [R]. Honolulu & Washington, D. C., 1948.

Levelt, W J M. Monitoring and self-repair in Speech [J]. Cognition, 1983 (1): 41—103.

Levelt, W J M. Speaking: From Intention to Articulation [M]. Cambridge, MA: Bradford Books/MIT Press, 1989.

Lozanov G. Suggest-opedia and Outlines of Suggest-opedy [M]. New York: Gordon and Breach, 1978.

Marton F, Saljo R. On Qualitative Differences in Learning: Outcome and Process [J]. British Journal of Educational Psychology, 1976 (46): 4—11.

McGrew L A. A 60-second Course in Organic Chemistry [J]. Journal of Chemistry Education, 1993 (7): 543—544.

Morton J. Interaction of Information in Word Recognition [J]. Psychological Review, 1969 (76): 165—178.

Nattinger J, Decarrico J. Lexical Phrases and Language Teaching [M]. Oxford: Oxford University Press, 1992.

Nelson K. Structure and Strategy in Learning to Talk [J]. Monograph of the Society for Research in Child Development, 1973 (38): 1—135.

Nunan D. Task-based Language Teaching [M]. Beijing: Foreign Language Teaching and Research Press, 2011.

O'Malley J M, Chamot A U. Learning Strategies in Second Language Acquisition [M]. Cambridge: Cambridge University Press, 1990.

Oxford R L, Scarcella R C. The Tapestry of Language Learning [M]. Beijing: Tsinghua University Press, 2003.

Pennycook A. The Concept of Method, Interested Knowledge, and the Politics of Language [J]. TESOL Quarterly, 1989 (23): 589—618.

Piaget J. The Phycology of the Child [M]. New York: Basic Books. 1969.

Picaetal N, Morgenthaler L. Comprehensible Output as an Outcome of Linguistic Demands on the Learner [MJ]. Studies in Second Language Acquisition, 1989 (1) 63—90.

Pigozzi M J, Secretariat C. Achieving Quality Education—A UNESCO Perspective [J]. Commonwealth Education Partnership, 2004: 65—68.

Poedjosoedarmo C. 语音教学入门 [M]. 北京：人民教育出版社，2007.

Posner G J. Field Experience Methods of Reflective Teaching [M]. New York: Longman, 1989.

Prabhu N S. Procedural Syllabuses [R]. Singapore: RELC, 1983.

Prabhu N S. Second Language Pedagogy: A Perspective [M]. Oxford: Oxford University Press, 1987.

Prabhu N S. There Is No Best Method—Why? [J]. TESOL Quarterly, 1990 (24): 161—176.

Richards J C, Lockhart C. Reflective Teaching in Second Language Classrooms. Cambridge: Cambridge University Press, 1994.

Richards J C, Nunan D. Second Language Teacher Education [M]. Beijing: Foreign Language Teaching and Research Press, 2000.

Richards J C, Rodgers T. Approaches and Methods in Language Teaching [M]. Cambridge: Cambridge University Press, 2001.

Richards J C, Rodgers T S. Approaches and Methods in Language Teaching [M]. Cambridge: Cambridge University Press, 1986.

Richards J C, Rodgers T. Approaches and Methods in Language Teaching [M]. Beijing: FLTRP, 2000.

Richards J C. Beyond Training [M]. Cambridge: Cambridge University Press, 1998.

Richards J C. Teaching English through English: Proficiency, Pedagogy and Performance [J]. RELC Journal, 2017 (1): 7—30.

Rivers W M. Principles of Second Language Learning and Teaching [M]. New York: Oxford University Press, 1978.

Rivers W M, Temperley M S. A Practical Guide to the Teaching of English as a Second or Foreign Language [M]. New York: Oxford University Press, 1978.

Rivers W M. The Psychologist and the Foreign Language Teacher [M]. Illionis: University of Chicago Press, 1991.

Rosch E. Cognitive Representation of Semantic Categorization [J]. Journal of Experimental Psychology: General, 1975 (3): 192—233.

Rumelhart D E. Attention and Performance [M]. New York, Hillsdale: Erlbaum, 1980.

Rychen D S, Tiana, A. Developing Key Competencies in Education: Some Lessons from International and National Experience [M]. Paris, France: UNESCO International Bureau of Education, 2004.

Schmidt R. Deconstructing Consciousness in Search of Useful Definitions for Applied Linguistics [J]. Consciousness in Second Language Learning, 1994 (11): 237—326.

Schon D A. The Reflective Practitioner [M]. New York: Basic Books, 1983.

Scriven M, Paul R. Defining Critical Thinking [R]. Sonoma State University, 1992.

Shulman L S. Those Who Understand: Knowledge Growth in Teaching [J]. Educational Researcher, 1986 (2): 4—14.

Skehan P. A Cognitive Approach to Language Learning [M]. Oxford: Oxford University Press, 1998.

Spada N, Frohlic M. Communicative Orientation of Language Teaching Observation Scheme, Coding Conventions and Applications [M]. Sydney: NCELTR Macquarie University, 1995.

Spada N. Observing Classroom Behaviours and Learning Outcomes in Different Second Language Programs [C] Richards J C, Nunan, D. Second Language Teacher Education [M]. Cambridge: Cambridge University Press, 1997.

Stacey K, Turner R. Assessing Mathematical The PISA Experience [M]. Switzerland: Springer International Publishing, 2015.

Stern H H. Issues and Options in Language Teaching [M]. Oxford: Oxford University Press, 1992.

Stern J H. Issues and Options in Language Teaching [M]. Shanghai: Shanghai Foreign Language Education Press, 1996.

Stigler J W, Hiebert, J. The Teaching Gap: Best Ideas from the World's Teachers for Improving Education in the Classroom [M]. New York: The Free Press, 1999.

Stubbs M. Discourse Analysis: the Sociolinguistics Analysis of Natural Language [M]. Chicago: University of Chicago Press, 1983.

Swain M., Lapkin S. Interaction and Second Language Learning: Two Adolescent French Immersion Students Working Together [J]. The Modern Language Journal, 1998 (3): 320—327.

Swain M. Communication Competence: Some Roles of Comprehensible Input and Comprehensible Output in Development [A]. Gass S, Madden C. (eds.) Input in

Second Language Acquisition [C]. Rowley, MA: Newbury House, 1985.

Swain M. Three Functions of Output in Second Language Learning [A]. Cook G, Seidlhofer B. Principle and Practice in Applied Linguistics [M]. Oxford: Oxford University Press, 1995.

Talmy L. Semantics and Syntax of Motion [C]. Kimball J. (ed.) Syntax and Semantics [M]. New York: Academic, 1975.

Taylor J R. Cognitive Grammar [M]. Oxford: Oxford University Press, 2002.

UNESCO. EFA Global Monitoring Report 2012: Youth and Skills: Putting Education to Work [Z]. 2012.

VanDijk T A. Text and Context: Explorations in the Semantics and Pragmatics of Discourse [M]. London: Longman, 1977.

Victori M. An Analysis of Writing Knowledge in EFL Composing: A Case Study of Two Effective and Two Less Effective Writers [J]. System, 1999 (27): 537—555.

Vygotsky L S. Thought and Language [M]. Cambridge, MA: The MIT Press, 1986.

Watson J B. Psychology as the Behaviorist [J]. Psychological Review, 1913 (20): 158—177.

Widowson H G. Aspects of Language Teaching [M]. Oxford: Oxford University Press, 1990.

Wilkins D A. Notional Syllabus [M]. Oxford: Oxford University Press, 1976.

William E, Doll Jr. A Post-modern Perspective on Curriculum [M]. New York: Teachers College Press, 1993.

William E, Doll Jr. Curriculum Possibilities in a "Post" Future [J]. Journal of Curriculum and Supervision, 1993 (4): 277—292.

Willis J A. Framework for Task-based Learning [M]. London: Longman, 1996.

Yalden J. The Communicative Syllabus: Evolution, Design and Implementation [M]. Oxford: Pergamon Press, 1983.

安桂清. 以学为中心的课例研究 [J]. 教师教育研究，2013 (2)：72—77.

鲍玲. 建构主义的基本观及其语言观 [J]. 教育现代化，2016 (37)：306—307.

蔡基刚. 从语言属性看外语教学的工具性和人文性 [J]. 东北师大学报（哲学社会科学版），2017 (2)：1—6.

常珊珊，李家清. 课程改革深化背景下的核心素养体系构建 [J]. 课程·教材·教法，2015 (9)：29—35.

常雪梅，程宏毅. 习近平总书记谈创新 [N]. 人民日报，2016—03—03 (10).

陈刚. 反思性教学在英语教学中的运用 [J]. 佳木斯职业学院学报，2019 (8)：

161—162.

陈何芳．论大学的学科文化及其功能［J］．教育研究与实验，2009（4）：16—21.

陈康．浅谈反思性教学与英语教师专业发展［J］．河南教育（高教），2018（11）：65—67.

陈力．外语教学法的“后方法”时代［J］．山东师范大学外国语学院学报（基础英语教育），2009（3）：3—8.

陈丽，林世员，郑勤华．“互联网＋”时代中国远程教育的机遇和挑战［J］．现代远程教育研究，2016（1）：3—10.

陈青．“五步教学法”在高中英语阅读教学中的应用［D］．武汉：华中师范大学，2018.

陈新仁，等．语用学与外语教学［M］．北京：外语教学与研究出版社，2013.

陈则航．批判性阅读与批判性思维培养［J］．中国外语教育，2015（2）：4—11.

程晓堂，赵思奇．英语学科核心素养的实质内涵［J］．课程·教材·教法，2016（5）：79—86.

程晓堂．关于英语语法教学问题的思考［J］．课程·教材·教法，2013（4）：62—70.

程晓堂．基于主题意义探究的英语教学理念与实践［J］．中小学外语教学（中学篇），2018（10）：1—7.

褚宏启．核心素养的概念与本质［J］．华东师范大学学报（教育科学版），2016（1）：1—3.

戴军熔．高中英语阅读文本解读的基本框架与策略［J］．中小学外语教学（中学篇），2012（4）：20—28.

杜威．我们怎样思维·经验与教育［M］．姜文闵，译．北京：人民教育出版社，2005.

费多益．话语心智［J］．自然辩证法研究，2007（6）：14—19.

冯薏璇．高中英语“整本书”阅读教学行动研究［D］．聊城：聊城大学，2021.

冯忠良，伍新春，姚梅林，等．教育心理学［M］．北京：人民教育出版社，2010.

付大安，李奕．英语教育中的文化安全和批判性思维培养［J］．山西师大学报（社会科学版），2013（S1）：182—184.

高朝邦，唐毅谦，李小玲．互联网＋中小学教育［M］．北京：科学出版社，2016.

高兰凤．英语教学中的文化教学研究［J］．教学与管理（理论版），2013（2）：95—97.

顾明远．教育大辞典［M］．上海：上海教育出版社，1998.

顾明远．教育大辞典［M］．上海：上海教育出版社，1990.

管银花．高中英语教师课堂领导力的提升策略探究——以于都中学为例［D］．赣州：赣南师范大学，2017.

郭彩凤. 高中英语读写教学中培养批判性思维的实践探索 [J]. 福建基础教育研究，2021 (7)：75—77.

郭谷兮. 语言学教程 [M]. 西安：陕西人民出版社，1987.

郭华. 让核心素养真正落地 [EB/OL]. (2022－04－21) [2022－06－05]. http：//www. moe. gov. cn/fbh/live/2022/54382/zjwz/202204/t20220421 _ 620116. html.

韩浩，刘俊娟. 国内英语微课研究现状与趋势——基于CNKI (2011—2020年) 期刊论文知识图谱分析 [J]. 成都师范学院学报，2020 (8)：39—47.

杭宝桐. 中学英语教学法 [M]. 上海：华东师范大学出版社，2000.

郝向利. 在英语学习中培养学习者的批判性思维能力——从 because 从句的功能谈起 [J]. 海外英语，2012 (15)：4—5.

何自然，何雪林. 模因论与社会语用 [J]. 现代外语，2003 (2)：200—209.

何自然. 语言中的模因 [J]. 语言科学，2005 (6)：54—64.

贺阳. PISA 核心素养的价值逻辑研究 [D]. 广州：广州大学，2019.

侯嘉慧. 利用自然拼读法促进小学生英语阅读入门的实证研究 [D]. 苏州：苏州大学，2013.

侯小兵，谭军. 论学科教学论教师的专业身份 [J]. 成都师范学院学报，2014 (1)：12—14.

胡春洞. 总体统筹 多元综合——论马承外语教学法的特色 [J]. 人民教育，2001 (2)：42—43.

胡铁生，黄明燕，李民. 我国微课发展的三个阶段及其启示 [J]. 远程教育杂志，2013 (4)：36—42.

胡铁生. "微课"：区域教育信息资源发展新趋势 [J]. 电化教育研究，2011 (10)：61—65.

胡亦杰. 后教学法与教学法：继承和超越 [J]. 深圳大学学报 (人文社会科学版)，2006 (4)：109—111.

胡壮麟. 语篇分析在教学中的应用 [J]. 外语教学，2001 (1)：3—10.

黄国文. 功能语篇分析纵横谈 [J]. 外语与外语教学，2001 (12)：1—4.

黄海根. 二战后英国职前教师教育政策研究 [J]. 外国教育研究，2008 (11)：92—96.

黄诗琦. 格式塔理论与英语口语教学 [J]. 佳木斯职业学院学报，2018 (8)：326—328.

黄远振，黄睿. 课标·课例·课堂：英语学科素养落地研究——以阅读教学为例 [J]. 福建基础教育研究，2018 (5)：53—58.

加涅. 教学设计原理 [M]. 王晓明，庞维国，陈保华，等译. 上海：华东师范大学出版社，2007.

蒋超. 浅谈中学英语课堂五步教学法［J］. 基础教育参考，2016（12）：52—53.

中华人民共和国教育部. 普通高中英语课程标准（2017年版）［S］. 北京：人民教育出版社，2018.

中华人民共和国教育部. 普通高中英语课程标准（2017年版2020年修订）［S］. 北京：人民教育出版社，2020.

中华人民共和国教育部. 普通高中英语课程标准（实验）［S］. 北京：人民教育出版社，2003.

中华人民共和国教育部. 全日制义务教育 普通高级中学英语课程标准（实验稿）［S］. 北京：北京师范大学出版社，2001.

中华人民共和国教育部. 义务教育英语课程标准（2011年版）［S］. 北京：北京师范大学出版社，2012.

中华人民共和国教育部. 义务教育英语课程标准（2022年版）［S］. 北京：北京师范大学出版社，2022.

教育部考试中心. 2018年普通高等学校招生全国统一考试大纲说明［R］. 北京：高等教育出版社，2017.

孔敏. 中小学初任教师胜任力的分析与建构［J］. 教学与管理，2019（12）：57—60.

李宝荣. 基于主题意义探究的英语阅读教学实践分析与改进策略［J］. 基础教育课程，2021（12）：61—70.

李聪. 五步教学法在高中英语听力教学中的应用研究［D］. 重庆：西南大学，2020.

李海峰. TPACK框架下的教师专业素养研究［J］. 现代教育技术，2013（5）：25—30.

李吉林. 李吉林文集：第3卷情境教育三部曲［M］. 北京：人民教育出版社，2006.

李剑桦. "五步教学法"与英语自主学习［J］. 中学英语园地（教研版），2011（2）：91—92.

李健，陈琳琳. 新手教师课堂领导力不足的分析与强化路径［J］. 教学与管理，2021（24）：61—63.

李卯. 对杜郎口中学"10+35"教学模式的评介与反思［J］. 教育测量与评价（理论版），2010（10）：40—42.

李敏. 基于主题意义的语篇解读［J］. 中小学英语教学与研究，2020（10）：32—36.

李庭芗. 英语教学法［M］. 北京：高等教育出版社，1983.

李新. 核心素养结构的四种类型比较研究［J］. 上海教育科研，2016（8）：29—32.

李艺，钟柏昌．谈“核心素养”［J］．教育研究，2015（9）：17－23．

李玉兰．新版义务教育课程方案：让核心素养落地为知识运用赋能［N］．光明日报，2022－04－22（8）．

连益芝．从心理词汇理论看中式英语成因［J］．牡丹江教育学院学报，2018（9）：18－21．

联合国教科文组织．教育——财富蕴藏其中［M］．联合国教科文组织总部中文科，译．北京：教育科学出版社，1996．

林崇德，罗良．情境教学的心理学诠释——评李吉林教育思想［J］．教育研究，2007（2）：72－76．

林崇德．基于中华民族文化的师德观［J］．西南大学学报（社会科学版），2014，40（1）：43－51．

林艳，郭强．英语阅读教学中指向思维品质培养的问题设计探究［J］．中小学外语教学（中学篇），2019，42（10）：42－48．

刘道义．如何提高学生的英语听力水平［J］．基础教育外语教学研究，2018（2）：14－18．

刘道义．新高中英语教与学［M］．北京：人民教育出版社，2006．

刘丽平，罗明礼．英语学科知识与教学能力：高级中学（2020）［M］．重庆：重庆大学出版社，2020．

刘丽平．基于方法论视角的初中英语语法教学探究［J］．海外英语，2014（7）：3－5．

刘庆红．我国教师教学胜任力研究热点与趋势分析［J］．长春教育学院学报，2022（2）：11－19．

刘新阳，裴新宁．教育变革期的政策机遇与挑战——欧盟“核心素养”的实施与评价［J］．全球教育展望，2014（4）：75－85．

刘徐湘．从方法到方法论：教师个体教学方法的理论自觉［J］．教师，2019（8）：5－7．

刘旭．教师教育的四种价值取向研究［J］．湖南师范大学教育科学学报，2017（6）：69－73．

刘旭东．外语教学的后方法的源流［J］．江苏外语教学研究，2008（1）：1－5．

刘莹，罗生全．论教师专业发展的生态取向［J］．教育导刊，2012（8）：73－75．

刘月霞，郭华．深度学习：走向核心素养［M］．北京：教育科学出版社，2018．

刘志茹．认知语言学的发展［J］．文教资料，2014（5）：20－21．

刘濯源．告别灌输看见思考［N］．中国教师报，2016－08－17（8）．

龙君伟，陈盼．当前教师领导力研究的困境与出路［J］．华南师范大学学报（社会科学版），2010（2）：42－45．

路文军．元认知策略与英语写作的关系［J］．外语与外语教学，2006（9）：

25－27.

栾婷婷，李箭．深度学习视角下初中英语写作教学策略——认译林版《英语》八下Unit 8 Task Going green为例［J］．江苏教育，2019（67）：46－49.

罗敏江．初中英语教学中落实学科核心素养的途径［J］．教学月刊（中学版），2020（6）：3－7.

罗明礼，刘丽平．论高中英语新课改的语法教学［J］．四川师范大学学报（社会科学版），2010（6）：81－84.

罗明礼．国外写作构思认知发展研究述评［J］．乐山师范学院学报，2011（2）：129－134.

罗祖兵．生成性教学：不只是一种教学方法论［J］．四川师范大学学报（社会科学版），2018（1）：135－140.

马建锋．例谈初中英语写作教学的三个着力点［J］．中小学外语教学（中学篇），2020（6）：24－28.

马武林，陈钰．思维导图辅助高中英语语篇教学理论探讨［J］．现代教育技术，2008（3）：55－58.

马永全．当代西方多元文化教师教育思想的三种价值取向分析［J］．外国教育研究，2015（11）：63－72.

梅德明，王蔷．《普通高中英语课程标准（2017年版）》解读［M］．北京：高等教育出版社，2018.

牛跃辉，孙飞．模因论对英语教学的启示［J］．中国电力教育，2007（9）：146－148.

潘家琳．基于三维语法理论的高中英语教材语法分析［J］．基础教育外语教学研究，2019（5）：13－15.

裴新宁，刘新阳．为21世纪重建教育——欧盟“核心素养”框架的建立［J］．全球教育展望，2013（12）：89－102.

邱晓倩．基于语篇的高中英语语法教学原则与方法［J］．英语教师，2017（9）：151－153.

盛艳燕．教师胜任力研究的取向与态势——基于核心期刊的文献计量分析［J］．高教探索，2017（1）：105－112.

施红星，邓小华．论教师教育的实践取向［J］．当代教育与文化，2016（2）：77－81.

史晖．“我”将何去何从——高师院校学科教学论教师的生存困境［J］．教师教育研究，2009（4）：18－21.

孙思雨．国内关于核心素养研究的文献综述［J］．基础教育研究，2016（17）：14－16.

孙晓丹．英语语篇教学中“文本再构”方法探析［J］．文教资料，2020（8）：

233－234.

谭凤. 高三英语写作教学中批判性思维培养策略研究——以成都市田家炳中学为例［D］. 成都：四川师范大学，2018.

谭琳. 赫尔巴特四步教学法与杜威五步教学法之比较［J］. 教育实践与研究，2008（11）：4－7.

唐自梅. 如何利用微课辅助高中英语教学［J］. 西部素质教育，2020（9）：129－130.

滕云. 中外小学英语口语教学评价比较及启示［J］. 课程·教材·教法，2010（3）：108－112.

万恒，王芳. 普通高中教师生涯指导胜任力评价指标体系的构建［J］. 教师教育研究，2021（2）：95－101.

汪丽. 基于模因论的高中英语写作教学实践研究［D］. 汉中：陕西理工大学，2017.

王彩琴. 中学英语教师课堂领导力培养实践研究［J］. 英语教师，2015（14）：58－60.

王初明. "学伴用随"教学模式的核心理念［J］. 华文教学与研究，2016（1）：56－63.

王初明. 学相伴 用相随——外语学习的学伴用随原则［J］. 中国外语，2009（5）：53－59.

王帆秋. 利用网络辅助英语口语教学的探讨［J］. 安徽电子信息职业技术学院学报，2017（4）：56－58.

王晶. 基于产出导向法的英语微课教学研究［J］. 黑龙江教师发展学院学报，2020（7）：151－153.

王立非，张大凤. 国外二语预制语块习得研究的方法进展与启示［J］. 外语与外语教学，2006（5）：17－21.

王蔷，陈则航. 中国中小学生英语分级阅读标准（实验平方）［M］. 北京：外语教学与研究出版社，2016.

王蔷.《普通高中英语课程标准（2017 年版）》六大变化之解析［J］. 中国外语教育，2018（2）：11－19.

王为忠. 高中英语阅读教学中文本重构的设计原则与策略应用［J］. 英语教师，2018（17）：69－73.

王霞. 以文本重构为依托的高中英语课堂阅读活动设计探究［J］. 海外英语，2020（9）：22－24.

王晓诚. PISA2018 阅读素养评估的特征解读［J］. 首都师范大学学报（社会科学版），2019（3）：171－179.

王笑滢，赵连杰. 基于图式理论的阅读教学提升高中生英语阅读素养的实验研究

[J]. 基础外语教育，2021 (1)：22－30.

王颖婷. “思维可视化”在初中英语阅读教学中的实践研究 [J]. 教育参考，2020 (3)：72－77.

王宇红. 基于模因论的英语语音教学策略分析 [J]. 教学与管理，2016 (30)：113－115.

魏昕. 可视化在英语词汇教学中的运用探究 [J]. 现代职业教育，2018 (17)：28－29.

吴蕾. 洋思模式的超越之路 [J]. 上海教育科研，2013 (9)：30－32.

吴棠. 张士一英语教学思想述要——为纪念士一先生诞辰一百周年而作 [J]. 课程·教材·教法，1986 (6)：3－9.

习近平. 为建设世界科技强国而奋斗 [N]. 人民日报，2016－06－01 (1).

席燕，王月香. “互联网＋教育”环境下学生培养的思考 [J]. 教育教学论坛，2014 (41)：40－41.

夏春来. 高中英语写作教学中的词块产出性训练 [J]. 教学月刊（中学版），2012 (6)：27－29.

夏谷鸣. 作为英语学科核心素养的文化意识内涵分析 [J]. 兴义民族师范学院学报，2018 (02)：93－97.

何自然，谢朝群. 模因·语言·交际 [Z]. 上海：第 9 届全国语用学研讨会，2005.

谢颖. 基于“微课”教学资源的校本研修模式研究 [D]. 海口：海南师范大学，2018.

徐初圳. 语篇研读之 what、why、how 对英语阅读教学的指导 [J]. 时代教育（下旬），2020 (7)：33.

徐锦芬，唐芳. 英语写作成功者与不成功者元认知知识差异研究 [J]. 解放军外国语学院学报，2007 (6)：44－48.

徐来群. 教师教育标准及其价值取向研究 [J]. 外国教育研究，2011，38 (10)：31－36.

徐妮蓉. 高中英语阅读教学设计的重构与反思——以 Unit 4 The UN-bringing everyone closer together 教学为例 [J]. 英语教师，2018 (10)：119－121.

徐芝苹，施丽娜. 例谈模因论在高中英语写作教学中的运用 [J]. 教学月刊（中学版），2014 (12)：29－31.

薛彦华，王慧. 教学艺术 [M]. 石家庄：河北教育出版社，2001.

颜美娟. 北师大版《高中英语》Module 4 Unit 10 A Material World 阅读课课例研究 [J]. 英语教师，2017 (16)：119－125.

杨福，刘宁. 后方法教学法与英语“四位一体”教学法 [J]. 长春师范学院学报（人文社会科学版），2011 (4)：163－166.

杨福，柳宏. 后方法教学法理论解析［J］. 长春师范学院学报（人文社会科学版），2009（6）：143－146.

杨宇学. 基于语篇解构与重构的高中英语深度阅读教学模式探索［J］. 英语教师，2017（15）：83－88.

叶浩生. 社会建构论与西方心理学的后现代取向［J］. 华东师范大学学报（教育科学版），2004（1）：43－48.

叶澜. 深化基础教育改革三题［N］. 人民日报，2016－05－03（7）.

叶澜. 回归突破："生命·实 践"教育学论纲［M］. 上海：华东师范大学出版社，2015.

易素涵，刘敏. 高中英语阅读课有效教学设计研究［J］. 基础教育研究，2019（19）：75－77.

俞红珍. 谈谈英语教材中语篇材料的选择标准［J］. 教育探索，2010（5）：48－49.

占诗雨. 模因论视角下的中学英语写作教学探究［J］. 英语教师，2021（3）：178－180.

张博，贺计伟. 基于文本重构提升高中生文化意识的教学探究——以 Unit 5 The Chinese Writing System 为例［J］. 英语教师，2021（15）：70－72.

张恩德. "学科教学论"教师的文化使命［J］. 教育学术月刊，2015（11）：29－35.

张放. 浅谈图形组织者思维可视化工具在初中英语阅读教学中的运用——认 Unit 3 Traditional skills 为例［J］. 英语教师，2021（13）：156－159.

张洁. 手机 APP 在英语口语教学中的应用研究——认宝鸡职业技术学院外语系实证研究为例［J］. 科教导刊，2018（10）：84－85.

张娜. DeSeCo 项目关于核心素养的研究及启示［J］. 教育科学研究，2013（10）：39－45.

张娜. 联合国教科文组织的核心素养研究及其启示［J］. 教育导刊，2015（7）：93－96.

张念武. 中学生英语延时写作的教学探究［J］. 中小学英语教学与研究，2018（1）：34－36.

张士一. 一个语言教学的新理论［J］. 英语教学，1948（1）：2－7.

张世禄. 语言学原理［M］. 上海：商务印书馆，1931.

张爽，杨继红，金海明. 高中英语阅读教学中批判性思维能力的培养策略研究［J］. 黑龙江工业学院学报（综合版），2021（10）：138－141.

张文华，柳伟. 指向文本深层含义的高中英语阅读教学［J］. 山东师范大学外国语学院学报（基础英语教育），2010（1）：56－59.

张文霞．试论行为主义学习理论与建构主义学习理论对外语教学的影响［J］．外语教学，2005（3）：69－71．

张文忠，吴旭东．课堂环境下二语词汇能力发展的认知心理模式［J］．现代外语，2003（4）：374－384．

张献臣．基于英语学科核心素养的中学英语文本阅读教学［J］．中小学外语教学（中学篇），2018（6）：1－5．

张晓东．核心素养的多维视角反思［J］．当代教育科学，2016（20）：17－20．

张正东，杜培俸．外语立体化教学法的原理与模式［M］．重庆：重庆出版社，1995．

张卓玉．双减背景下的质量提升：机遇与挑战［EB/OL］．（2022－01－24）［2022－06－05］，https：//xw. qq. com/amphtml/20220124A017EZ00．

章策文．英语学科核心素养之文化意识：实质内涵与实践路径［J］．基础教育课程，2019（Z1）：49－53．

章兼中．国外外语教学法主要流派［M］．上海：华东师范大学出版社，1983．

赵斌芬．基于活动观的高中英语课堂口语活动设计［J］．中小学英语教学与研究，2020（7）：55－58．

赵昕．核心素养视角下高中英语阅读教学中语言能力培养研究［D］．哈尔滨：哈尔滨师范大学，2020．

郑鸿颖．核心素养视域下中学英语思维可视化教学策略研究［J］．中小学外语教学（中学篇），2019（9）：7－12．

郑倩．词块理论在高中英语词汇教学中的应用研究［J］．中学生英语，2020（30）：4－5．

郑晓辉，孙继先．证明的论证与论辩的论证——试析亚里士多德的证明学说［J］．渤海大学学报（哲学社会科学版），1994（3）：122－125．

郑玉琪，陈美华．试论“后方法”时代的英语教学［J］．外语与外语教学，2007（10）：33－35．

钟启泉，崔允漷，张华．研究性学习：价值与反思——解读《基础教育课程改革纲要（试行）》［J］．教师之友，2002（3）：26－29．

周杰．基于支架式教学理论的高中英语阅读教学课例研究［J］．中小学教学研究，2018（3）：6－10．

周琴．“格式塔”心理学派的“整体论”思想述评［J］．淮北职业技术学院学报，2017（1）：45－46．

朱娥．思维导图优化初中英语语音教学的实践研究［J］．昭通学院学报，2019（3）：113－117．

朱志文．高中英语听说课教学模式探索［J］．中小学外语教学（中学篇），2017

(3)：20－24.

庄智象. 构建具有中国特色的外语教材编写和评价体系 [J]. 外语界，2006 (6)：49－56.

左焕琪. 外语教育展望 [M]. 上海：华东师范大学出版社，2002.

后　记

本书为乐山师范学院2019年“学科核心素养·教学方法论丛书”之一。作者对四大国际著名核心素养框架和国内核心素养进行共时与历时研究，并从心理学、教育学和学科教学论视角对国外外语教学法流派和国内著名英语教学方法进行溯源研究，结合我国中学英语教学的实际，以英语“新课程标准”要求，基于教改、课改以及课型、课例、案例等，尽力为师范生或中学英语教师展现英语语音、词汇、语法、语篇等知识性教学和听力、口语、阅读、写作技能性教学的“点睛之笔”，力求凸显中学英语教学的“核心”与“关键”。

本书由高师院校英语学科教学论专家学者和中学一线优秀英语教师合作完成。作者从教师教育的国际视野、教育理念、教学方法、教学技巧等视角以及英语学科特点、课程建设、实践模式、学生需求、终身学习和知识基础、技能提升、研究方法、文化特质、政策导向等方面进行梳理、分析和研究，做到理实融合、古为今用、图文并茂、推陈出新，突出英语学科教学的前沿性、学科性、学术性和应用性，并将研究者的教学学术成果与学生的课程作业、学科竞赛作品纳入本书内容，突出师范专业教育教学的校本化特色。

高师院校不仅要以培养高质量的基础教育教师为重任，而且要以培育未来卓越的专家型名师为己任。高师院校“新师范”不只是从传统师范教育转向现代教师教育，而是对基础教育课程改革从“知识本位”走向“核心素养”的时代回应。因此，本书聚焦英语学科教学、教学能力、教学研究、智慧教育素养培育，探究跨文化、跨学科意识和可视化、批判性思维，倡导英语思维型课堂教学，有效提升英语课堂实效，为英语师范生及在职教师、教研人员提供教育、教学、教研的“支架”，助力我国中学英语学科从教学走向教育。

本书为乐山师范学院校级教材建设项目“中学英语教学方法论”的阶段性成果和四川省2021—2023年高等教育人才培养质量和教学改革项目“面向西部乡村振兴的基础教育卓越教师培养体系建构研究与实践”（JG2021—1233）的阶段性成果，得到乐山师范学院及教学部和教师教育学院的全力支持，在此一并表示感谢！

衷心感谢四川大学出版社为本书的出版给予的热情帮助，尤其对本书的策划编辑梁平老师、责任编辑孙明丽老师的指教谨表谢意！

刘丽平

2022年6月